CENTRE CULTUREL INTERNATIONAL DE CERISY

● Fondées en 1910 par Paul Desjardins, *les décades de Pontigny* ont réuni jusqu'en 1939, autour de thèmes artistiques, littéraires, philosophiques, politiques, sociaux, de nombreuses personnalités qui marquèrent leur époque. Entres autres : Bachelard, Copeau, Curtius, Gide, Groethuysen, Koyré, Malraux, Martin du Gard, Mauriac, Maurois, Saint-Exupéry, Valéry, Wells.

● C'est à *Cerisy*, dans la Manche, qu'Anne Heurgon-Desjardins reprit, après la guerre, l'œuvre de son père dès qu'elle eut restauré le château, monument historique appartenant, depuis 1974, à la Société Civile du Château de Cerisy-la-Salle. L'œuvre est maintenant poursuivie par ses filles qui, avec leur frère, continuent à mettre gracieusement les lieux à la disposition de l'Association des Amis de Pontigny-Cerisy.

● Association à but non lucratif créée en 1952, reconnue d'utilité publique par décret du 28 septembre 1972, l'*Association des Amis de Pontigny-Cerisy* a pour but de favoriser les échanges entre artistes, intellectuels et savants de tous pays. Elle organise chaque été au *Centre Culturel International de Cerisy* plusieurs colloques, rencontres et ateliers. De 1952 à 1981, plus d'une centaine de colloques ont été organisés et les actes d'une soixantaine d'entre eux publiés.

● Les colloques de Cerisy abordent des domaines et des points de vue d'une grande diversité. Ils étudient aussi bien la culture du passé (comme avec *la Renaissance du XIIᵉ siècle* en 1965 et, en 1968, *le Grand Siècle russe*) que les mouvements de pensée et les pratiques artistiques actuelles (comme avec *les Chemins actuels de la critique* en 1965 et, en 1971, *le Nouveau Roman*). En outre, ils ont introduit une formule neuve de réunions organisées autour et en présence de personnalités comme Martin Heidegger et Arnold Toynbee et, plus récemment, Roland Barthes, Michel Butor, Jacques Derrida, Gilberto Freyre, Eugène Ionesco, Gabriel Marcel, Francis Ponge, Alain Robbe-Grillet, Claude Simon.

● Le *public de Cerisy* est composé en grande partie d'artistes, de chercheurs, d'enseignants, d'étudiants, mais aussi de toutes personnes désireuses *de participer ou simplement d'assister* à de libres confrontations où plus d'un aspect de la pensée d'aujourd'hui s'élabore. Il compte une forte proportion d'étrangers attirés par la culture française.

● Les activités du Centre sont statutairement réservées aux membres de l'Association des Amis de Pontigny-Cerisy.

LA LITTÉRATURE A CERISY

COLLOQUES PUBLIES (EXTRAITS) :

— *Les chemins actuels de la critique,* direction Georges Poulet, éditions UGE, collection 10/18.
— *Nouveau Roman : hier, aujourd'hui,* direction Jean Ricardou, éditions UGE, collection 10/18, 2 vol.
— *Claude Simon : analyse, théorie,* direction Jean Ricardou, éditions UGE, collection 10/18.
— *Robbe-Grillet : analyse, théorie,* direction Jean Ricardou, éditions UGE, collection 10/18.
— *Le naturalisme,* direction Pierre Cogny, éditions UGE, collection 10/18.
— *Littérature latino-américaine d'aujourd'hui,* éditions UGE, collection 10/18.
— *Ionesco, situation et perspectives,* direction Marie-France Ionesco, Paul Vernois, éditions Belfond.

COLLOQUES 1982 :

— *Albert Camus,* direction Raymond Gay-Crosier, Jacqueline Lévi-Valensi.
— *Stendhal,* direction Philippe Berthier, Gérald Rannault.
— *Raisons du cœur, raison du récit,* direction Didier Coste, Michel Zéraffa.
— *Récit policier et littérature,* direction François Raymond, François Rivière, Jean-Claude Vareille.
— *Rimbaud multiple,* direction Alain Borer.

COLLOQUES 1983 (EXTRAITS) :

— *Le conte merveilleux,* direction Jacques Barchilon, Catherine Rousseau.
— *L'Oulipo.*
— *Lire Diderot en 1983,* direction Jacques Proust.

CERISY 82

- du 9 juin au 16 juin : *Processus d'apprentissage individuels et collectifs,* direction Marcel Bourgeois.
- du 18 juin au 28 juin : *Albert Camus,* direction Raymond Gay-Crosier, Jacqueline Lévi-Valensi.
- du 30 juin au 10 juillet : *Stendhal,* direction Philippe Berthier, Gérald Rannault et le Centre d'Etudes stendhaliennes de Grenoble III.
- du 12 juillet au 22 juillet : *Raisons du cœur, raison du récit,* direction Didier Coste, Michel Zéraffa.
- du 24 juillet au 3 août : *Comment juger ? (à partir du travail de Jean-François Lyotard),* direction Michel Enaudeau, Jean-Loup Thébaud.
- du 5 août au 15 août : *Récit policier et littérature,* direction François Raymond, François Rivière, Jean-Claude Vareille.
- du 17 août au 24 août : *Thérèse d'Avila,* direction Pierre Boudot.
- du 17 août au 24 août : *Albert Ayme et le paradigme en peinture,* direction Jean Ricardou.
- du 26 août au 5 septembre : *Rimbaud multiple,* direction Alain Borer, Louis Forestier.
- du 7 septembre au 17 septembre : *Logos et théorie des catastrophes,* direction Jean Petitot.
- du 23 septembre au 26 septembre : *Max-Pol Fouchet,* direction Georges E. Clancier.

BALZAC :
L'INVENTION
DU ROMAN

AVERTISSEMENT

Du 30 juin au 10 juillet 1980 s'est tenu, au Centre Culturel International de Cerisy-la-Salle, un colloque intitulé *Balzac : l'invention du roman,* sous la direction de Claude Duchet et Jacques Neefs. C'est l'ensemble des conférences que propose le présent ouvrage. Les tables rondes seront publiées en principe aux éditions CDU-SEDES.

.:.

Pour tous renseignements sur les *Colloques de Cerisy* ainsi que pour toute participation éventuelle, écrire au CCIC, 27, rue de Boulainvilliers, F-75016 Paris.

Centre Culturel
International de
Cerisy - la - Salle

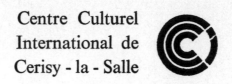

BALZAC:
L'INVENTION
DU ROMAN

DIRECTION
Claude DUCHET
Jacques NEEFS

COMMUNICATIONS
Madeleine AMBRIERE, Ruth AMOSSY,
Pierre BARBERIS, Roland CHOLLET,
Jean-Claude FIZAINE, Lucienne FRAPPIER-MAZUR,
Françoise GAILLARD, Alain HENRY,
Martin KANES, Bernard LEUILLIOT,
Michel NATHAN, Hilde OLRIK,
Elisheva ROSEN, Denis SLATKA.

PIERRE BELFOND

216, boulevard Saint-Germain 75007 Paris

Ouvrage publié avec le concours
de la Caisse nationale des Lettres

Si vous souhaitez recevoir notre catalogue
et être tenu au courant de nos publications,
envoyez vos nom et adresse, en citant ce livre,
aux Editions Pierre Belfond
216, bd Saint-Germain, 75007 Paris

ISBN 2.7144.1460.5

BALZAC : L'INVENTION
DU ROMAN

par Claude Duchet et Jacques Neefs

Peut-on recommencer *avec Balzac, par-delà l'ère du soupçon, et maintenant que la patience cumulée de plusieurs générations de chercheurs a frayé les voies d'accès et procuré les points d'appui indispensables pour toute aventure dans le cosmos balzacien ? C'était la gageure de cette décade, un retour stratégique aux origines.*

Ce que le roman invente, ce qui s'invente comme roman : la force du roman balzacien est sans doute dans le triple désir de voir, de savoir, de montrer qui lui donne forme. Si le travail de l'écrivain est visible dans le texte balzacien, c'est bien dans cette volonté de faire œuvre de pensée et de vision et dans la revendication d'un pouvoir de connaissance qui s'accomplissent là. L'œuvre de celui qui se veut, comme le dit l'Avant-propos, le peintre des « types humains », le « conteur des drames de la vie intime, l'archéologue du mobilier social, le nomenclateur des professions, l'enregistreur du bien et du mal », mais aussi l'interprète du divers (« Ne devais-je pas étudier les raisons ou la raison de ces effets sociaux, surprendre le sens caché dans cet immense assemblage de figures, de passions et d'événements ? ») et le penseur de la Société (« Ne fallait-il pas méditer sur les principes naturels et voir en quoi les Sociétés s'écartent ou se rapprochent de la règle éternelle, du vrai, du beau ? ») se construit ainsi sur la fabuleuse ambition de trouver, par la littérature, une

11

*perspective qui serait, du même mouvement, révéla-
trice à l'extrême des singularités (de toutes les singularités) et transcendante par rapport aux savoirs et
aux disciplines particulières qu'elle intègre dans sa
visée.*

*Pour comprendre comment l'œuvre balzacienne se
situe (elle conquiert sa place) dans sa concurrence avec
les autres activités de connaissance, il fallait donc
interroger les rapports directs qu'elle entretient avec
celles-ci, dans ses réalisations romanesques, mais aussi
au niveau de l'activité de Balzac ou des prétentions expo-
sées. Les partages entre science, philosophie, religion,
littérature apparaissent alors problématiques, intégrés
et déplacés dans l'écriture romanesque.*

*On doit toujours en revenir à cette étonnante formule
par quoi, dès 1832, le « romancier » tentait de cerner,
dans sa première lettre à l'Etrangère, son pari insensé :
« Représenter l'ensemble de la littérature par l'ensemble
de mes œuvres. » Balzac ou le roman, et le roman comme
l'absolu de la littérature, par un geste très romantique
de totalisation.*

*Mais l'édification romanesque ne va pas de soi : nous
avons voulu en interroger les détours, tant dans le rapport aux contraintes génériques préexistantes, retravail-
lées par l'écriture, que dans les possibilités nouvelles
que Balzac invente pour la fiction comme valeur interprétative et critique.*

*Et suivre ainsi le travail à l'œuvre dans l'œuvre, et le
travail de l'œuvre dans l'œuvre, c'est aussi poser la
question des limites de celle-ci : dans l'ordre de l'autorité
réaffirmée de l'auteur, dans le choix progressif des types
de discours (du journalisme au roman, par exemple),
mais aussi dans la prétention de l'œuvre à l'autonomie
complète, comme représentation enveloppante. L'œuvre
balzacienne tient autant dans sa volonté propre de faire
masse que dans l'indécision de ses contours.*

A contenir et déployer tous les possibles qu'elle mobi-

12

*lise, la construction balzacienne s'expose à sa propre
infinitude. C'est là aussi, sans doute, son pouvoir d'invention, dont les articles réunis ici tentent de rendre
compte.*

*Le souci de cette décade était moins d'apporter des
réponses (où ranger Balzac, comment définir le
roman balzacien, réaliste ou visionnaire, classique ou
moderne...) qu'un espace de questions, et des attitudes
de lecture à la mesure d'un prodigieux foisonnement
d'idées, de langages, de techniques, d'histoires. Refoulant momentanément dans ses marges les grands romans
consacrés, la réflexion s'est orientée vers des zones
moins explorées, où pourraient bouger les images reçues.
Certains venaient en Balzacie avec circonspection, de
l'Hugolie voisine ou de la Flaubertie promise. Mais le
texte Balzac, cité, écouté, relu entre les séances, dis-
cuté en tables rondes, bouscula toutes les réserves,
emporta toutes les prudences, ébranla les plus réfrac-
taires. Si les discussions furent vives (un autre volume
en recueillera les échos) sur le lisible et l'illisible, sur
les limites de l'indécidable, sur le sérieux et l'ironie,
sur la nature et l'étendue des savoirs balzaciens, sur
le sexe du génie, sur Balzac Prince ou Marchand, personne ne songeait plus, au terme de ces dix journées,
à faire de Balzac un romancier conforme. Texte complexe, texte fou, texte savoureux aussi, dont on redé-
couvrait la jouissance, qui déclenche le rire en même
temps que la méditation, et qui demande à la fiction
d'être pensée en même temps que jeu.*

*Organisée par l'équipe de recherche qui depuis quel-
ques années, sous le nom de Groupe international de
recherches balzaciennes, s'est attaché à relire Balzac,
à tous risques, et à conduire une enquête systématique
sur les rapports de Balzac et du roman, la décade n'aurait pu se tenir sans l'apport et l'appui du Groupe
d'études balzaciennes, de renommée mondiale, auquel
appartiennent du reste beaucoup de ceux qui sont inter-*

venus à Cerisy. Nous tenons à remercier particulièrement son président, Pierre-Georges Castex, directeur de L'Année balzacienne, *qui avait tenu à nous envoyer un message inaugural, et son secrétaire général, Madeleine Ambrière, qui nous a fait l'amitié d'être des nôtres. Balzac croyait aux intersignes : un hasard heureux avait voulu que notre décade coïncidât avec le début d'une nouvelle série de l'irremplaçable* Année balzacienne *et la publication de l'avant-dernier volume de* La comédie humaine *dans la nouvelle édition de « la Bibliothèque de la Pléiade ». Pluralisme fécond, et qui manifeste la présence multiple de Balzac en notre temps, où le roman cherche à se réinventer.*

C.D. et J.N.

SÉMIOTIQUE DU CORPS MALADE
DANS LA COMÉDIE HUMAINE

par Lucienne Frappier-Mazur

Pour tenter de cerner mon sujet, je dirai que ce qui est premier chez Balzac, y compris quand il décrit l'être en bonne santé, c'est le portrait physiologique. J'aborderai donc la catégorie du corps malade en formulant certains présupposés scientifiques et idéologiques qui me paraissent orienter ce regard uniformément médical de Balzac.

Le premier de ces présupposés concerne le rapport du normal et du pathologique. Plus qu'un point de référence qualitatif à l'opposé duquel se définirait le pathologique, le normal, dans le portrait balzacien, constitue un point de départ, à partir duquel la maladie introduit ses déviations et ses déséquilibres par un glissement presque insensible. Il s'agit là, bien entendu, d'une caractéristique dominante et non pas absolue, qui se dégage aussi du groupe des métaphores de maladie, et qui tend à substituer les notions de dosage et de régulation à celle de différence qualitative [1]. Comment ne pas rapprocher cette tendance des vues de *L'anatomie générale* de 1801 — je cite Bichat :

« Tout phénomène physiologique se rapporte en dernière analyse aux priorités des corps vivants considérés dans leur état naturel ; tout phénomène pathologique dérive de leur augmentation, de leur diminution et de leur altération [2]. »

différence essentiellement quantitative donc. Foucault propose, pour l'époque, de « substituer, à l'idée d'une maladie qui attaquerait la vie, la notion beaucoup plus serrée de *vie pathologique* (NC, 154) ». On ne s'étonnera donc pas que non seulement le portrait pathologique soit par essence physiologique, mais même que tant de personnages, sans être activement malades, évoluent pourtant dans un corps malade.

Deuxième présupposé, qui apparaît comme le corollaire du premier : la maladie préexistant toujours à l'état virtuel ne se manifeste pas comme un agent extérieur, mais comme partie intégrante de l'être. Cette idée ressort déjà elle aussi de l'analyse des métaphores de maladie et explique la fréquence et l'intérêt des maladies endémiques et chroniques dans le portrait balzacien, à côté de la peinture d'états de crise et de maladies aiguës. Elle a partie liée avec un troisième présupposé, qui découle lui-même du développement de l'observation clinique et de l'anatomie, et qui accorde la première place à une médecine des symptômes et des signes individuels, au détriment de l'ancienne médecine essentialiste [3] et, ici, nous entrons directement dans la sémiotique du corps malade. Cette mutation, qui s'esquisse vers la fin du XVIIIe siècle, correspond à la prépondérance nouvelle du regard médical braqué sur le corps individuel (Foucault). Non seulement elle soustend la pratique du portrait balzacien, mais elle s'exprime dans le discours, témoin l'aphorisme suivant que l'on peut lire dans *Le contrat de mariage* :

« La maladie n'est pas dans les livres, elle est dans le malade [4]. » Finalement, la contrepartie idéologique des trois caractéristiques qui précèdent constitue un quatrième présupposé, celui d'une conception individualiste de la maladie qui se développe à l'époque et prévaut encore de nos jours.

Ce faisceau de relations, et en particulier le recul de la nosographie en faveur de l'étude des symptômes individuels, s'adapte fort naturellement aux exigences de la nomenclature du portrait romanesque. La plupart des traits du visage et du corps se constituent en symptômes, symptômes aussitôt lus, déchiffrés par le métalangage du discours balzacien, qui les transforme en signes. C'est dans l'étude de ces signes que réside mon sujet, beaucoup plus que dans celle de maladies précises. Mon exposé va se concentrer sur une analyse des modèles et des codes, pour la plupart médico-scientifiques, selon lesquels s'organise cette sémiotique du corps malade, et examinera le rapport du modèle extra-littéraire avec les codes proprement littéraires, son interaction avec la nomenclature et le fonctionnement descriptifs traditionnels. Là se situent, dans le cas du portrait, les points d'intersection entre l'espace clinique et l'espace du roman. Les exemples auxquels je m'attacherai prouveront amplement, vu le faible degré d'illusion référentielle qu'ils comportent, que nous avons bien affaire à une sémiotique, c'est-à-dire à des simulacres élaborés à partir d'un ou plusieurs modèles, plutôt qu'à une mimesis calquée sur le réel. Précisons enfin que, si le portrait du corps malade contribue pour une part importante au tableau des connaissances médicales de Balzac, il n'en donne pas forcément une image fidèle ni complète, justement parce qu'il est d'abord un système sémiotique, dont les axes sémantiques sont gouvernés par des idées générales et des croyances autant et peut-être plus que par le détail d'un savoir exact.

La variété des modèles, au besoin contradictoires, et qui s'exercent souvent simultanément dans un même portrait, ne peut que confirmer cette mise en garde. Entraînée par souci de clarté à les présenter successivement, je l'ai fait du moins selon un ordre qui ne pouvait être que cumulatif. Je m'attaquerai d'abord au *code physiognomonique,* à la fois le plus connu, le plus repérable, le moins scientifique et, ajoutons, le plus romanesque. Il va de pair avec la croyance, fort répandue à l'époque, en l'étiologie morale de la maladie. Si la santé, selon le mot de Bichat, est le « silence des organes » et la maladie leur « révolte », cette même maladie devient « un langage qui parle par le corps, qui dramatise le mental [5] », avant même d'en procéder. Telle est peut-être la principale raison d'être — le principal signifié — de la référence à Lavater et à Gall, et tel est bien le phénomène qui régit, par exemple, le portrait du crétin dans *Le médecin de campagne,* où le discours interprète tous les symptômes de carence physique comme les signes de la déficience mentale : non seulement « face morte », « où la pensée ne devait jamais avoir brillé », « face tout animale », mais « face livide », « petits cheveux rabougris », « tête toute déprimée et dénuée d'organes sensitifs » (VIII, 333-34). Même mécanisme à l'œuvre dans tous les portraits d'avares desséchés, et dans la figure « blafarde » de l'impitoyable Corentin qui semble « ne pas avoir une goutte de sang » (TA, VII, 460). Mêmes signifiés du manque dans les cas de sénilité, de privation ou de déficience affective et sexuelle [6]. A partir de cette simple correspondance du physique et du moral, le caractère et le tempérament, le mode de vie, les crises morales ont leur place toute trouvée à la source des traits pathologiques. Visage rouge de Graslin, avec ses « boutons âcres, saignants ou près de percer, ... fruits d'un sang échauffé par un travail continu, ... par une vie sage » (CV, VIII, 555). De là, on passe facilement à l'idée de maladie comme châtiment, surtout châtiment des excès : le notaire Roguin, dont le nez « ignoblement retroussé » sécrète des humeurs fétides et chez qui l'on entrevoit « l'impureté du sang fouetté par des efforts contre lesquels regimbe le corps » (CB, V, 371) ; de Trailles vieillissant et dont le vice a tordu les lèvres (DA, VII, 730), et surtout Marneffe, « détruit par [les] débauches », aux « fétides

18

senteurs de pourriture humaine », « décrépit à quarante-sept ans », les « yeux éteints », avec ses « pâles couleurs », ses « joues flasques et froides », sa

> « bouche démeublée aux lèvres noires, sur lesquelles il [vient] une espèce d'écume blanche comme de la craie, et caséiforme »

... j'en passe [7].

On voit le lien particulièrement étroit que le portrait physiognomonique entretient avec le plan de l'histoire. D'une part, il résume la vie passée du personnage. Mais, symétriquement, il peut acquérir une fonction prédictive, second cas qui se limite moins souvent que le premier au seul corps malade. Ainsi du portrait prophétique de Michu, dans *Une ténébreuse affaire* — et ici il faut absolument citer le commentaire métanarratif de Balzac, qui se présente comme un véritable guide de lecture :

> « Les lois de la physionomie sont exactes, non seulement dans leur application au caractère, mais encore relativement à la fatalité de l'existence. Il y a des physionomies prophétiques. S'il était possible, et cette statistique vivante importe à la Société, d'avoir un dessin exact de ceux qui périssent sur l'échafaud, la science de Lavater et celle de Gall prouveraient invinciblement qu'il y avait dans la tête de tous ces gens, même chez les innocents, des signes étranges. Oui, la Fatalité met sa marque au visage de ceux qui doivent mourir d'une mort violente quelconque ! Or ce sceau, visible aux yeux de l'observateur, était empreint sur la figure expressive de l'homme à la carabine. » (TA, VII, 448)

Suit un portrait détaillé de Michu, dont la nomenclature est en partie pathologique, mais qui, surtout, déchiffre chaque trait comme un signe annonciateur de guillotine : « yeux rigides », « face blanche, injectée de sang, ... violacée par places », dont « le cou, court et gros, [tente] le couperet de la Loi » (449). L'intérêt du portrait prophétique, c'est que, en exploitant au futur le potentiel diégétique de la physiognomonie, il en rend éclatants l'arbitraire et l'invraisemblance, déjà sous-jacents au portrait rétrospectif. Autrement dit, à la vraisemblance mimétique, le portrait prédictif substitue de façon particulièrement visible la logique d'un fonctionnement sémiotique.

S'agissant de l'organisation temporelle du système descriptif, deux concepts modernes me paraissent avoir une influence certaine. Tout d'abord, celui de *vie pathologique*, que j'ai déjà introduit. Chez Balzac, c'est dans la peinture du vieillissement qu'il se discerne le mieux. Pour certains personnages, surtout masculins, le corps vieilli est tout bonnement un corps malade. A partir de cette équivalence, on remarque mieux que la distinction entre maladie et santé, de même que le vieillissement, est beaucoup plus évolutive qu'antinomique. La description actualise le passage temporel de la santé à la maladie ou au vieillissement, ce qui, dans les deux cas, détermine l'une des constantes du portrait pathologique — sa dimension historique. D'où la récurrence dans le discours des adverbes de temps — *jadis, maintenant, pendant longtemps, graduellement* — des verbes au plus-que-parfait et au passé simple pour dire la transformation — Véronique Graslin après sa petite vérole :

« Cette figure... resta frappée de mille fossettes qui grossirent la peau, dont la pulpe blanche avait été profondément travaillée. Le front... devint brun et demeura comme martelé... Ces déchirures du tissu, creuses et capricieuses, altérèrent la pureté du profil » etc. [8] (CV, VIII, 543)

récurrence des participes passés — « devenu débile », « devenu hideux », « paupières alourdies », « tempes attendries », « yeux flétris » [9] ; récurrence des notations d'âge : à soixante-deux ans, Goriot semble septuagénaire, à quarante-cinq ans, M. de Mortsauf en paraît soixante, Balthazar Claës, à cinquante ans, en paraît soixante, et à soixante-cinq ans il a l'air d'un octogénaire ; dérivations métaphoriques à partir d'images minérales dont la plus mémorable est le portrait d'Hulot vieillissant, portrait proustien avant la lettre, axé sur le cliché des *ruines* :

« Le ventre tomba, l'obésité se déclara. Le chêne devint une tour, et la pesanteur des mouvements fut d'autant plus effrayante, que le baron vieillissait prodigieusement en jouant le rôle de Louis XII. Les sourcils restèrent noirs et rappelèrent vaguement le bel Hulot, comme dans quelques pans de murs féodaux un léger détail de sculpture demeure pour faire apercevoir ce que fut le château dans son beau temps. Cette discordance rendait le regard, vif et jeune encore, d'autant plus singulier dans ce visage bistré que, là où pendant si longtemps fleurirent des tons de chair à la Rubens, on voyait, par certaines meurtrissures et dans le sillon tendu par la ride, les efforts d'une passion en rébellion avec la nature. Hulot fut alors une de ces belles ruines humaines où la virilité ressort par des espèces de buissons aux oreilles, au nez, aux doigts, en produisant l'effet des mousses poussées sur les monuments presque éternels de l'Empire romain [10]. » (Be, VI, 271)

En résumé, la notion de *vie pathologique* contribue à l'élaboration d'un portrait historique à la fois événementiel et évolutif, où prédominent les aspects temporels singulatif et duratif.

Le second concept exerce une tout autre action sur l'organisation temporelle du portrait. En effet, la pensée médicale de l'époque n'en reste pas à l'idée de *vie pathologique,* ou « déviation intérieure de la vie » (NC, p. 153). Cette déviation, dit Foucault, est de l'ordre « d'une vie qui va vers la mort », et il souligne l'importance accrue du concept ancien de *dégénération* dès l'apparition de l'anatomie pathologique — dégénération des tissus, des organes, etc. (NC, 157), que nous venons déjà de voir à l'œuvre. Ce qui nous intéresse maintenant, c'est la présence de la *mort* elle-même *dans la vie,* et sa représentation dans le portrait du corps malade. Bien rarement simple facteur de macabre, encore qu'elle se rencontre assurément avec les codes littéraires du surnaturel et du fantastique, la mort apparaît dans le portrait sous la forme anticipée du cadavre, produit de ce nouveau « regard anatomique » qui a appris à lire dans le cadavre « la vérité de la maladie » (NC, 157). De *La peau de chagrin* à *La rabouilleuse* en 1842, l'évocation de l'issue fatale s'appuie sur des détails anatomiques concrets qui enrichissent la nomenclature du corps malade, mais c'est entre 1830 et 1833 que le phénomène semble le plus fréquent. Ainsi, dans les contours cadavéreux, dessinés avec une cruelle précision, du corps de Mme de Mortsauf à l'agonie, le discours déchiffre le « combat égoïste de la vie contre la mort » (VIII. 1002-3). Pour me limiter à un passage plus court et peut-être moins présent dans la mémoire, je citerai le portrait de Flore Brazier mourante :

> « ... Une femme, verte comme une noyée de deux jours, et maigre comme l'est une étique deux heures avant sa mort. Ce cadavre infect avait une méchante rouennerie à carreaux sur sa tête dépouillée de cheveux. Le tour des yeux caves était rouge et les paupières étaient comme des pellicules d'œuf. Quant à ce corps, jadis si ravissant, il n'en restait qu'une ignoble ostéologie [11]. » (R, III, 1111)

On objectera que, dans ces exemples, la mort est imminente. Cela ne suffit pourtant pas à faire passer de tels portraits dans une mimesis du réel — un mourant ne se confond pas avec un cadavre —, ni à neutraliser l'insistance sur le détail anatomique. Qui plus est, quelques exemples évoquent le cadavre et le squelette à propos de personnages qui ont encore des mois et des années à vivre : Raphaël, Chabert, l'ex-Zambinella dans *Sarrasine,* qui illustre peut-être le mieux le concept de dégénération. Ce concept est absolument déterminant dans l'organisation temporelle du portrait : déjà souvent à l'œuvre dans le portrait historique physiognomonique, il constitue un trait d'union entre les concepts de *vie pathologique* et de *mort dans la vie.*

Passons maintenant à une opposition qui découle elle aussi de l'emprise croissante du regard anatomique sur la science médicale, l'opposition entre la surface et l'intérieur du corps, dont on trouve chez Balzac une actualisation et une déformation très particulières dans la sémiotique du portrait. Au début du XIXᵉ siècle, le progrès de l'anatomie commence à opposer, à la parfaite coïncidence des symptômes et des signes, du « visible » et de l'« énonçable », une technique de repérage en profondeur qui se concentre sur la description des « organes souffrants » [12]. La première démarche fait appel à un langage codifié, où le rapport de signifiant à signifié (symptôme-signe) est préétabli et ne s'appuie que sur la surface visible du corps. La seconde repose sur des « données spatiales tridimensionnelles », qui font une découverte de chaque exploration du corps individuel. A une lecture du perçu elle substitue une description inédite et, en cherchant à donner visibilité à l'invisible, elle tend à créer son propre langage [13]. Or, ce qu'on remarque chez Balzac, ce n'est pas seulement la prépondérance pure et simple de la seconde démarche sur la première, c'est que le portrait du corps malade ne livre aucun secret — je veux dire aucun secret pathologique — tant que le regard descripteur y reste à la surface du corps. Autrement dit, médicalement parlant, le visible n'y est même pas énonçable, il ne suscite dans le discours qu'un déchiffrement physiognomonique, par exemple en comparant à « des traces de boue » les « quelques grains bleuâtres et noirs »

« semés » sur le visage de Marat (Cath, X, 295). Seule exception à cette règle : la mention de symptômes comme les rides, les joues creuses, la couleur du teint, signes morbides instantanément déchiffrables parce qu'ils sont figés. Bien plus, le discours va même jusqu'à exprimer une certaine méfiance à l'égard du visible — ainsi la Péchina possède

> « une force incroyable, mais cachée aux yeux des paysans à qui les mystères des organisations nerveuses sont inconnus. » (Pay, VIII, 175)

Cette phrase n'a rien d'un accident, au contraire, elle peut servir de guide à tout un pan de la pratique sémiotique de Balzac dans le domaine de la pathologie. Car elle nous dit non seulement que le visible est impénétrable à l'œil du profane, mais que, pour l'œil averti, l'invisible est la clef du visible. Et, chaque fois que la polarité visible-invisible se manifeste dans un portrait, on constate que l'œil descripteur se déplace de l'enveloppe externe vers les organes internes, et que ce mouvement ne fait qu'un avec le décodage des symptômes apparents. Au couple préétabli symptôme-signe, cette démarche substitue la relation de signification symptôme externe-symptôme interne, dont il va falloir se demander si elle peut servir de support à une véritable lecture. D'où un ordre du portrait pathologique allant de l'extérieur vers l'intérieur, qui double, au niveau de la phrase, l'ordre général conventionnel du portrait scriptural — coup d'œil d'ensemble, détail de la tête et du visage, pieds, mains, corps.

L'ordre anatomique ainsi transposé dans le portrait balzacien peut-il créer un langage neuf et générer des sens nouveaux ? Tout d'abord, notons qu'il introduit ou réintroduit certains termes récurrents dans la nomenclature : *sang, vaisseaux* et *veines, tissu, organes* et *organisme* — méninges, cervelle, estomac et fonctions digestives —, *humeurs, nerfs, nerveux* et *névrose, chair*.

Prenons quelques exemples. D'abord, une maladie aiguë, celle du père Goriot, dont Bianchon rattache les symptômes externes à des phénomènes internes :

> « Il me semble être sous le poids d'une apoplexie séreuse imminente. Quoique le bas de la figure soit assez calme, les traits supérieurs du visage se tirent vers le front malgré lui... Puis les yeux sont dans l'état particulier qui dénote l'invasion du sérum dans le cerveau. Ne dirait-on pas qu'ils sont pleins d'une poussière fine ? » (II, 1049)

Puis une maladie chronique, la chlorose de Pierrette :

> « L'enfant rougissait, mais sa rougeur... se divisait par plaques inégales... En voyant ces symptômes de maladie, une mère... aurait... compris que les humeurs et le sang détournés de leur voie se jetaient sur les poumons après avoir troublé les fonctions digestives. » (III, 729)

Dégageons un premier signifié de cette démarche à peu près constante chez Balzac. Bien que résultant à l'origine de la subordination du portrait au modèle anatomo-clinique, ce signifié réside finalement dans la transformation que le mécanisme du portrait fait subir au modèle et que j'ai déjà mentionnée sans la souligner en parlant d'une relation de signification entre symptôme externe et symptôme interne. Dans le modèle médical, on a un repérage anatomique et la description objective de l'intérieur du corps. Dans le portrait balzacien, la désignation du symptôme interne fonctionne bien davantage comme une lecture et introduit une véritable « interprétation pathologique » du symptôme externe. A l'opposition entre le visible et l'invisible propre à la théorie médicale, opposition structurale *in absentia* établie par Foucault à partir d'une mutation historique, se substitue dans le portrait une opposition *in praesentia* qui, de surcroît, fait du symptôme interne

25

l'explication du symptôme externe — je laisse de côté l'incertitude médicale qui pèse, du moins pour moi, sur le rapport causal unissant des rougeurs par plaques au détournement du sang sur les poumons. Cette profonde transformation du modèle découle, semble-t-il, des modalités propres au fonctionnement sémiotique du texte romanesque et des habitudes de lecture avec lesquelles on l'aborde — besoin, toujours, d'introduire un sens et une causalité. Premier signifié donc : dans le portrait, à tel symptôme visible correspond un phénomène invisible précis. Deuxième signifié : le personnage est un être tridimensionnel, et la lecture anatomique donne au corps balzacien un volume, une épaisseur, un dedans pour tout dire, qui vont jusqu'à inclure les sensations cénesthésiques. Troisièmement, puisque le symptôme interne fonctionne comme le signifié du symptôme externe et que leur relation de signification se résume dans le mot *corps,* elle met en vedette la primauté du corps physique. Ce point de vue est en général beaucoup moins évident chez Balzac que la thèse de l'étiologie morale de la maladie. Il s'exprime pourtant dans une réflexion de *César Birotteau :*

« Le mal physique, considéré dans ses ravages moraux, examiné dans ses influences sur le mécanisme de la vie, a peut-être été jusqu'ici trop négligé par les historiens des mœurs. » (V, 371)

Il est donc juste de dire que le principe d'une lecture anatomo-pathologique modifie la nomenclature du portrait et génère des sens nouveaux, axés sur l'opposition *in praesentia* entre le visible et l'invisible. Mais le roman peut-il jamais se contenter d'une lecture pathologique ? On en revient toujours à l'influence du moral sur le physique. Plutôt que de m'étendre sur cette idée omniprésente, je signale en passant l'une de ses dérivations, le caractère ouvertement romanesque de certains déchiffrages régis par le mouvement du visible vers l'invisible, déchiffrages fantaisistes qu'on pourrait désigner du terme de « pathologie morale », ainsi quand le texte nous dit des yeux du père Goriot que « leur bordure rouge semblait pleurer du sang » (II, 870), que l'intelligence de Chabert « s'était enfuie » par « la cicatrice transversale » qui lui fendait le crâne (II, 1097) ou, mieux, qu'

> « au coin des yeux [de Véronique Graslin]... les douleurs avaient tracé deux places nacrées... où le réseau bleu des petits vaisseaux battait à coups précipités, et se montrait grossi par l'affluence du sang qui se portait là, *comme pour nourrir les pleurs* » (CV, VIII, 840).

A l'intérieur de l'espace tridimensionnel du corps malade ainsi défini entre en jeu un dernier modèle médico-scientifique assez composite, qui n'en reste à peu près jamais lui non plus à la surface du visible et qui, sous sa forme la plus complète, s'exerce sur les lésions et les dérèglements organiques.

Contentons-nous pour l'instant d'aborder ce modèle comme mécanisme de l'excès et du défaut. Le rapport respectif de ces deux notions à la maladie semble avoir changé, une fois encore, vers la fin du xviiie siècle. Si l'époque classique a vu l'excès comme un mal, y compris dans le domaine pathologique, plus tard, la maladie s'est trouvée valorisée comme expression de l'excès de sentiment, ainsi chez Rousseau. De façon comparable, au début du xixe siècle, dans le domaine chirurgical, une thérapeutique d'extraction (le mal est un surcroît) est remplacée par une thérapeutique d'adjonction (le mal est un manque) [14]. Or, que trouvons-nous chez Balzac ? Précisément, quand le portrait s'en tient au simple rapport manque-excès, la prédominance du mal comme manque. Les choses se compliqueront tout à l'heure. J'ai déjà signalé, à propos du code physiognomonique,

que le manque physique exprime des états de carence intellectuelle, morale, affective, sexuelle. Ajoutons-y la débilité physique, très souvent elle-même signe de tuberculose. Dans la mythologie romantique, à l'excès de passion et de pensée, soit dépense, soit refoulement, correspond la consomption physique, intéressante maladie qui frappe Raphaël, Coralie, le comte de Restaud, Louise de Chaulieu, Mme de Willemsens, Mme de Merret (*La grande Bretèche*), Madeleine de Mortsauf, et dont Louis Lambert au collège, ainsi que l'enfant maudit et sa fiancée présentent au moins les symptômes de carence physique [15]. Cette nomenclature introduit des termes comme *yeux creux,* caves, ternes, pâles, couverts d'un glacis ou au contraire, chez le phtisique, pleins d'une ardeur fiévreuse mais dénués de fluide vital [15] ; *teint pâle ou jaune, lèvres pâles, rides, cheveux rares, corps débile, maigre, sec, décharné, squelettique.* Ces qualifications, qui nous ramènent à la notion de *mort dans la vie,* font de la tuberculose le prototype du morbide comme « forme raréfiée de la vie » (NC, 174).

La juxtaposition des signes du manque et de l'excès dans un même portrait modifie, sur l'axe paradigmatique, l'organisation sémantique propre au passage descriptif. Elle oriente et multiplie les relations d'antonymie aux dépens des relations de synonymie. Si l'on compare avec quelques portraits témoins, choisis au hasard, du corps en bonne santé, on constate qu'il s'agit bien là d'un trait spécifique de la sémiotique du corps malade qui, faisant au départ de cette polarité un signe du morbide, s'en sert pour établir des relations de compensation ou de simple complémentarité s'appuyant sur un lexique précis — *mais, bien que, malgré,* des verbes comme *remplacer* [16]. De toute évidence, la complémentarité antonymique du corps malade répond à un souci d'unité, soit qu'elle ait un effet compensatoire, soit que, dans sa contradiction et comme signe d'un mécanisme déréglé, elle exprime la négation de l'unité. Le merveilleux portrait de la Péchina, corps malade le plus fascinant de *La comédie humaine,* réalise ce type d'opposition entre le haut et le bas du visage, avec le nez comme transition réunissant les caractères du haut et du bas :

> « Ce magnifique diadème de cheveux, ces grands yeux arméniens, ce front céleste écrasaient la figure. Le nez, quoique d'une forme pure à sa naissance et d'une courbe élégante, se terminait par des espèces de naseaux chevalins et aplatis... De même que le nez, tout le bas de la figure semblait inachevé, comme si la glaise eût manqué dans les doigts du divin sculpteur. Entre la lèvre inférieure et le menton, l'espace était si court, qu'en prenant la Péchina par le menton, on devait lui froisser les lèvres. »

Mais ce manque est compensé par une opposition secondaire entre le bas du visage et les dents :

> « mais les dents ne permettaient pas de faire attention à ce défaut. Vous eussiez prêté une âme à ces petits os fins, brillants, vernis, bien coupés, transparents, et que laissait facilement voir une bouche trop fendue... » ((Pay, VIII, 175)

Poursuivons en prenant appui sur un exemple également développé, le portrait de Vanda de Mergi, dans *L'envers de l'histoire contemporaine,* qui nous servira de repère à plusieurs reprises. Bien que Vanda soit atteinte d'une maladie précise, la plique polonaise, ce qui est significatif, c'est le caractère protéiforme de cette maladie, dont Balzac lui a octroyé tous les symptômes à la fois, non seulement, à mon avis, à des fins dramatiques [17], mais parce qu'il perçoit finalement la maladie comme déviation anarchique. Une bonne partie des symptômes de Vanda s'organise pourtant autour de la polarité compensatoire du manque et de l'excès, mais plutôt, cette fois, entre un trait physique morbide et la vitalité des yeux et de la voix. Vanda, « mince débris d'une jolie femme » (VII, 383), « n'était plus qu'un visage », « une âme ...à peu près sans corps », dont toute « la vie ... résidait dans la tête » 379). En conséquence,

> « les bras amaigris, les mains molles reposaient sur le drap blanc et fin comme deux choses étrangères à ce corps, qui paraissait ne point tenir de place dans le lit » (380).

De même, « l'âme, le mouvement et la vie s'étaient concentrés dans le regard et dans la voix » (p. 381). Et la voix, musique enchanteresse qui fait « l'effet d'un concert », va jusqu'à compenser la perte des dents,

> « car Vanda, par des études auxquelles le temps n'avait certes pas manqué, était arrivée à vaincre les difficultés provenues de la perte de ses dents » (381).

Et là ne s'arrête pas la fonction compensatrice de cette voix

> « aux mille intonations [qui] remplaçait les mouvements, les gestes et les poses de la tête » (383).

Même fonction, enfin, des couleurs du visage :

> « Les variations du teint, qui changeait de couleur comme le fabuleux caméléon, rendaient l'illusion, ou, si vous voulez, ce mirage complet » (383).

On aura peut-être remarqué, dans ces dernières citations, deux autres axes sémantiques qui se greffent sur celui de l'excès et du défaut. Le premier renvoie au code de l'anti-nature, que développe encore plus la description complète des symptômes de Vanda, dont le cou et les os sont devenus flexibles, qui a des crises d'aboiement, etc. Cette conception de la maladie comme phénomène contre nature, bien que recensé dans la nosographie, remonte au XVIIIᵉ siècle. Elle précède celle de *vie pathologique,* laquelle apparaît avec Bichat (NC, 156) et prédomine, nous l'avons vu, dans *La comédie humaine.* Le code de l'anti-nature, qui est aussi le plus néfaste à l'illusion référentielle, se lit pourtant dans le portrait de Vanda et dans celui de la Péchina. Il perce parfois dans quelques remarques rapides [18] et, surtout, il gouverne tout le portrait de Pons. Pons, nous dit le texte,

> « était monstre-né ; son père et sa mère l'avaient obtenu dans leur vieillesse, et il portait les stigmates de cette naissance hors de saison sur son teint cadavéreux qui semblait avoir été contracté dans le bocal d'esprit-de-vin où la science conserve certains fœtus extraordinaires » (VI, 536).

Quelques pages plus haut, le détail du portrait appuie cette anti-nature sur le mécanisme déréglé de l'excès et du défaut :

> « Ce vaste visage percé comme une écumoire, où les trous produisaient des ombres, et refouillé comme un masque romain, démentait toutes les lois de l'anatomie. Le regard n'y sentait point de charpente. Là où le dessin voulait des os, la chair offrait des méplats gélatineux ; et là où les figures présentent ordinairement des creux, celle-là se contournait en bosses flasques (527). »

La maigreur même de « cet homme si disgracié par la nature » est en contradiction avec certains signes physiognomoniques de gourmandise, « bouche sensuelle à lèvres lippues », « dents blanches dignes d'un requin » (*ibid.*).

Revenons au portrait de Vanda. Un troisième axe sémantique s'y développe à partir de celui de l'excès et du défaut, pour lui adjoindre les notions de mouvement et d'inertie, et de lutte entre les deux. Tandis que, chez Pons, la discordance relève d'une juxtaposition aberrante, chez Vanda, le mouvement est l'un des facteurs de la complémentarité : il s'est « concentré dans le regard », il est remplacé par « la voix aux mille intonations ». On croit voir « voltiger une âme en admirant l'ubiquité [des] regards » de Vanda, qui sont « la pensée visible » (383).

L'identification de ces trois axes sémantiques — excès-défaut, nature-anti-nature, mouvement et inertie — nous permet de désigner sous le terme d'organisme ou d'organicisme le modèle médico-scientifique que nous avons abordé à partir de la polarité du manque et de l'excès. Ce terme ne renvoie pas seulement à Broussais, mais à l'organisme romantique, pour lequel

« les thèmes du dynamisme, de l'affinité, de la sympathie, de la polarité électrique et magnétique jouent un rôle central [19] ».

Modèle biologique de santé, c'est surtout par une relation de contrariété que l'organicisme commande la sémiotique du corps malade. Profondément influencé par la théorie de l'attraction universelle, il canalise divers courants, dont deux sont essentiels chez Balzac. D'une part, une conception harmonique de la nature où Judith Schlanger voit la principale influence de Newton sur Geoffroy-Saint-Hilaire :

« En faisant de l'attraction soi-pour-soi la loi universelle de la nature, Geoffroy place l'individualité biologique dans la continuité de l'attraction physique et de l'affinité chimique... Entre la physique des corps bruts et celle des êtres animés, il refuse le hiatus qu'instaure le vitalisme. » (MO, 105-106)

D'autre part, la théorie du magnétisme universel, sous la forme du magnétisme animal de Mesmer, dont Judith

Schlanger a montré de façon décisive comment il se greffe sur la théorie de l'attraction universelle, dans un monde

« où l'harmonie est l'équilibre de la combinaison des forces, où dysharmonie et maladie sont synonymes » (MO, 113).

Or, ce qui frappe, dans un grand nombre de corps malades, c'est que, plus encore que dans le portrait de Vanda, la lutte énergétique se concrétise en notations de mouvement, premier phénomène qui renvoie directement à la notion de polarité magnétique, selon laquelle

« la force passive d'inertie, résistance que la masse oppose au mouvement, est contrebalancée par la force active d'attraction » (MO, 110).

D'où l'apparition d'une nomenclature où le mouvement s'associe souvent au feu, à la chaleur, aux métaux, à la machine. Nous trouvons tout d'abord, parmi les multiples signes de dysharmonie et de lutte, des cas de mouvement excessif, et à proprement parler déboussolé, jusques et y compris sous la surface du visible :

« Ses cheveux devinrent dans sa tête autant d'aiguilles rougies au feu des névroses. Son sang bouillonnant lui parut à la fois se mêler à ses nerfs et vouloir sortir par ses pores ! Elle fut aveugle pendant un moment... Sabine sentit ses idées tourbillonnant dans sa tête comme des fétus emportés par une trombe. — J'en ai vu, disait-elle plus tard, des myriades à la fois... [20] » (B, II, 554)

En second lieu, la figure porte souvent la trace permanente, et même encore en formation, des luttes intérieures de l'individu : le comte de Mortsauf, avec son visage de « loup blanc qui a du sang au museau », son front « ridé transversalement par marches inégales », sa bouche « violente » (VIII, 803-804) ; Balthazar Claës, dont les narines semblent « s'ouvrir graduellement de plus en plus, par une involontaire tension des muscles olfactifs » (IX, 488), Mme Claës, dont la douleur reste sur le visage « comme une lave figée autour du volcan » (IX, 485) [21]. Troisièmement, le portrait peut osciller entre les deux pôles du mouvement et de l'inertie. La description des convulsions d'un enfant, dans *Mémoires de deux jeunes mariées,* fait alterner sur trois pages mouvement convulsif et roidissement du corps, le premier entraînant le second (I, 267-69). De même que cette action paralysante des convulsions, la douleur morale peut se présenter comme la « résistance que la masse oppose au mouvement » ;

> « ... La douleur est comme cette tige de fer que les sculpteurs mettent au sein de leur glaise, elle soutient, c'est une force ! » (B, II, 569)

Le mouvement mécanique, ou l'arrêt du mouvement, constituent une quatrième forme de dysharmonie magnétique. Zambinella âgé, Louis Lambert à la fin, Raphaël, ont une vie « de machine à vapeur » (PCh, IX, 171) ou ne se livrent plus qu'à des mouvements mécaniques. Mme Jeanrenaud, étant restée deux ans dans sa chambre à la suite de son veuvage et d'une petite vérole, en est ressortie obèse (In, III, 59), et nous avons déjà vu l'effet dramatique de la force d'inertie chez Vanda [22].

Le portrait de Vanda, on s'en souvient, n'est pas totalement négateur d'unité et d'harmonie, bien que sa polarité compensatoire ait aussi la valeur d'un symptôme morbide. Approfondissons un peu plus les manifestations positives de l'organicisme, dans les signes du corps malade. Elles apparaissent en premier lieu par le détour d'un dualisme entre le corps et l'âme, trop banal toutefois, et trop superficiel, pour être qualifié de vitalisme spiritualiste. Sous sa forme stéréotypée, ce dualisme concrétise la lutte, délétère pour le corps, de ce que nous appellerions les pulsions (« le corps ») et le surmoi (« l'âme »), ainsi tout au long des six pages du portrait pathologique d'Esther Gobseck, en exil au couvent et près de succomber à la chasteté de sa nouvelle vie [23]. Quand ce dualisme oppose au corps la force d'âme ou la volonté, il se rapproche beaucoup plus du modèle organiciste, surtout si l'action de « l'âme » suscite sur le visage à la fois des signes morbides et une promesse d'équilibre. L'admirable portrait compensatoire de Jean Calvin, dans *Sur Catherine de Médicis,* en constitue un excellent exemple. Il réalise un équilibre précaire tout en actualisant la lutte qui fait rage entre « la souffrance » physique et « l'Etude », « combat perpétuel de ce tempérament valétudinaire avec l'une des plus fortes volontés connues dans l'histoire de l'esprit humain » (X, 185). En comparant cette description avec des portraits picturaux de Calvin, dont l'un au moins semble avoir inspiré Balzac, on constate que ce dernier a singulièrement élargi et épaissi son modèle, sans nul doute pour mieux y inscrire la force morale en lutte avec la maladie. Ainsi du nez, peint avec une grande exactitude, sauf qu'il est devenu carré :

> « Ce visage était partagé par un nez carré, remarquable par une flexuosité qui régnait dans toute la longueur et qui produisait sur le bout des méplats significatifs, en harmonie avec la force prodigieuse exprimée dans cette tête impériale. » (X, 185)

D'assez nombreux portraits pathologiques expriment encore mieux l'action ordonnatrice de « l'âme » sur le corps en proie aux attaques du désir et de l'idée qui tue. C'est ici que le modèle du magnétisme, avec son potentiel salvateur, entre directement en jeu. En effet,

> « la liaison qui existe entre les corps célestes, la terre et les corps animés,... permet aussi de guérir... Un

corps en santé est un corps en harmonie ; s'il est malade, la secousse magnétique le rétablit dans son équilibre interne, et dans sa liaison harmonieuse avec les autres corps et les autres parties de l'univers » (MO, 113).

Le regard, on le sait, est le point de ralliement privilégié du fluide magnétique chez le personnage balzacien. La bosse des bossus, que Balzac compare d'ailleurs à un regard, constitue elle aussi un pôle d'attraction :

« La courbure ou la torsion de la colonne vertébrale produit chez ces hommes, en apparence disgraciés, comme un regard où les fluides nerveux s'amassent en de plus grandes quantités que chez les autres, et dans le centre même où ils s'élaborent, où ils agissent, d'où ils s'élancent ainsi qu'une lumière pour vivifier l'être intérieur. Il en résulte des forces, quelquefois retrouvées par le magnétisme, mais qui le plus souvent se perdent à travers les espaces du Monde Spirituel. Cherchez un bossu qui ne soit pas doué de quelque qualité supérieure ? soit d'une gaieté spirituelle, soit d'une méchanceté complète, soit d'une bonté sublime. » (MM, I, 455-56)

A l'appui, *La comédie humaine* nous offre, dans *Modeste Mignon,* le bon et gai Butscha, qui sert de prétexte à cette réflexion, la sublime Mme Claës, et deux « bossus manqués » (UM, III, 444), manqués parce que « sans bosse » (CV, VIII, 615), le saint curé Bonnet et l'affreux Goupil. Signalons en passant la curieuse convergence de la bosse et de la petite vérole, chez Mme Claës et Butscha. Même isolément, la petite vérole frappe des êtres d'exception : Véronique Graslin, l'ingénieur Gérard, Mme Jeanrenaud, Eugénie Grandet.

Finalement, que le discours parle de fluide magnétique, d'âme ou de force d'âme, ou, mieux, de Volonté, mot qui renvoie directement au système matérialiste de *Louis Lambert,* ces termes fonctionnent toujours dans le portrait comme les analogons plus ou moins exacts de

la secousse magnétique, et désignent une force intérieure, parfois de nature matérielle, qui soutient ou
même harmonise les signes discordants de la maladie [24].

On trouve cette force dans le portrait de la Péchina,
auquel nous revenons une dernière fois, et où se croisent
tous les codes dont nous avons parlé : physiognomonie,
vie pathologique et même *mort dans la vie*, explication
du visible par l'invisible, signes contradictoires et compensatoires du manque et de l'excès, anti-nature, traits
hybrides de race et de sexualité, équilibre et anarchie,
combat du mouvement et de l'inertie, de la matière et
de l'esprit. Les vertus de la secousse magnétique, repé-
rables dans le « regard de feu », règnent sur cet ensemble composite :

> « Ce mélange d'imperfections diaboliques et de beau-
> tés divines, harmonieux malgré tant de discordances,
> car il tendait à l'unité par une fierté sauvage, puis
> ce défi d'une âme puissante à un faible corps écrit
> dans les yeux, tout rendait cette enfant inoubliable. »
> (176)

Certes, la sémiotique du corps malade, malgré sa
richesse, tend à simplifier, par rapport au savoir médical ou paramédical, les modèles qui la dictent. Elle
tend à les niveler pour les intégrer dans le système
balzacien, qui affirme la supériorité destructrice du désir
sur l'acte, et où la Volonté, le tempérament, seules forces
que l'individu puisse opposer aux ravages de la pensée,
sont d'une efficacité incertaine [25]. On voit ainsi se
profiler, derrière les modèles médico-scientifiques sur
lesquels je me suis concentrée, une autre catégorie plus
générale qui régit tout l'univers balzacien. Je songe
évidemment au modèle économique, qui sous-tend la
conception quantitative du normal et du pathologique,
concepts de lutte pour la vie, d'excès et de défaut, de
dépense et de conservation. C'est le fonctionnement du
désir dans l'économie du personnage balzacien qui per-

met de faire le joint avec le modèle de l'argent. D'un côté, on a Gobseck, qui prétend vivre toutes les vies enfermé dans sa chambre avec ses richesses. L'argent, dans *La comédie humaine,* vu comme équivalent général du désir, introduit une possibilité de jouissance généralisée qui est conservation, parce que située à un niveau abstrait. Inversement, le désir est perçu comme une abstraction qui n'a pas besoin de se réaliser en acte pour susciter une dépense énergétique finalement supérieure à l'acte — d'où l'étiologie morale de la maladie. Ainsi, l'un des homologues de ce fonctionnement moderne de l'argent que Balzac a disséqué dans *Gobseck,* et qui ressort aussi de l'analyse de la métaphore d'argent [26], pourrait bien être la fameuse théorie, en apparence si générale, de l'idée qui tue, peut-être le signifié ultime des symptômes de la maladie. Au modèle de la spéculation, qui s'appuie sur le renouvellement de besoins irrationnels, correspondrait la lutte anarchique, le mécanisme déréglé de l'excès et du défaut dans les signes corporels, et, à la régulation de la dépense et de la conservation propres au capitalisme naissant, l'harmonie de l'organisme [27]. D'ailleurs, il est bien entendu que le savoir médical lui-même n'échappe pas à l'idéologie. Cela dit, ramener au modèle économique tous les modèles médico-scientifiques que nous venons de retracer risquerait, sans être faux, d'appauvrir la sémiotique du corps malade, en reproduisant sa propre démarche. Ne clôturons surtout pas la circularité sémiotique...

Pour terminer, je soulèverai un dernier point. Si quelque aspect de la maladie cesse jamais de se conformer, en tout ou en partie, au code médico-social et scientifique, à la « loi du nommé », à « l'institution », ce ne peut être que la souffrance inarticulée, le cri de douleur [28]. Cette possibilité n'est pas tout à fait absente de *La comédie humaine.* On la trouve esquissée dans la lettre où Renée de Maucombe fait le récit de son accouchement à son amie **Louise de Chaulieu**, scène unique aussi en ce sens qu'elle fait de l'âme la simple spectatrice — ni antagoniste, ni alliée — du corps livré à la douleur et à son propre cri, puis à l'écoute du cri de l'enfant :

> « Je me suis sentie être deux : une enveloppe tenaillée, déchirée, torturée, et une âme placide. Dans cet état bizarre, la douleur a fleuri comme une couronne au-dessus de ma tête. Il m'a semblé qu'une immense rose sortie de mon crâne grandissait et m'enveloppait. La couleur rose de cette fleur sanglante était dans l'air. Je voyais tout rouge. Ainsi parvenue au point où la séparation semblait vouloir se faire entre le corps et l'âme, une douleur, qui m'a fait croire à une mort immédiate, a éclaté. J'ai poussé des cris horribles. Cet affreux concert de clameurs a été soudain couvert en moi par le chant délicieux du vagissement argentin de ce petit être... Il me semblait que le monde entier criait avec moi, que tout était douleur ou clameur, et tout a été comme éteint par ce faible cri de l'enfant. » (MJM, I, 247)

Bien sûr, même pour dire la souffrance pure et simple, le scriptural a recours à quelque code, et je ne m'amuserai pas à relever ceux qui s'exercent ici. Toujours est-il que, pour dire cette souffrance autre, ils sont autres, et à double titre, puisqu'ils se situent en marge de l'intratexte balzacien — je fais allusion à cette placidité insolite de l'âme. Il y a plus : le cri de douleur, l'inarticulé, est simplement nommé, ce qui est vraiment le degré minimal du code, surtout pour Balzac. Et la rencontre la moins moderniste n'est pas que, renonçant à l'institution pour dire un cri où s'abolit l'individualité du corps, Balzac trouve la femme au niveau pulsionnel, et cet inconnu de la naissance qui l'a toujours fasciné.

L.F.M.

NOTES

1. Cf. L. Frappier-Mazur, *L'expression métaphorique dans « La comédie humaine »*, Klincksieck, Paris, 1976, p. 281-306.
2. X. Bichat, *Anatomie générale*, T. IV, Paris, 1801, p. 591, cité par Foucault, *Naissance de la clinique* (NC), PUF, Paris, 1963, p. 153.
3. L'ouvrage de Moïse Le Yaouanc, *Nosographie de l'humanité balzacienne*, Librairie Maloine, Paris, 1959, prend son titre au sens large et fait amplement ressortir les trois caractéristiques qui précèdent.
4. CM, III, 536, in *La comédie humaine*, Gallimard, « Pléiade », Paris, éd. Bouteron. Toutes les références renvoient à cette édition.
5. Formule de Susan Sontag, *Illness As Metaphor*, Vintage Books, New York, 1979, p. 43.
6. Cf. aussi Goriot, Chabert, la paysanne Geneviève dans *Adieu*, Castanier après la perte de son pouvoir satanique, Corentin, Véronique Graslin, Mme de Mortsauf.
7. Be, VI, 271-72. A l'inverse, on trouve quelques rares exemples d'euphémisation de la maladie et de la mort, à propos de victimes innocentes ou saintes, en général féminines : Pierrette (III, 656) ; Coralie (IP, IV, 873, 876) ; Lydie Peyrade (S&M, V, 898) ; Véronique Graslin (CV, VIII, 959-60), Stéphanie (A, IX, 756). Cf. aussi le vieillard mort, stéréotype pictural (MC, VIII, 382).
8. PG, II, 869-70 ; DA, VII, 730 ; RA, IX, 632.
9. Cath, X, 231-33 ; Be, VI, 271 ; CV, VIII, 640.
10. Cf. S&M, V, 691 : « Les chaînes de ses horribles habitudes tenaient-elles par des scellements oubliés... ? »
11. Cf. Gr, II, 197 ; Gb, II, 662-63 ; Ch, II, 1096-97 ; AEF, III, 249 ; Fer, V, 103 ; S, VI, 86-89 ; Pch, IX, 210 ; ELV, X, 304-5.
12. Broussais, cité par Foucault, p. 192.
13. Foucault, par ex. p. 94, 118, 171, et 160, 164.
14. Cf. Sontag, p. 43-44 et Michel de Certeau, *Traverses*, n° 14-15, *Panoplies du corps*, Paris, avril 1979, p. 7.
15. Seule la tuberculose de Jacques Colas, dans *Le médecin de campagne*, semble échapper à cette étiologie, ce qui n'empêche pas sa forte valorisation métaphorique. Cf. VIII, 421-25 et Le Yaouanc. A l'inverse, la santé fleurit en milieu humide. Cf. « Ses yeux, vivifiés par une féconde puissance, étincelaient à travers une humide vapeur, semblable au fluide qui donne à ceux des enfants d'irrésistibles attraits » (F30, II, 719). On trouve plusieurs variantes de cette phrase dans *La comédie humaine*.
16. Ces relations ne se limitent d'ailleurs pas à l'antonymie de l'excès et du défaut, elles font aussi d'un trait moral ou d'une expression du visage la contrepartie d'un trait physique morbide. Quand l'abbé Birotteau tombe malade, l'expression intelligente remplace l'air de santé stupide (CT, III, 783, 845). Chez M. de la Baudraye, la ténacité compense la débilité du corps (MD, IV, 62), chez l'aveugle Facino Cane, toute la physionomie évoque la puissance, chez M. de Sérizy, « la grâce et la beauté du front », la chevelure « blanc d'argent », la « finesse » et la « profondeur » des yeux verts s'opposent à la figure « plate », « entièrement

40

rouge », sur laquelle se détachent « quelques portions enflammées » (DV, I, 639-40). La bouche de Graslin, quoique « sérieuse et serrée », dénote une « bonté cachée » (CV, VIII, 555-56). Notons la fréquence, dans la polarité de l'excès et du défaut, du couple complémentaire du buste « large et puissant » et des « petites jambes turques » (EHC, VII, 387), ou « grêles » : cf. EHC, VII, 387 ; CP, VI, 728-29 ; RA, IX, 488 ; CV, VIII, 556, 615, 705 cas de contamination caractéristique chez Balzac : trois personnages dans la même œuvre. Le médecin Halpersohn offre également la complémentarité d'un « nez hébraïque, long et recourbé comme un sabre de Damas » et d'« une bouche fendue comme une blessure » (EHC, VII, 387). Signalons enfin les beaux portraits compensatoires de la Péchina, de Mme Claës, de Jean Calvin.

17. Cf. Maurice Regard, *Introduction* à *L'envers de l'histoire contemporaine*, Garnier, Paris, 19, p. LXII, LXVII et Le Yaouanc, p. 496.

18. Cf. CB, V, 370 ; Be, VI, 271.

19. Judith E. Schlanger, *Les métaphores de l'organisme* (**MO**), Vrin, Paris, 1971, p. 108.

20. Cf. Mme de Sérizy S&M, V, 1012, 1013, 1091.

21. Cf. « le sillon tendu de la ride » chez Hulot, VI, 271.

22. Autrement, l'arrêt du mouvement, dont les signes continuent à exprimer toute la violence de la lutte, est un symptôme de mort imminente. Cf. Peyrade (S&M, V, 898) et le père de don Juan (ELV, X, 304-5).

23. S&M, V, 690-95. Cf. aussi Véronique Graslin (CV, VIII, 746-47), Gabrielle Beauvouloir (EM, IX, 717).

24. Citons, outre Vanda et les bossus, Madeleine de Mortsauf (Lys, VIII, 801-2), Raphaël (PCh, IX, 170-71), Melmoth (IX, 920), Balthazar Claës (IX, 632), maître Cornélius (IX, 920), le père de don Juan (ELV, X, 304-5).

25. Cf. Frappier-Mazur, 1976, p. 341.

26. Cf. *ibid.*, p. 195-228 et 343-45.

27. Cf. Sontag, p. 61.

28. Comme le dit Michel de Certeau à propos de « l'intextuation du corps » qui s'opère dans la chirurgie, *op. cit.*, p. 13-14.

BALZAC HOMME DE SCIENCE (S)
Savoir scientifique, discours scientifique et système balzacien dans La recherche de l'absolu

par Madeleine Ambrière

Secrétaire général du Groupe d'études balzaciennes, qui fut fondé en 1959 et publie chaque année, depuis 1960, *L'Année balzacienne,* j'ai plaisir à participer à ce colloque, organisé par Claude Duchet et son groupe de recherche.

J'avais, j'ai toujours un projet ambitieux : Balzac homme de science (s). Il ne saurait être question, dans les limites du temps qui m'est imparti et dans la perspective de cette décade balzacienne consacrée à l'invention du roman, d'exposer tous les problèmes et de définir tous les axes de recherche qu'implique un tel sujet. Je laisserai donc de côté les questions — dont j'ai traité ou traiterai par ailleurs —, telles que délimitation et langage, lecture et réécriture, utilisation et fonctionnement romanesque de la science, et je consacrerai mon propos à l'insertion du savoir scientifique — de sa greffe ? — dans un texte de fiction, le seul roman de Balzac qui a pour sujet la science et pour héros un savant, c'est-à-dire *La recherche de l'absolu.* Il va sans dire que cette exploration permettra de poser des questions générales, fondamentales pour l'étude de ce grand sujet.

On sait combien Balzac était fasciné par la science ; on connaît sa précoce et durable vocation de théoricien scientifique dont les échos se laissent percevoir dans sa correspondance, son ambition d'auteur « scientifique ». Désireux de composer un « Essai sur les forces humaines » — titre significatif —, le romancier écrivait à Mme Hanska, le 26 octobre 1834 :

> « (...) après avoir fait la poésie, la démonstration de tout un système, j'en ferai la science dans l'*Essai sur les forces humaines.* »

Le projet n'aboutit pas mais le hanta longtemps. Au fil des années, il confia l'essentiel de ses théories soit à de brefs écrits, tels que la *Lettre à Charles Nodier* ou la *Théorie de la démarche,* soit à des romans ou seulement des ébauches, notamment *Les martyrs ignorés,* où s'élabore une véritable théorie de la pensée, nourrie de textes antérieurs.

De tels écrits nous ne parlerons pas ici puisque c'est de roman qu'il s'agit, mais ce rapide panorama permet déjà de constater un fait important : consciemment, volontairement, grâce à une curiosité constante et grâce à une documentation épisodique, ponctuelle, Balzac utilise dans ses romans des connaissances acquises. Dans *La comédie humaine,* où l'on rencontre, dans une perspective tantôt tragique, tantôt comique, des médecins, des naturalistes, des savants, se lit un discours scientifique, s'exprime un savoir. Ce savoir, comment se définit-il et comment s'insère-t-il dans le roman ? Telles sont les questions sur lesquelles je voudrais interroger *La recherche de l'absolu.*

Pour tenter de préciser la notion de savoir et son rapport à la science, je me référerai à Michel Foucault et, notamment, à son *Archéologie du savoir.* Dans cet ouvrage le savoir est défini comme l'état des connaissances en un moment donné, c'est-à-dire des ensembles d'énonciations, des jeux de concepts, des séries de choix théoriques, éléments qui ne constituent pas une science mais en forment le préalable [1]. Ainsi peut-on dire que la science, sans s'identifier au savoir, mais sans l'effacer ni l'exclure, se localise en lui. Dans ces considérations sur le savoir, trois propos de Michel Foucault méritent tout particulièrement de retenir notre attention, car ils peuvent constituer, pour notre enquête, de véritables axes de recherche :

1. « Le savoir n'est pas investi seulement dans des démonstrations, il peut l'être aussi dans des fictions, dans des réflexions, dans des récits. »
2. « Le savoir c'est ce dont on peut parler dans une pratique discursive qui se trouve par là spécifiée (...) C'est aussi l'espace dans lequel le sujet peut prendre position pour parler des objets auxquels il a affaire dans son discours. »
3. « Le savoir c'est aussi le champ de coordination et de subordination où les concepts apparaissent et se définissent. »

Ainsi se trouvent posés des problèmes essentiels, celui de l'analyse du savoir et de son fonctionnement dans le texte romanesque, celui aussi du discours scientifique et de la position du sujet, ce qui implique la question de la méthode et du système.

Si l'on examine tout d'abord le savoir scientifique — limité à l'essentiel, c'est-à-dire au domaine de la chimie — dans *La recherche de l'absolu,* on constate qu'il se manifeste sous deux formes, savoir collectif et savoir individuel. Tous deux posent les mêmes problèmes d'acquisition, de transmission et de diffusion du savoir, et ils suscitent les mêmes questions : dans ce savoir, comment se localise l'histoire de la science (en l'occurrence la chimie) ? L'avenir de la science s'y inscrit-il ?

Balzac, on le sait, voulait écrire l'histoire des mœurs en action. La présentation du savoir chimique au XIXe siècle n'échappe pas à cette perspective dynamique. Ce savoir, dans *La recherche de l'absolu,* est mis en situation dans le devenir de l'Histoire. Le chimiste polonais assume la filiation de l'alchimie, cette « chimie transcendante », et se considère comme le continuateur des adeptes des sciences occultes, lancés jadis à la recherche de la molécule constitutive. Mais, si l'histoire apporte sa caution à la recherche des chimistes du XIXᵉ siècle, sensibles sont cependant les progrès de la science. A l'alchimie a succédé la « chimie moderne », créée par Lavoisier, développée par Davy et Berzélius, pour ne mentionner que les savants les plus illustres, cités d'ailleurs conjointement par Balzac dans *Illusions perdues*. Or les deux chimistes fictifs de *La recherche de l'absolu* se présentent l'un à l'autre non comme des inventeurs mais comme les disciples de maîtres éminents dont ils poursuivent les travaux. Balthazar Claës fut « le plus ardent disciple » de Lavoisier, et Adam de Wierzchownia se réfère souvent à son ancien maître, chimiste suédois qu'il ne nomme pas, mais dont le nom était précisé dans le manuscrit : Berzélius. Claës, qui avait travaillé dans le laboratoire de Lavoisier, apprend donc de son visiteur d'un soir les opinions, les raisonnements, les hypothèses du Suédois, considéré comme l'un des plus grands chimistes, sinon le plus grand, depuis Lavoisier. Ainsi se transmet un savoir, ainsi s'enchaîne l'histoire d'une science.

Il est intéressant de remarquer en outre que l'acquisition progressive du savoir de Claës, après cette information orale, est présentée par le romancier dans une perspective rigoureusement historique. De 1809, année où, stimulé par les raisonnements et les suggestions d'Adam de Wierzchownia, Claës commence ses travaux, jusqu'en 1813, il bénéficie des renseignements que lui communiquent les fabricants parisiens de produits chimiques Protez et Chiffreville, qui lui font « souvent part des résultats obtenus par les chimistes de Paris, afin de lui éviter des dépenses [2] ». En 1813, la lettre-testament de M. Wierzchownia, mortellement blessé à Dresde, apporte au chimiste douaisien « plusieurs idées ». Quatre ans plus tard, Claës qui avait, à la mort de sa femme, renoncé à la chimie mais ne pouvait s'empêcher de penser à son problème et lisait attentivement les journaux, constate : « La paix dont jouissait l'Europe avait permis la circulation des découvertes et des idées scientifiques acquises pendant la guerre par les savants des différents pays entre lesquels il n'y avait point eu de relations depuis près de vingt ans. » Comme l'écrit le romancier : « La Science avait donc marché. Claës trouva que les progrès de la Chimie s'étaient dirigés, à l'insu des chimistes, vers l'objet de ses recherches. »

Ainsi s'inscrit dans le savoir collectif de l'époque, tel que le met en perspective dans sa transmission et sa diffusion la fiction romanesque, l'histoire d'une science, avec ses tâtonnements, ses difficultés, ses progrès. Le discours scientifique qui véhicule ce savoir, s'il est esentiellement narratif et s'il privilégie les énoncés descriptifs, se diversifie néanmoins dans ses modalités, récit mais aussi lettre ou dialogue — débat opposant, dans leur langage et leurs conceptions, l'ancienne et la nouvelle chimie. Ce savoir collectif, d'autre part, nourrit le savoir individuel du héros fictif qui dispose donc d'un réseau d'informations très vaste et très diversifié en dehors de l'information personnelle que lui apportent ses expériences et ses instruments.

Si l'on tente maintenant de définir et de caractériser le savoir de ce héros fictif, Balthazar Claës, on s'aperçoit vite qu'il s'agit d'un savoir de la totalité et d'un savoir de l'hypothèse.

On peut certes se contenter de regarder, au niveau du texte, le caractère totalisant du savoir de Claës, qui apparaît dans l'architecture du texte, élément capital du discours scientifique. Mais les historiens de la littérature ou des sciences aimeront ajouter à cette étude la dimension de l'histoire.

Dans la lettre à Hippolyte Castille publiée dans *La Semaine* le 11 octobre 1846, Balzac déclare : « Le héros de *La recherche de l'absolu* représente tous les efforts de la chimie moderne. » Ainsi se trouve catégoriquement affirmé par l'auteur le caractère synthétique du savoir de Balthazar Claës. Le personnage du roman cumule des expériences qui ont fait la célébrité de plusieurs chimistes de l'époque. J'ai eu l'occasion de montrer ailleurs [3] qu'il est possible d'identifier avec certitude toutes les expériences attribuées par l'auteur à son héros, celle de la décomposition des larmes, effectuée dans la réalité par Fourcroy et Vauquelin, celle de la combinaison du diamant que tenta en 1828 le chimiste Thilorier. Ainsi peut-on constater que les expériences du personnage balzacien ne relèvent nullement de la science-fiction et que les énoncés descriptifs qui constituent le récit des expériences sont imitatifs plus que créatifs.

Ce savoir apparaît, d'autre part, comme celui de l'hypothèse. Il suppose plus qu'il ne sait, si bien que la part de l'imagination se révèle essentielle. « La Science l'enchaînait loin du monde matériel », note d'ailleurs le romancier à propos de Claës. Aucune de ses expériences, aucun de ses résultats ne trouvent leur fin en eux-mêmes. Le visible est au service du non-visible, domaine de dilection du chimiste douaisien.

Ce n'est assurément pas un hasard si Balzac, dans l'*Avant-propos* de *La comédie humaine,* associe « les naturalistes et les mystiques ». L'hommage à la science de Cuvier, à la première page de *La recherche de l'absolu,* ne laisse aucun doute, à cet égard :

> « Une mosaïque révèle toute une société comme un squelette d'ichtyosaure *sous-entend* toute une création (...) La cause fait *deviner* un effet [4]. »

On ne saurait mieux dire l'importance de l'imaginaire dans la science. Le véritable homme de science, selon Balzac, est à la fois un savant et un poète. La science implique une étude, une méthode, mais elle nécessite aussi ce que Balzac, dans *Louis Lambert*, appelle la « voyance ». Telle est sans doute l'origine de l'emploi par le romancier du mot poète à propos de Cuvier. Cette conception de la science et du savant a pour conséquence de privilégier, au niveau du savoir scientifique, l'hypothèse et, au niveau du discours scientifique, l'énoncé interrogatif.

On comprend alors pourquoi, dans l'introduction aux *Etudes de mœurs,* il dit que l'auteur de *La recherche de l'absolu* « (...) a demandé à la chimie ce qu'elle avait fait, jusqu'où elle était allée ; il en a appris la langue ; puis s'élevant d'un de ces vigoureux coups d'aile de poète, qui font entrevoir les hauteurs immenses que la science expérimentale gravit péniblement, il s'est armé d'une de ces éblouissantes hypothèses qui, peut-être, un jour, seront des vérités démontrées ».

Une langue, des faits, une hypothèse. La Science est une, les hommes l'ont partagée, mais quelques-uns, savants *et* poètes à la fois, la voient dans son unité et ne cessent d'interroger le non-visible.

Le discours scientifique, dans *La recherche de l'absolu,* confirme d'ailleurs ces caractères du savoir scientifique de Claës. Les émergences de ce discours, si elles marquent toujours une rupture dans le récit et révèlent une absence totale de communication avec la société ou la famille, expriment, dans leur discontinuité, la continuité quasi obsessionnelle d'une réflexion scientifique.

Brefs énoncés ou longues séquences monologiques, ces émergences du discours scientifique jalonnent le texte selon trois modalités essentielles : l'énoncé descriptif (la définition de l'azote, par exemple), l'énoncé problématique (« Pourquoi ne se combineraient-ils pas dans un temps donné ? » se demande le chimiste), et l'énoncé hypothétique introduit par un « si » ou un « Supposez que (...) ».

Est-il besoin de préciser que le choix de ces types

d'énoncés et un simple aperçu statistique de leurs proportions respectives dans le texte soulignent le rôle primordial de l'hypothèse ? L'hypothèse ? Oui, une seule, à laquelle tout se subordonne, comme le montre l'architecture du texte. Comme le remarque Michel Foucault dans *Naissance de la clinique* : « Ce qui compte dans les choses dites par les hommes (...) c'est ce qui, d'entrée de jeu, les systématise [5]. »

Ce propos s'applique à merveille au héros de *La recherche de l'absolu*. Claës coordonne certains résultats, systématise certaines propositions, et il subordonne tout à une hypothèse, selon une démarche rigoureusement déductive. Descriptions et déductions s'enchaînent, constituant une architecture infailliblement logique. Il y a, en somme, systématisation d'énoncés déjà formulés et liés mais recomposés ici dans un nouvel ensemble systématique, ce que le chimiste douaisien appelle « le système de l'Absolu ».

Ainsi, le savoir scientifique donne lieu à un concept philosophique — car cette hypothèse est-elle scientifique... ou philosophique ? —, s'intègre à un système fondé sur l'unité de la matière où les découvertes expérimentales ne représentent que des moyens, le but assigné consistant dans la recherche de l'Absolu, c'est-à-dire de la molécule constitutive.

Ce savoir qui privilégie l'hypothèse apparaît donc comme totalisant et « réducteur », en un certain sens, du fait de l'hypothèse unitaire à laquelle tout se trouve subordonné.

Dans cette hypothèse de Balthazar Claës l'avenir de la science s'inscrit-il ? Dans ce savoir l'histoire de la chimie au XIXᵉ siècle se localise-t-elle ? Les historiens de la littérature ou des sciences découvrent avec intérêt dans le roman de Balzac l'expression de « chimie unitaire » qui, dans le domaine scientifique, n'apparaîtra que plus tard avec le chimiste Laurent Gerhardt. L'hypothèse de l'Absolu, appelé molécule constitutive par d'autres héros balzaciens, c'est-à-dire l'hypothèse de l'unité de la matière, n'est pas une invention du romancier. C'est celle que formulait timidement, à l'époque de *La recherche de l'absolu,* après le chimiste anglais Davy, Jean-Baptiste Dumas, passionné de philosophie chimique.

Mais on ne saurait répondre à la question avant d'avoir éclairé tous les aspects du savoir scientifique de Claës. Une analyse dispersante du personnage, considéré selon le point de vue de Michel Foucault, comme « un espace d'extériorité où se déploie un réseau d'emplacements distincts » révélera une dernière caractéristique de ce savoir. Savoir totalisant, savoir de l'hypothèse, ce savoir apparaît aussi comme « thésauriseur ».

Selon les lieux et les instants, Claës est tantôt un sujet qui regarde ou écoute tantôt un sujet qui raisonne ou interroge. Sa position de récepteur le montre d'abord initié à la chimie dans le laboratoire de Lavoisier, puis quelque vingt-cinq ans plus tard, informé par son visiteur d'un soir, Adam de Wierzchownia, des progrès, des raisonnements et des hypothèses de la chimie contemporaine. Sous cette impulsion, il se lance dans une recherche, qui, nous l'avons vu, bénéficie de toutes les formes de diffusion du savoir collectif de l'Europe et s'enrichit des expériences qu'il réalise, grâce à ses instruments, dans son laboratoire.

Mais, parfait récepteur assurément, Claës se révèle en revanche un émetteur curieusement discret. S'il observe, s'il se livre sans cesse à des raisonnements déductifs, si ses travaux sont guidés par une hypothèse, il ne paraît guère soucieux de communiquer son savoir et de le diffuser. Il parle d'ailleurs de s'élever « au-dessus des autres hommes » et, à plusieurs reprises, s'écrie son orgueil : « Et moi seul (...) » Attitude révélatrice !

On peut presque dire de lui qu'il est émetteur à son seul usage car, lorsqu'il a un interlocuteur, la communication ne s'établit jamais au niveau scientifique. Il se fait pédagogue, mais l'interlocuteur lui étant toujours inférieur dans l'ordre du savoir, qu'il s'agisse de sa fille, de sa femme, ou de son valet qui l'assiste dans ses travaux, aucun dialogue n'existe, aucune transmission ne s'opère. Claës est l'émetteur solitaire, l'homme du discours monologique.

Aussi son savoir, qui ne circule pas, ne vit pas et meurt avec sa personne. L'auteur le montre « désespéré du gigantesque incognito » qui attend sa mémoire. Manifestement il n'a pas voulu faire ce que fera Zola avec son Dr Pascal, pionnier de la recherche médicale. Ce personnage essentiel des *Rougon-Macquart* lègue ses idées et ses expériences à un jeune médecin. Sa dernière conversation avec lui, sur son lit de mort, constitue un véritable testament scientifique. Claës, lui, meurt seul, comme il a vécu, et l'avenir de la science ne s'inscrit pas vraiment dans son savoir.

Cet aspect « thésauriseur » est spécifiquement balzacien, lié à un thème de *La comédie humaine* particulièrement riche, dans des registres très divers : le thème du secret. Le laboratoire de Claës apparaît comme le lieu du secret, auquel n'accède jamais aucun chimiste. Le romancier ne cesse d'insister sur le caractère mystérieux de cet endroit et des objets qu'il recèle, sur le caractère secret aussi des travaux qui s'y exécutent. Dans un autre registre, c'est le « laboratoire » de Grandet, autre thésauriseur. Si la science, comme l'argent, comme le sang et l'énergie vitale, ne circulent pas, ils deviennent agents de mort, et le personnage représente un élément de démonstration du système balzacien.

Ainsi le seul savant de *La comédie humaine* qui soit le personnage essentiel d'un roman se présente donc avant tout comme un héros balzacien. Cet homme de savoir est bien le frère de ces autres chercheurs d'Absolu qui s'appellent Frenhofer ou Gambara. Il assume le même destin, effectue le même parcours solitaire et passionné, sous le regard de l'auteur, regard qui se révèle exclusivement médical pour observer et décrire cliniquement les étapes de ce qui est devenu monomanie. Toute analyse dispersante du personnage, sous le regard de la Famille, de la Société, de la Religion, s'unifie dans l'image dominante de « l'homme de désir », dont le destin se trouve, par là même, voué à l'échec.

Monomane, comme d'autres héros balzaciens, Claës meurt de son désir, superbe illustration du système balzacien de la pensée qui tue. La pensée ? Oui, telle qu'elle se trouve définie dans *Les martyrs ignorés*, ébauche de *La comédie humaine* essentielle dans la perspective d'une étude sur Balzac homme de science (s), par le vieux médecin tourangeau qui fut l'ami de Saint-Martin : « Savez-vous ce que j'entends par penser ? Les passions, les vices, les occupations extrêmes, les douleurs, les plaisirs, sont des torrents de pensées. »

L'homme de savoir qu'est Balthazar Claës fonctionne donc dans le système balzacien et le savoir scientifique, loin d'apparaître comme une greffe, ce qui se produit dans l'œuvre de Flaubert, par exemple, se trouve enchâssé dans le roman, en fonction d'une méthode et d'un système.

Cette méthode et ce système relèvent directement du domaine de la science. Le système de l'unité de composition doit beaucoup à Geoffroy Saint-Hilaire, mais chez Cuvier, auquel il emprunte sa méthode analogique et déductive, les aspirations unitaires de Balzac trouvaient déjà de grandes satisfactions. Michel Foucault, dans *Les mots et les choses* [6], a très bien montré le rôle fondamental joué par Cuvier dans l'histoire des sciences naturelles. Le fondateur de l'anatomie comparée inaugure véritablement une nouvelle ère en substituant la subordination interne au caractère visible, la série au tableau, l'organisme à la structure. Ce qui sépare l'évolutionnisme, qui est un système, du fixisme, qui est une méthode, apparaît finalement comme une question de

niveau. Dans sa belle thèse [7] — malheureusement inédite encore — Max Andréoli écrit très justement :

> « Les espèces résultent selon Geoffroy de la combi-
> naison des ressemblances, selon Cuvier de la consi-
> dération des différences. Selon Balzac, de l'une *et*
> de l'autre : tout dépend du niveau qu'on atteint et
> du point de vue où l'on se situe. »

Cette position de Balzac, que définit très bien Max
Andréoli, consiste à adopter le point de vue où se subordonnent le visible et l'invisible, où se coordonnent les
contradictions, qui ne représentent que les deux côtés
d'un seul et même fait.

Ce n'est donc pas Cuvier *ou* mais *et* Geoffroy Saint-
Hilaire ; la méthode de l'un, le système de l'autre, le langage des mathématiques, et voilà comment, à l'origine
de la création balzacienne, s'impose la vision unitaire,
d'où se déduit le système, fondé sur l'unité, la transformation mais aussi la conservation de la matière. Le
savoir ne se greffe pas, il s'assimile, s'intègre, nourrit de
preuves le système.

Ce microcosme scientifique qu'est *La recherche de
l'absolu* permet donc de dégager quelques-uns des
grands axes d'une recherche consacrée à Balzac homme
de science (s) : acquisition puis diffusion d'un savoir,
dans un langage qui est celui des mathématiques, selon
une méthode, celle de l'anatomie comparée telle que
la fonda Cuvier, et à l'intérieur d'un système, celui de
l'unité de composition. Dans sa structure, dans ses méca-
nismes reparaissants, dans ses personnages dont le destin se trouve infailliblement régi par les lois d'une
Energétique fondée sur une conception mathématique de
l'usure vitale, bref, dans son savoir comme dans son
discours, *La comédie humaine* est une œuvre « scientifique ». Pourquoi s'en étonner ? Pour Balzac, à la
science, dans son unité, se subordonnent, dans leur plu-

ralité mais aussi leur coordination, les sciences. C'est
dire que, comprenant à la fois le visible et l'invisible,
le réel et l'imaginaire, le dit et le non-dit, la Science
est totalité. Comment ce chercheur d'absolu, qui voulut
faire de *La comédie humaine* l'expression globale du
monde, n'aurait-il pas été homme de science (s) ?

M.A.

NOTES

1. *Archéologie du savoir*, Paris, Gallimard, 1969, p. 237.
2. *La comédie humaine*, « la Pléiade », 1979, t. X, p. 693.
C'est à cette édition que seront empruntées toutes les références
à *La recherche de l'absolu*.
3. *Balzac et « La recherche de l'absolu »*, Hachette, 1968, p. 311.
4. C'est moi qui souligne.
5. Gallimard, 1973, p. 15.
6. P. 150 et p. 162-63.
7. Université de Paris-Sorbonne (Paris IV), 1977.

M.A.

LA SCIENCE : MODÈLE OU VÉRITÉ
Réflexions sur l'avant-propos à
La comédie humaine

par Françoise Gaillard

> « *Dans l'élément du discours il n'existe pas d'énoncé : qu'est-ce qu'un fait qui n'est pas un argument ?* »
>
> J.E. Schlanger [1].

L'histoire de la rédaction de l'*Avant-propos* à *La comédie humaine* est si bien connue aujourd'hui (grâce, notamment, au travail fondamental que Mme Fargeaud-Ambrière a réalisé pour l'édition de la Pléiade [2]) que je peux me dispenser d'en rappeler les grandes lignes. Il me suffit de souligner que c'est Balzac lui-même qui se chargea finalement de cette présentation générale de son œuvre, laquelle devait, à la demande de son éditeur, figurer en tête de l'édition de 1842 de *La comédie humaine*. Ce texte, capital pour toute réflexion sur le problème de l'innovation romanesque, prit le titre que nous lui connaissons : *Avant-propos*. Cet intitulé comporte en lui-même une ambiguïté. Il porte nécessairement à faux. Le terme « avant » devrait, en toute rigueur, ne s'y entendre que dans son acception spatiale, comme renvoyant à une position liminaire dans le recueil, et non dans son acception temporelle, comme référant à une sorte d'antériorité du « propos » par rapport à ce à quoi il introduit. De fait tout « avant-propos » est un « après-propos », un *post-dire*. C'est une loi du genre préfaciel. La mention de cette évidence n'a ici de sens que parce que la question de l'origine est au cœur de l'argumentation balzacienne, telle qu'elle se donne à lire dans ce texte. A défaut de pouvoir fonder *en fait* l'antériorité de sa déclaration d'intention, Balzac proclame le caractère premier, *originel,* des vérités qu'elle contient, transformant ainsi le discours sur la méthode en acte de foi — comme si l'affirmation de l'antériorité des credo était une garantie de leur respect dans la conduite du travail romanesque et fournissait l'assurance qu'ils y aient présidé ! Ce faisant il veut mettre fin, par avance, à toutes les critiques suscitées par l'artifice de cette situation de préfacier (« pré-diseur » dans l'après-coup) de sa propre œuvre : soupçon de rationalisation seconde, de systématisation postiche, de rattachement adventice à de prestigieux modèles [3]...

Balzac, semble-t-il, tient à se dégager de toute accusation de conformité à la mode, ou d'affichage tardif de ses positions idéologiques. C'est ainsi qu'il prend soin de rappeler que son adhésion aux théories naturalistes de Geoffroy Saint-Hilaire n'a pas attendu la publicité d'une querelle (« pénétré de ce système bien avant les débats auxquels il a donné lieu... »), et que son assentiment à la pensée politique de Bonald a sinon précédé, du moins accompagné son entreprise dès le début (j'ai pris de bonne heure pour règle ces grandes paroles...).

Texte tendu, texte de défense où Balzac explique et s'explique, l'*Avant-propos* se présente à la fois comme l'exposé de la genèse d'un projet, c'est-à-dire comme ce qui renseigne sur l'historique de sa conception, et comme la révélation de sa généalogie, c'est-à-dire comme ce qui dit la vérité de (ou sur) sa réalisation : « En donnant à une œuvre entreprise depuis bientôt treize ans, le titre de *La comédie humaine,* il est néces-saire d'en dire la pensée, d'en raconter l'origine, d'en expliquer brièvement le plan, en essayant de parler de ces choses comme si je n'y étais pas intéressé. » Cette dernière remarque souligne, pour les évacuer, les difficultés inhérentes à cette situation de parole. Nous entrerons ici dans le jeu de Balzac en ne nous en tenant qu'à la lettre de l'énoncé du « propos ». Trois moments donc dans cet exposé : dire la pensée (c'est-à-dire éclairer le projet idéologique), raconter l'origine (révéler l'inspiration scientifique), expliquer... le plan (retracer la conception esthétique de l'ensemble et donner la clef de son organisation). Pour remplir ce programme trois noms qui, faisant autorité, font fonction d'argument d'autorité : Buffon (par le détour de Geoffroy Saint-Hilaire), Walter Scott, Bonald ; trois domaines référentiels subsumés sous chacun de ces éponymes : la science (naturelle), l'esthétique (le roman historique), l'idéologie politique — chaque domaine visant d'ailleurs à une connaissance totale du réel sur le mode différent du *savoir* (la science), de la *représentation* (l'esthétique), du *pari* (l'idéologie politique) [4].

Notons d'entrée de jeu que la distribution terme à terme des champs de référence et des noms cités n'observe qu'en apparence et de façon purement rhétorique, cette belle ordonnance tripartite dont le texte s'efforce de maintenir la fiction en soulignant ses articulations. Entre les auteurs modèles et les domaines modélisants, la coïncidence n'est pas totale, le recouvrement n'est pas parfait. Si le champ idéologique est sans conteste (entendons dans la lettre de ce que dit Balzac) lié à un seul nom : Bonald, il n'en va pas de même pour les deux autres. A bien lire le texte il apparaît en effet que Buffon, dans la mesure où il anticipe Geoffroy Saint-Hilaire [5], et où ses molécules organiques ne sont qu'une première formulation de la théorie de l'unité de composition, occupe deux cases dans cette distribution des rôles : il est à l'origine de l'idée comme il est à celle de sa réalisation. Dépositaire et garant *d'une vérité scientifique à exploiter,* il est aussi *un modèle esthétique à imiter.* Faire, dans l'ordre du roman, ce que Buffon a fait dans celui de la science, tel est bien ce que se propose Balzac dans cet *Avant-propos :* « Si Buffon a fait un magnifique ouvrage en essayant de représenter dans un livre l'ensemble de la zoologie, n'y avait-il pas une œuvre *de ce genre* [6] à faire pour la société ? » Il va sans dire que l'adjectif « magnifique » exprime sous la plume de l'écrivain un jugement de valeur tout autant aléthique qu'esthétique, et que l'expression « de ce genre » est à elle seule l'esquisse d'un programme.

Si donc Buffon reçoit en partage les deux terrains, scientifique et esthétique, quelle est la part qui est réservée à Walter Scott ? Autrement dit, que vient faire son nom dans la liste des pères spirituels ? Faut-il y voir la marque de la fidélité à une vieille admiration qui fut à l'origine d'un premier dessein avorté : écrire sous la forme d'une série continue une histoire de France qui soit en même temps une histoire des mœurs et des milieux, dessein dont la préface à l'ouvrage sur Catherine de Médicis indique les grandes lignes : « Avant d'entreprendre d'écrire l'histoire des mœurs en action l'auteur de cette étude avait patiemment et minutieusement étudié les principaux règnes de l'Histoire de France... Son intention fut d'écrire une Histoire de France pittoresque... » ? Cette explication n'est guère satisfaisante. A y regarder de près, Walter Scott, auquel les compliments ne sont guère ménagés, fonctionne comme contre-modèle. C'est à partir de la perception et surtout de la localisation du défaut de son œuvre que s'impose — se serait imposée — à Balzac l'idée-force de *La comédie humaine, la nécessité de la liaison et la pensée du système :* « ... ayant moins imaginé un système que trouvé sa manière dans le feu du travail ou par la logique de ce travail, il n'avait pas songé à relier ses compositions l'une à l'autre de manière à coordonner une histoire complète, dont chaque chapitre eût été un roman, et chaque roman une époque. En apercevant ce défaut de liaison, qui d'ailleurs ne rend pas l'Ecossais moins grand, je vis à la fois le système favorable à l'exécution de mon ouvrage et la possibilité de l'exécuter. »

Si on laisse de côté la question de la vérité factuelle de ce dernier argument (les choses se sont-elles bien passées comme cela, et dans cet ordre ?), pour ne l'examiner que sous le rapport logique de sa place et de sa fonction dans une argumentation, le raisonnement auquel il conduit est spécieux puisque aussi bien le problème de la liaison et du système était posé et résolu dans (et par) l'option scientifique que Balzac nous a présentée comme originelle. A quoi sert donc cette référence essentiellement négative ? A introduire un mot en guise d'une perspective : *l'histoire.*

Entrée par la bande, à la faveur de l'évocation d'un modèle qui n'est fécond que par ses insuffisances, et pourtant revendiquée par l'écrivain comme sa visée constante, *l'histoire est la tache aveugle de ce petit roman des origines, son point de cécité.* Nous nous efforcerons de le montrer.

Geoffroy Saint-Hilaire, Buffon, Walter Scott, Bonald, ces noms font affiche ; ils font aussi écran. Avec eux et à travers eux s'énoncent une théorie scientifique (exportable à la société) et une théorie politique — de théorie de l'histoire point, sauf en apparence ; tout juste la mention de ce champ par le truchement du père du roman historique, Walter Scott. La symétrie est encore une fois boiteuse, et ce d'autant plus que si l'historicité de l'histoire est toute dans la liaison, les voies de l'histoire naturelle sont bonnes à emprunter pour qui se veut historien de la société.

Pour revenir à notre exergue, il n'y a pas d'innocence de l'énoncé. Plusieurs interrogations surgissent alors : qu'est-ce que Balzac veut nous communiquer ? Un savoir sur l'organisation de la société (sa structure et son moteur) ? ou sur l'organisation de ses romans (leur composition et leur enchaînement) ? De quoi veut-il nous convaincre ? de la vérité de ce savoir ? ou de la vérité de son œuvre qui s'est écrite à la lueur de ce savoir ? Qu'est-ce qu'il emprunte ? des mots d'ordre : unité de composition, religion, monarchie ? ou les instruments d'une mise en ordre, *une méthode ?*

Il est clair que le ton de ce texte témoigne d'une volonté d'explication tout autant que d'un désir de justification, et, comme chez Jean-Jacques Rousseau, cela passe par l'aveu. Balzac avoue. Il avoue un double parti pris sur le réel : scientifique et idéologique, c'est-à-dire *une thèse* et *des principes* (politiques et éthiques), en un mot *une pré-conception du sens.*

Est-ce compatible avec l'effacement supposé de l'historien qui doit être simplement vrai, n'être selon la formule de G. Flaubert que ce que sont les choses ? La question a été souvent posée ; ce n'est pas la nôtre. On a aussi souvent interrogé le sérieux de ces propos, mis en question le crédit à leur accorder, au double regard et de l'information en sciences naturelles et politiques, dont disposait Balzac (que savait-il au juste ?), et de la réalisation de son œuvre (qu'a-t-il fait au juste ?).

La première interrogation a donné naissance à de passionnantes études érudites, quelques-unes anciennes déjà, parmi lesquelles je tiens à signaler les articles de Mme d'Also et de M. de Sacy sur le rapport de Balzac à la querelle Cuvier/Geoffroy Saint-Hilaire [7] ; d'autres, plus récentes, et je pense tout particulièrement à la présentation et aux notes rédigées par Mme Fargeaud-Ambrière, qui éclairent d'un jour neuf ce texte. Toutes ces analyses confirment ce que ma propre lecture des textes supposait, l'étendue et la précision des connaissances de Balzac en ces matières [8]. En dehors, par exemple, des nombreuses allusions ou mentions qui y sont faites dans *La comédie humaine,* la querelle des savants est traitée pour elle-même sur le mode ironique dans un petit apologue : le *Guide âne* [9]... ceci pour dire à quel point elle lui était familière. Par ailleurs des fragments de lettres, certains développements politiques dans les textes romanesques, ainsi que le succinct, mais fidèle, résumé qui est fait dans l'*Avant-propos*, témoignent d'une grande intelligence des théories de Bonald.

La deuxième interrogation (qu'a-t-il fait au juste ?) rencontre plus de scepticisme auprès des critiques. Pour la plupart d'entre eux il y a une vérité de l'œuvre de Balzac [10] qui parle contre les déclarations d'intention de l'*Avant-propos* — le ton généralement adopté ajoute implicitement un « heureusement » à ce constat. A titre indicatif, et pour aller vite, deux réflexions significatives, celle de A. Béguin qui écrit : « En réalité le plan de 1842, comme celui de 1845, est un plan empirique, une solution de fortune (...) la logique interne de l'œuvre est détruite par un plan devenu tyrannique [11] » et celle de R. Fernandez qui soupçonne que « la " science " balzacienne n'est que la justification qu'il se donne à lui-même d'un mode d'imagination qui concentrait certaines tendances diffuses de son temps et les portait à un degré de fusion, de tension extraordinaire [12] ». P. Macherey, pour sa part, fait ressortir toute la distance, voire toute la contradiction, qu'il y a entre l'énoncé du projet et la signification objective de *La comédie humaine* [13].

On a également pris prétexte des modifications de plan, de la porosité des cadres (romans qui changent de livre, etc.) pour dénoncer l'arbitraire et l'artificialité du « système » et des modèles scientifiques dont le rapport à l'œuvre achevée serait de nature purement métaphorique. De ce fait il conviendrait de ne pas trop leur prêter attention ; ils ne prouvent rien : ils font *image* et pas *argument*. C'est oublier un peu vite que la métaphore parle, et parle justement de ce dont le discours ne dit rien. Parole déplacée, elle déplace toujours quelque chose en retour. Quel indicible se dit à la faveur de ce déplacement ? quels inconciliables se concilient ? Autant de questions qui accompagnent cette lecture de l'*Avant-propos* que nous plaçons, avec Balzac, sous le signe de la chimère : « L'idée première de *La comédie humaine* fut d'abord chez moi comme un rêve, comme un de ces projets impossibles que l'on caresse et qu'on laisse s'envoler ; une chimère qui sourit... » Le terme est bien choisi, il indique tout à la fois l'aspect irréaliste (car irréalisable) de la conception, *son caractère chimérique,* et sa nature monstrueuse, *composite.* Et si la chimère était aussi la figure emblématique de cet *Avant-propos* qui opère la synthèse contre-nature de doctrines hétérogènes quant à leur domaine d'application, et incompatibles quant à leurs implications philosophiques ? Bonald, pour ne citer que lui, était en effet hostile à l'idée-force de Geoffroy Saint-Hilaire : que le règne animal puisse être conçu comme un animal unique...

Au point de départ de la métamorphose de la chimère, figure métaphorique par excellence, en chef-d'œuvre, une analogie : « Cette idée me vint d'une comparaison entre l'Humanité et l'Animalité. » Ici comparaison vaut raison, puisque ce rapprochement audacieux s'accompagne, en guise de justification, ou plutôt de légitimation, d'un acte de foi en une thèse, celle de *l'unité de composition,* qui, justement, fait de l'analogie non plus seulement une méthode mais une *théorie.* Il convient de rappeler que Geoffroy Saint-Hilaire ne cessait en effet de répéter que sous le mot « unité », il ne fallait pas entendre identité, mais analogie, *analogie de composition.* Sa théorie du vivant est, pour reprendre un titre fameux, une *théorie des analogues.* Ce fut précisément un des points de désaccord dans la querelle qui l'opposa à Cuvier, lequel ayant bien pénétré la pensée de son adversaire, la résumait en ces termes : « Par unité de composition il n'a pas entendu identité de composition, mais seulement analogie, et... sa théorie doit s'appeler plutôt théorie des analogues [14]. »

Il est clair que ladite « théorie des analogues » postule non seulement un principe de ressemblance, mais aussi un principe de continuité entre les espèces qui, dans une certaine mesure, autorise l'extension du savoir sur le règne animal, au plan de l'humain — bien que cette hypothétique contiguïté soulève toutes sortes de problèmes d'ordre religieux, philosophique, etc. Oui ! mais entendons bien, à l'humain envisagé sous l'espèce d'une *réalité naturelle,* soumise aux seules lois de la nature ! Or, Balzac, fort de cette possibilité qu'il dénature en assimilant sans autre forme de procès Humanité et Société, fait effectuer à la pensée de l'unité un saut qualitatif que nulle doctrine naturaliste n'autorise. Ce saut a pour effet et pour fin de poser, sous le couvert (abusif) de la légitimité scientifique de la première, une nouvelle analogie entre, cette fois, *Nature et Société.* Précisons qu'il ne s'agit là que d'une analogie de fonctionnement, d'une homologie : « ... je vis que, *sous ce rapport,* la Société ressemblait à la Nature [15]. » Cette observation suffit, aux yeux de l'écrivain, à établir la convenance des méthodes de l'histoire naturelle à l'étude et à la représentation du social, et à assurer de la pertinence des lois naturelles à expliquer les lois de la société, voire de leur légitimité à se confondre avec elles. L'analogie Nature/Société, pivot de l'argumentation de Balzac, a pour conséquence première de fonder une notion, celle *d'Espèces sociales :* « Il a donc existé, il existera donc de tout temps des Espèces sociales comme il y a des espèces zoologiques. » Et cette notion, qui revient constamment sous la plume de l'écrivain, dote son projet d'un *contenu* en même temps qu'elle lui fournit les moyens de sa réalisation, qu'elle lui désigne sa *forme.* Dès lors modèle scientifique et modèle esthétique fusionnent ; ils ne font qu'un, et cette unité inattendue, ou mieux cette identité, prend figure et sens dans un nom : Buffon. D'où le souhait exprimé entre les lignes par notre auteur : être le Buffon de la société française (ou du roman ?). Une partie des difficultés rencontrées au cours de la lecture de l'*Avant-propos* tient à cette ambiguïté jamais levée, car pour Balzac, qui croit que la réalité sociale colle à son image obtenue à travers le prisme de l'histoire naturelle, la distinction n'a pas de sens.

La notion « d'espèces sociales » a de quoi séduire le romancier, car elle lui offre une voie royale d'accès au Tout, jusque-là caressé comme une chimère inaccessible. Dès lors que la réalité n'apparaît plus comme une totalité touffue et impénétrable, mais comme un système composé d'éléments discrets quoique solidaires, elle se prête plus facilement à une description d'ensemble dont l'inventaire raisonné est un des procédés commodes.

Si donc tout le bénéfice des références naturalistes se résumait à l'emprunt d'une méthode de représentation des êtres sociaux (le classement en espèces) et d'une solution au délicat problème de la présentation d'une matière romanesque ainsi prédécoupée, Buffon, en tant que grand ancêtre, puis Cuvier en tant qu'autorité scientifique à la date, seraient sans conteste les seuls exemples à suivre. Ce dernier surtout n'est-il pas tout à la fois le maître avéré de la description des espèces (jusqu'à la reconstitution et à l'invention, au sens étymologique du terme), et le spécialiste de la classification ? Or il y a du descriptif (même du constructif) et du classificatoire dans le projet balzacien, tel, du moins, que le présente l'*Avant-propos* — et ce même si les termes de « tableau » et de « cadres », à connotation naturaliste, y renvoient davantage, du fait de leur entourage lexical (fresque, peindre, etc.), au domaine pictural qu'à celui de la science.

De plus, la pensée de la subordination et de la corrélation des composants d'un ensemble organisé (organique), sorte d'intuition géniale de la nécessité formelle, assurait le naturaliste d'une profonde intelligence de chaque espèce. C'est à cette pénétration fulgurante des ensembles que Balzac rend hommage, notamment dans cet hymne à Cuvier que l'on peut lire au début de *La peau de chagrin* [16] ; d'ailleurs le romancier ne s'est pas fait faute de s'en inspirer pour en tirer, comme le dit M. de Sacy, « des effets de rhétorique saisissants » lorsque, par exemple, d'un trait extérieur il en conclut à la totalité d'une caractère. Nous avons tous en tête certaines de ces petites phrases typiquement balzaciennes du genre : « à sa démarche vous eussiez deviné... », ou « c'était un de ces... qui... ». Un détail suffit pour recomposer l'ensemble, car la partie vaut pour le tout, avec lequel elle entretient un rapport non seulement d'appartenance, mais aussi de ressemblance et de correspondance. La partie est en harmonie avec le tout ; il en résulte pour l'écrivain une possible économie de moyens dans son travail de descripteur.

Mais chez Cuvier la totalisation a ses limites ; la conception du rapport de la partie au tout ne franchit pas les barrières qui se dressent entre les différentes organisations animales. Sa totalité, réduite à l'espèce, ou, mieux, au plan ou à l'embranchement, ne s'élève jamais jusqu'à l'idée du grand Tout [17]. Aussi se trouve-t-il par endroits dévalué sous la figure d'un spécialiste de la nomenclature, signe par excellence des apories de la pensée scientifique, comme en témoigne dans cette même *Peau de chagrin* l'épisode des savants, ou dans le *Guide âne* le personnage bouffon du baron Cerceau en qui il faut reconnaître le grand naturaliste [18].

Suivre la voie tracée par Cuvier serait donc, aux yeux de Balzac, se condamner à n'écrire que des séries ou des suites de monographies qui, bien que constituant chacune une totalité relative, ne s'organiseraient jamais en un tout — *ne feraient jamais tout.*

Ce qui manque au patient explorateur et découvreur du vivant, c'est précisément ce qui fait défaut au « trouveur » moderne qu'est Walter Scott : *un principe de liaison,* quelque lien qui (ré) unissent les différentes études dans un ensemble supérieur qui soit en même temps *leur sens.*

Cuvier compartimente, cloisonne les espèces, les étudie séparément pour les ordonner ensuite, au su de leur appartenance, sur les quatre tronçons qui remplacent chez lui l'axe unique de la complexité [19]. Cette étanchéité des frontières tracées entre les différents embranchements (qui marque pour le romancier la limite du génie du savant) fait pourtant songer à l'imperméabilité des cloisons qui aident à maintenir, dans la pensée de Bonald, la règle de la séparation et de la distinction des castes. Si bien que l'on se prend à songer que la zoologie de l'ordre de ce naturaliste serait plus en harmonie avec la sociologie de l'ordre du doctrinaire que la mouvance générale qui découle des spéculations de Geoffroy Saint-Hilaire — sans compter que la théorie de la fixité des espèces qui est au cœur du travail de Cuvier le rend plus proche de la loi de conservation des sociétés prônée par ce même Bonald ; des cases pour ranger des castes, le rapprochement est tentant, sauf à oublier que, pour le penseur du social, la cohérence des différents corps qui forment la société politique et religieuse constituée est garantie par un principe d'unité qui est : *le monarque* [20]. Serait-ce ce seul mot d' « unité » qui suffit à entraîner dans l'*Avant-propos* une alliance entre deux penseurs que tout, par ailleurs, semble éloigner ? L'affaire restera pour l'instant ouverte...

L'obsession du tout, qui travaille l'imaginaire de Balzac au point de le pousser à s'emparer de toute pensée de l'unité comme d'une solution imaginable, ne saurait être réduite à un simple désir d'exhaustivité (tout dire, tout représenter — syndrome de l'écrivain réaliste), ni ramenée à un souci purement esthétique (assembler en une somme romanesque cohérente des fragments divers), mais doit bien se comprendre comme l'expression d'une prise de position idéologique sur la réalité sociopolitique à décrire. La quête obstinée d'un principe de liaison est en même temps l'aveu d'une croyance dans *la liaison comme principe de (la) réalité*.

Ceci pour souligner qu'à travers ses références à une certaine science naturelle Balzac cherche moins des règles formelles (une *méthode* pour inventorier ses objets et un *modèle* selon lequel les arranger, les disposer, les organiser) qu'*une vérité à croire*, une intelligence des choses et des êtres. Pour lui l'inventaire raisonné (style Cuvier) n'est rien sans (ou s'il n'est aussi) la raison de l'inventaire. Ce terme de « raison » dans sa double acception, philosophique (cause) et mathématique (ratio — au sens où l'on parle de la raison d'une progression), est précisément celui qu'il utilise pour définir sa mission de romancier ou plutôt ce qu'il appelle son devoir d'historien, très exactement de secrétaire honnête d'un grand historien : la société française : « Ne devais-je pas étudier *les raisons* ou la raison de ces effets sociaux, surprendre le sens caché... ? »

Un des sens — une des raisons voudrait-on dire — de l'*Avant-propos*, c'est qu'il faut rendre raison de ce que l'on fait, tout comme il faut donner la raison de ce qui est. Ces deux impératifs, qui font partie de la déontologie de tout écrivain « réaliste », ont pour Balzac nécessairement *partie liée*.

La science naturelle, mobilisée à travers les grands noms cités au début de ce texte, est ainsi mise au service d'un double projet *descriptif et explicatif* dont elle vient de surcroît lever la contradiction apparente ; on sait que cette prétendue contradiction entre la neutralité requise par la description et le parti pris affiché de l'explication a souvent embarrassé les critiques qui se sont penchés sur le problème du réalisme balzacien. Elle n'existe cependant qu'au regard d'une conception étroite de l'objectivité qui, il faut bien le dire, est aussi celle de Balzac lorsqu'il s'engage à « parler de ces choses comme si (il) n'y étai(t) pas intéressé ». Encore faut-il ici savoir faire la part du lieu commun...

Si la science peut en quelque sorte être le tissu conjonctif qui unifie le dessein de Balzac c'est qu'en tant que modèle à imiter elle permet la (re) présentation de la réalité, et en tant que vérité à croire elle a valeur d'explication universelle. Que le mot d'ordre (ou credo scientifique) soit en même temps, pour reprendre notre formulation initiale, l'instrument de la mise en ordre du réel, cela découle logiquement du contenu de la thèse : *l'unité de composition*. L'hypothèse et la modélisation, toujours solidaires, le sont encore plus évidemment dans le cas de la postulation de l'unité. La science (naturelle) opère donc ce miracle de ramener le double projet du romancier à un seul : *dire la vérité du monde*. Reste à savoir à quel prix !

Il est bien évident que ce qui permet de se prononcer sur *l'existence des espèces, corollairement* sur leur aptitude à la classification, implique une doctrine de *l'existant*. L'un ne va pas sans l'autre. Si bien que le lieu supposé être celui de la plus grande objectivité (la science) se trouve investi par la subjectivité du romancier, et devient l'objet d'un *pari doctrinal,* de même ordre ou de même nature que son *ralliement idéologique* à la pensée de Bonald. D'ailleurs cette double adhésion donne lieu dans l'*Avant-propos* à deux déclarations qui frappent par leur similitude : même énonciation fortement thétique, même formulation lapidaire des contenus ; en un mot la science et la politique sont également traitées comme des objets de foi, c'est-à-dire comme énonçant des *vérités à croire* et *à faire croire.* « Il n'y a qu'un animal, décrète Balzac d'entrée de jeu. Le créateur ne s'est servi que d'un seul et même patron pour tous les êtres organisés. » Il suffit de restituer à ces deux propositions la modalité du « croire » que leur tonalité suggère, pour retrouver l'accent dogmatique de l'énoncé doctrinal : « J'écris à la lueur de deux vérités éternelles : la Religion et la Monarchie. » La passerelle du « croire » au « faire croire » est jetée par ce seul verbe : j'écris.

Mais, pour suivre le fil de notre démonstration, si dans cet *Avant-propos* il ne s'agissait pour le romancier que d'indiquer au lecteur les références autorisées qui lui ont permis de concilier sa pensée (abstraite) de l'unité et la nécessité (concrète) où il se trouvait de représenter le divers, un seul nom s'imposerait, celui de Buffon, auquel d'ailleurs tout le texte fait la part belle. N'est-ce pas lui qui a le plus « magnifiquement » pensé l'infinie variété que nous offre, dans sa générosité, la nature comme autant d'accidents d'une même forme ? A ses yeux la diversité est un avatar du même, la différence n'est qu'apparence (est-il besoin de préciser que c'est précisément à cette apparence qu'a à faire le romancier réaliste ?), tandis que la ressemblance, quoique le plus souvent cachée, est la seule vérité des êtres. Sa perspective étant aussi bien théologique que scientifique, il a tiré argument de cette unité constitutive, en faveur de la grandeur de la divinité qui se mesure à sa puissance créatrice et à l'économie de ses moyens : « L'Etre suprême n'a voulu employer qu'une idée et la varier en même temps de toutes les manières possibles, afin que l'homme pût admirer également, et la magnificence de l'exécution et la simplicité du dessein. » Cette conclusion entre en résonance avec l'esprit, sinon avec la lettre de la profession de foi balzacienne[21].

Si l'essentiel de l'emprunt de Balzac aux sciences de la nature se trouve déjà chez Buffon, dont, en outre, la pensée religieuse est relativement compatible avec le point de vue de Bonald, on est en droit de se demander pourquoi il se réclame si vigoureusement de Geoffroy Saint-Hilaire. Est-ce simplement en tant que continuateur plus moderne du grand ancien — plus à la mode aussi, car les échos de sa controverse avec Cuvier ont touché tous les milieux intellectuels, à preuve la fameuse lettre de Goethe ? Au fond est-ce parce qu'il représente une meilleure affiche ? La question est ainsi mal formulée ; elle occulte la seule que soulève toute lecture attentive de l'*Avant-propos :* qu'est-ce qui appelle ces deux noms que tant de choses séparent, Geoffroy Saint-Hilaire et Bonald, à se trouver sur un pied d'égalité dans le credo balzacien ?

Balzac entame l'explication (la justification ?) de son œuvre en reprenant à son compte la teneur de la fameuse phrase que Geoffroy Saint-Hilaire prononça à l'Académie des sciences en présentant le mémoire de Méranx et Laurencet, et qui fut à l'origine de la querelle : « On ne peut plus échapper à l'universelle loi de la Nature, l'Unité de composition. » La formulation est sans équivoque, même si Cuvier prétend que son rival confond composition et plan [22] ! Seules ses implications font problème. Pour les adversaires de cette audacieuse conception, l'unité ainsi postulée est purement théorique, abstraite ; c'est une construction de l'esprit, une spéculation (l'envers même d'une proposition scientifique) puisque ce qui s'offre à l'observation c'est au contraire la pluralité des êtres. L'unité de composition est une sorte d'élaboration secondaire, hasardeuse, échafaudée par un esprit trop porté sur l'analogie, à partir de la diversité seule sensible, seule visible. En un mot l'unité inaccessible en son essence est controuvée par l'existence.

Toute l'argumentation balzacienne qui prend appui sur un résumé des thèses de Geoffroy Saint-Hilaire consiste à retourner le raisonnement, qui, de l'observation actuelle des phénomènes, conclut à la fiction d'une telle théorie, en affirmant que loin d'être la vérité éternelle de la nature la diversité n'est qu'un avatar de l'unité. Si le chemin qui conduit à cette révélation est une remontée spéculative, une anamnèse fictive, à travers le maquis du divers, ceci n'infirme nullement le caractère originel de l'unité ; cela dit tout au plus que l'observateur n'était pas là au commencement de cette aventure qui ne cesse de se poursuivre, et qu'il lui en faut donc reconstituer le cheminement par la toute-puissance de la pensée. Une dimension temporelle s'indique bien ici ; elle semble jeter les bases de la pensée d'une historicité propre à la vie, mais le temps de l'origine invoqué à l'appui de la théorie de l'unité est plus *mythique* que véritablement historique. Il s'apparente à tous les commencements fabuleux pour lesquels il était une fois l'Un... En fait on ne saurait prendre pour une réelle dimension historique, c'est-à-dire pour une intervention de l'histoire dans la réflexion sur le vivant, ce vecteur-temps qui se substitue à l'axe sur lequel on enregistrait auparavant le perfectionnement des êtres — même si la temporalité s'y trouve pensée comme un facteur interne de leur développement, et non plus comme l'espace d'enregistrement de changements indépendants. L'histoire, comme causalité spécifique et pas seulement comme simple facteur temps, reste la grande absente de l'histoire naturelle révolutionnée par Geoffroy Saint-Hilaire [23].

Contrairement à ceux qui, à l'époque, croient que l'unité est dans l'esprit du naturaliste et non dans les choses, Balzac affirme que l'unité de composition est une vérité *ontologique,* et pas seulement *logique* de la substance. Principe évident de liaison entre les espèces, l'unité de composition est pour lui *la raison invisible du visible,* ce qui donne sens (signification et direction) au monde phénoménal et à ses mouvements. Cette dernière remarque nous fait toucher du doigt l'enjeu véritable de la métaphore zoologique pour le romancier réaliste, mais un petit détour s'impose encore [24].

Le postulat de l'unité de composition s'assortit nécessairement d'une thèse sur la nature et l'origine du divers, qui suppose une instabilité des êtres appelés à se métamorphoser. On ne peut en effet croire en l'unité sans, corollairement, poser une *loi de la variabilité ;* Balzac le comprend fort bien, aussi écrit-il, à la suite de son maître ès sciences : « L'animal est un principe qui prend sa forme extérieure, ou, pour parler exactement, les différences de sa forme, dans les milieux où il est appelé à se développer. Les espèces zoologiques résultent de ces différences [25]. » Tout l'apport de Geoffroy Saint-Hilaire tient pour lui dans cette proposition, il ne se fait pas faute de le rappeler dans l'*Avant-propos :* « La proclamation et le soutien de ce système, en harmonie d'ailleurs avec les idées que nous nous faisons de la puissance divine, sera l'éternel honneur de Geoffroy Saint-Hilaire. » Ainsi est-ce sur la base de la loi de la variabilité que s'établit en fait l'analogie entre Nature et Société, qui, comme nous l'avons dit plus haut, travaille toute l'argumentation de Balzac, sans qu'il soit possible de décider si c'est l'observation de cette loi, conduite indépendamment sur la société, par le romancier, et sur la nature, par le naturaliste, qui a inspiré le rapprochement analogique, ou si c'est le pouvoir modélisant du savoir scientifique qui a instruit la vision de l'écrivain. Peu importe dans un premier temps. Tout l'intérêt de l'analogie réside pour nous dans la vision du social qu'elle révèle, et permet, en retour, de révéler.

La variété des êtres n'est qu'une conséquence de la variabilité de l'être, laquelle se manifeste notamment par la sensibilité au milieu environnant. La notion d'espèce qui découle de ce constat connaît, par rapport à celle qu'utilisait Cuvier, un enrichissement significatif. Si elle continue, dans les travaux de Geoffroy Saint-Hilaire, à faciliter l'enregistrement du divers, conséquemment à le classer, elle contient en outre une réponse à la question de la diversité. C'est cette réponse que Balzac emprunte en même temps que l'outil classificatoire reforgé par Geoffroy Saint-Hilaire. L'utilité de cet emprunt notionnel est double : il sert le projet descriptif tout autant que le projet explicatif, qu'il a d'ailleurs pour fonction et pour effet de (con) fondre en en manifestant l'unicité — l'outil de la description étant aussi l'instrument de l'explication. Cuvier partait d'un donné : les espèces, et ne s'intéressait qu'à montrer que chacune obéissait à une nécessité interne, *formelle ;* Geoffroy Saint-Hilaire postule une unité, et affirme par

74

suite que les espèces loin d'être un donné sont un produit, qu'elles dérivent d'une nécessité externe, *causale*. On voit donc resurgir chez lui l'idée d'une détermination du vivant par ses conditions extérieures d'existence. Balzac en a directement exploité les retombées sociologiques dans les nombreuses correspondances qu'il établit entre ses personnages et ce qui les entoure, à tel point qu'on ne sait plus qui façonne qui. Le savoir scientifique, transposé au plan du social, offre donc l'avantage idéologique d'expliquer la (ou les) différence (s), non comme un état de l'être — ce qui obligerait à entrer en conflit avec l'enseignement de la philosophie, mais comme le produit d'une *loi naturelle des sociétés :* la loi de la différenciation. Sans oublier que le déterminisme de Geoffroy Saint-Hilaire est un *processus dynamique,* sa loi de la variabilité est une loi de la mutation, du changement, de *la transformation.* Son exportation, du domaine de la nature à l'*univers* de *La comédie humaine,* apporte une solution toute trouvée au problème qui préoccupe le romancier, celui de ce qu'il appelle le « moteur social » ou problème de ce qui est à l'origine des mouvements dont on ne perçoit sur la scène sociale que les effets désordonnés. L'explication saint-hilairienne l'agrée d'autant plus qu'elle parvient à concilier la réalité des mutations dont la société lui offre le spectacle, avec la pensée de la permanence du social comme être en soi. En effet dans la théorie de Geoffroy Saint-Hilaire le changement n'affecte que les formes, donnant naissance aux espèces, et laisse l'animal, unité originelle, inchangé en son fond, *conservé*. De plus les variations sont multiples et ont des points d'application spécifiques, si bien qu'on ne peut établir une loi de variation de l'ensemble (seulement une loi de la variabilité !).

Ainsi l'idée de la variabilité, corollaire comme nous l'avons souligné de celle de l'unité de composition, n'est pas un transformisme, une sorte de néo-lamarckisme, encore moins un évolutionnisme, une sorte de pré-darwinisme ; elle ne préjuge en rien de l'orientation ni du sens des mutations. N'étant ni téléologique, ni finaliste, ni historiciste, elle se contente de les enregistrer et d'en tenir le compte en les ordonnant sur un axe non vectorisé qui, partant, peut être parcouru en tout sens. En fait tout se passe comme si elle aménageait à l'intérieur de sa temporalité une possible réversion des phénomènes, une éventuelle réversibilité des effets. Nous y voilà !

Le parrainage de Geoffroy Saint-Hilaire procure sur tous les autres l'avantage d'une part de pouvoir se représenter, par suite représenter, les séismes et les bouleversements de la société postrévolutionnaire dont Balzac est le témoin et l'observateur passionné, comme autant de manifestations de la mobilité *naturelle* des espèces sociales, comme autant d'actions concrètes de la loi de la variabilité ; d'autre part de pouvoir concevoir ces mêmes transformations comme un mouvement non orienté qui s'inscrit dans un continuum non marqué historiquement, et de nier ainsi l'irréversibilité des effets qu'impliquerait toute explication en termes de coupure ou de fracture. Nous sommes aux antipodes de Cuvier qui croyait à une fixité des espèces brusquement ébranlée par des catastrophes et des révolutions du globe [26]. Une autre révolution dont il faut à tout prix nier le travail de cassure hante trop l'esprit de Balzac pour qu'il puisse songer à se rallier à ces vues. Donc Geoffroy Saint-Hilaire ! Et dans le droit fil de son modèle scientifique l'écrivain veut croire (nous faire croire) que les transformations, dont il songe d'autant moins à minimiser l'importance qu'elles le passionnent, sont occasionnées par deux causes naturelles qui conjuguent leurs effets : une cause externe, commune à tout le genre animal, *la loi de la variabilité ;* une cause interne, propre au genre humain, *la passion,* « qui comprend la pensée et le sentiment » et qui est « l'élément social » tout autant que « l'élément destructeur » du social.

A rabattre de la sorte tout mouvement sur ces deux causes dont l'efficace est ensuite limitée à l'espèce ou au type pris séparément, on laisse le social comme entité abstraite en dehors de l'agitation, inchangé en son essence éternelle que n'affectent bien évidemment pas les révolutions sporadiques de surface. Ce qui se modifie ce sont *les espèces, pas l'animalité,* disait Geoffroy Saint-Hilaire ; Balzac reprend : ce qui change ce sont les espèces sociales (et il se penche en romancier réaliste sur ce changement), *pas le social.* En effet la loi de variabilité sert à rendre compte des mutations flagrantes au temps de Balzac, en termes de mouvements *dans* le social et non de mouvement *du* social. Tout le bénéfice idéologique du pari pour l'hypothèse saint-hilairienne est contenu dans ce jeu propositionnel, qu'il convient donc de commenter quelque peu. Adopter une telle théorie comme principe d'explication des phénomènes observables dans la société contemporaine a pour première conséquence (fin ?) de s'interdire l'accès à la pensée d'un changement global, radical, affectant non plus les seules parties, considérées jusque-là comme parties d'une totalité abstraite, invariante en son fond : « le social », mais le tout, *comme Tout.* En effet, la volonté affichée de croire en une mobilité naturelle des espèces évite à Balzac doctrinaire (et non romancier ! la distinction s'impose car là réside un des mystères du grand réalisme) d'avoir à s'interroger sur le caractère et la signification historiques de cette (de la) mobilité en tant que telle. Sans le secours aveuglant de la certitude naturaliste, elle serait apparue pour ce qu'elle était, c'est-à-dire non *la cause* des mouvements visibles qui agitent toutes les sphères sociales, allant jusqu'à menacer l'étanchéité de leurs frontières, mais *l'effet* d'une totale transformation de la société dont elle est précisément le symptôme sous l'espèce de la mobilité sociale. De fait on sait bien à la suite de quel bouleversement historique s'est mise en place une société nouvelle, une « société de la mobilité », dont la nouveauté la plus évidente par rapport au système de castes de l'ancien régime tient précisément à la mobilité des espèces que cette seule remarque de Balzac souligne mieux qu'un long discours : « Un épicier devient certainement pair de France. »

Réduite par définition aux seules espèces sociales, et non applicable à la société comme ensemble, la loi de la variabilité qui découle de l'intuition unitaire de Geoffroy Saint-Hilaire permet de faire l'économie de toute pensée de la nécessité historique du devenir des sociétés, ruineuse pour les thèses de Bonald. Elle offre l'avantage d'évacuer de son domaine de compréhension du changement l'histoire non comme espace d'inscription des variations, mais comme *cause de la variabilité* ou raison d'être de ce qui est. En même temps et du même coup, elle autorise à ne considérer aucune modification comme un acquis, et ouvre donc imaginairement la porte au rêve d'un retour en arrière. Sa temporalité n'étant orientée par nulle finalité ou nécessité n'exclut en théorie pas la possibilité d'une réversion des effets, d'autant moins que toute mutation conserve le principe originel des êtres et des choses inchangé. N'est-elle donc pas la position scientifique la plus apte à concilier, dans l'imaginaire balzacien, l'expérience incontournable de la transformation avec la volonté de conservation, qui fait naître un désir de régression vers un autre âge de l'histoire ? « J'écris à la lueur de deux Vérités éternelles : la Religion, la Monarchie, deux nécessités que les événements contemporains proclament, et *vers lesquelles tout écrivain de bon sens doit essayer de ramener notre pays*. » (C'est nous qui soulignons !)

Bonald établissait les principes intangibles et intemporels de la constitution des sociétés ; la société offrait partout et en tout le spectacle de leur non-respect ;

Geoffroy Saint-Hilaire, qui postulait par-delà les accidents l' « Unité de composition », et posait par là même
que des altérations de l'Un on ne pouvait en conclure à
l'altérité des êtres, venait résoudre à sa manière une
antinomie entre le credo idéologique du romancier et
les données de son observation, préjudiciable à son
double projet représentatif et explicatif. Grâce à l'intuition visionnaire du naturaliste, *conservation et mutation étaient copensables* ! La comédie de la Restauration
et de la monarchie de Juillet pouvait être mise en
histoires.

Resterait à montrer que l'œuvre réalisée parle une
vérité différente, mais ce serait, à tous les sens de
l'expression, *une autre histoire* [27].

F.G.

NOTES

1. In *Les métaphores de l'organisme*, J. Vrin, 1971.
2. C'est cette édition que nous avons utilisée, et à laquelle nous renvoyons le lecteur.
3. Balzac avait sans doute raison de redouter l'incompréhension de ses contemporains. Ses ouvertures scientifiques étaient suspectées par plus d'un ; c'est ainsi que Sainte-Beuve écrit dans un de ses *Lundis* (2 sept. 1850.) : « M. de Balzac se piquait d'être physiologiste, et il l'était certainement... bien qu'avec moins de rigueur et d'exactitude qu'il ne se l'imaginait. »
4. Il convient ici de souligner, pour expliquer que le mot « esthétique » apparaisse là où, peut-être, on attend celui d'« histoire », que le nom de Walter Scott n'est mentionné dans l'*Avant-propos* qu'au moment où Balzac se pose le problème de l'art, ou plus concrètement de « l'exécution ». D'ailleurs l'histoire semble chez le grand romancier être moins un modèle (à suivre) qu'une rencontre occasionnée par l'ampleur de son entreprise romanesque : « Walter Scott élevait donc à la valeur philosophique de l'histoire le roman, cette littérature qui, de siècle en siècle, incruste d'immortels diamants la couronne poétique des pays où se cultivent les lettres. Il y mettait l'esprit des anciens temps, il y réunissait à la fois le drame, le dialogue, le portrait, le paysage, la description ; il y faisait entrer le merveilleux et le vrai, ces éléments de l'épopée, il y faisait coudoyer la poésie par la familiarité des plus humbles langages. »
5. Le rapprochement entre Buffon et Geoffroy Saint-Hilaire est, à la date, une idée reçue. Elle aura la vie longue ! c'est ainsi que Flourens écrit dans le *Journal des savants* en novembre 1864 que ces idées fausses d'*unité d'organisation*, et d'*instabilité des êtres*, lui viennent de Buffon, à travers Daubenton.
6. C'est nous qui soulignons.
7. — H. d'Also : « Balzac, Cuvier et Geoffroy Saint-Hilaire » in *Revue d'histoire et de la philosophie et d'histoire générale de la civilisation*, Lille, 15 oct. 1934.
— S. de Sacy : « Balzac, Geoffroy Saint-Hilaire et l'Unité de composition » in *Mercure de France*, 1-VI- et 1-VII, 1948.
8. On trouve des allusions précises à la querelle dans *Les martyrs ignorés*, *Les illusions perdues*, *Louis Lambert*, etc. On peut également mentionner la dédicace du *Père Goriot* à Geoffroy Saint-Hilaire.
9. Le titre complet est : *Guide âne à l'usage des animaux qui veulent parvenir aux honneurs*, J. Hetzel et Paulin éd., Paris, 1842.
Ce texte, fort intéressant pour notre propos, est une sorte de fable qui met en scène sur le mode bouffon la querelle qui agita l'Académie des sciences. Un certain Marmus soumet à l'examen de l'académicien Cerceau, alias Cuvier, et au « Prométhée des sciences naturelles », alias Geoffroy Saint-Hilaire, un âne-zèbre, de sa fabrication.
La cocasserie des scènes qui découlent de cette situation n'empêche pas Balzac d'aller fort loin dans l'éclairage de l'enjeu scientifique, idéologique et politique du débat, et d'en souligner l'aspect carriériste.

10. C'est-à-dire ce que Balzac a réellement fait en dépit de ses intentions avouées.

11. Cité par S. de Sacy, art. cit. voir note 7. Il faut ajouter que ces propos se trouvaient en tête d'une édition des œuvres de Balzac qui justement avait pour originalité de ne pas respecter le plan indiqué par l'*Avant-propos*.

12. Cité par S. de Sacy, voir note 7.

13. Voir sur ce point l'article de P. Macherey : « *Les paysans* de Balzac ; un texte disparate.» in *Pour une théorie de la production littéraire*, F. Maspéro, 1966.

14. L'essentiel de cette critique est repris par Flourens dans l'article du *Journal des savants* que nous avons cité : « Récit fidèle du débat qui s'éleva en 1830, dans le sein de l'Académie des Sciences, entre Cuvier et Geoffroy Saint-Hilaire, au sujet de l'unité de composition.»

15. C'est nous qui soulignons.

16. « Vous êtes-vous jamais lancé dans l'immensité de l'espace et du temps, en lisant les œuvres géologiques de Cuvier ? Emporté par son génie, avez-vous plané sur l'abîme sans bornes du passé comme soutenu par la main d'un enchanteur ?... Cuvier n'est-il pas le plus grand poète de notre siècle ? Lord Byron a bien reproduit par des mots quelques agitations morales ; mais notre immortel naturaliste a reconstruit des mondes avec des os blanchis, a rebâti, comme Cadmus, des cités avec des dents, a repeuplé mille forêts de tous les mystères de la zoologie avec quelques fragments de houille, a retrouvé des populations de géants dans le pied d'un mammouth. »

Il est intéressant de noter que cette méditation sur la poésie du travail du naturaliste prend naissance dans la boutique de l'antiquaire où s'entassent pêle-mêle les traces d'un passé révolu, alors que c'est précisément à l'aide du terme « antiquaire» que Cuvier tente de rendre compte de ses recherches dans le *Discours sur les révolutions de la surface du globe* : « Antiquaire d'une espèce nouvelle, il me fallut apprendre à la fois à restaurer ces monuments des révolutions passées et à en déchiffrer le sens ; j'eus à recueillir et à rapprocher dans leur ordre primitif les fragments dont ils se composent, à reconstruire les êtres antiques auxquels ces fragments appartiennent ; à les reproduire avec leurs proportions et leurs caractères... » Travail d'historien plus que de naturaliste qui ne peut que fasciner le romancier qui s'attaque à une tâche similaire, quoique conduite sur l'époque contemporaine !

17. Comme le dit M. Foucault dans *Les mots et les choses* : « Si Cuvier peut reconstituer l'animal tout entier à partir d'un os, c'est qu'il y a des rapports nécessaires entre tous les points du corps : de sorte qu'un seul élément peut suffire dans certains cas à suggérer l'architecture générale d'un organisme.» Il faut ajouter que ce travail suppose que l'animal soit considéré comme un tout, et non comme un élément d'une totalité plus vaste.

18. Voir note 9. L'annonce dans les journaux de cet animal mi-âne, mi-zèbre provoque une effervescence dans les milieux scientifiques, c'est l'occasion pour Balzac, qui a imaginé cette petite fable, de nous présenter les différentes tendances qui s'affrontaient alors : « Les savants en émoi envoyèrent un académicien armé de ses ouvrages, et qui ne dissimula point l'inquiétude

causée par ce fait à la doctrine fataliste du baron Cerceau [alias Cuvier]. Si l'instinct des animaux changeait selon les climats, selon les milieux, l'Animalité était bouleversée. Le grand Homme [alias Geoffroy Saint-Hilaire] qui osait prétendre que le principe *vie* s'accommodait à tout, allait avoir définitivement raison contre l'ingénieux baron, qui soutenait que chaque classe était une organisation à part. Il n'y avait plus de distinction à faire entre les Animaux que pour le plaisir des amateurs de collections. Les Sciences Naturelles devenaient un joujou !... les disciples aimés du professeur français, l'emportaient avec leur doctrine unitaire sur le baron Cerceau et ses nomenclatures. »

La morale de cette histoire est pour le moins ambiguë, car, si elle ridiculise l'institution scientifique en la personne du baron Cerceau Cuvier, elle ne donne raison à Geoffroy Saint-Hilaire, le « grand Homme », que grâce à une supercherie.

19. Cuvier s'était toujours opposé à la conception classique selon laquelle les êtres se rangeaient sur une ligne unique et continue, constituant une sorte d'échelle de la perfection. Dans *Le règne animal distribué d'après son organisation* (1817) il précise que les animaux se répartissent en quatre groupes (ou embranchements, ou plans) : des vertébrés, des mollusques, des articulés et des zoophites. C'est ce classement que les théories hasardeuses de Geoffroy Saint-Hilaire venaient brouiller, ruinant du même coup tout le travail du naturaliste.

20. Cf. L.A. de Bonald écrivant dans *La théorie du pouvoir politique et religieux dans la société civile, démontrée par le raisonnement et par l'histoire* (1796) : « Ainsi, et ce principe, hardi peut-être, se développera dans le cours de cet ouvrage, le principe de la monarchie est un principe d'unité, d'existence, de perfectionnement politique et religieux ; et le principe des sociétés non constituées est un principe de division, de mort, de néant politique et religieux. »

21. Ces réflexions de Buffon sont extraites de *L'histoire de l'âne*, et l'on ne peut s'empêcher d'établir un rapprochement entre ce titre et l'apologue bouffon de Balzac, le *Guide âne*...

22. Cuvier reproche essentiellement à Geoffroy Saint-Hilaire de tout confondre : plan, composition, unité, uniformité, identité et analogie. De toute façon et quelles que soient les différences à restituer entre unité de composition et unité de plan, ni l'une ni l'autre n'existe pour lui, dans le règne animal. Geoffroy Saint-Hilaire non seulement mélange tout, mais parle comme Buffon qui, dans *La nomenclature des singes*, écrivait : « La forme de tout ce qui respire est à peu près la même. » Il ajoutait qu'en prenant un autre animal on trouvait « toujours le même fond d'organisation » et donc en concluait qu'il n'y avait qu'un seul et même plan d'un bout à l'autre de la chaîne.

23. N'en déplaise à M. Foucault qui, curieusement, ne s'appuie que sur Cuvier et Lamarck, et non sur Geoffroy Saint-Hilaire pour voir au tournant du siècle une transformation des sciences de la nature par l'intrusion de l'Histoire. (Précisons que son analyse remarquable nous semble tout à fait juste sauf peut-être en ce qui concerne certains aspects de la pensée de celui qu'il oublie précisément, Geoffroy Saint-Hilaire.) Dans *Les mots et les choses*, il écrit en effet : « L'historicité s'est donc introduite maintenant dans la nature — ou plutôt dans le vivant ; mais elle y est

bien plus qu'une forme probable de succession ; elle constitue comme un mode d'être fondamental. »

24. Nous rencontrons ici l'analyse de J.-P. Aron qui écrit dans un article intitulé « Science et histoire : Le temps de la biologie au début du XIXᵉ siècle en France » : « ... le débat [entre bien sûr Cuvier et Geoffroy Saint-Hilaire] doit être replacé dans son contexte propre. C'est pour les deux adversaires un problème philosophique : la relation biologique de l'un et du multiple, qui se trouve posé. Or Geoffroy ne conteste pas la diversité phénoménale de l'ordre vital, dispersé à l'infini dans des espèces originales. Il cherche seulement à mettre en évidence l'inintelligibilité de ce divers. L'intelligible, c'est l'horizon d'une vie indivisible, d'une nature soumise à une loi unique. Le vrai conflit porte sur le traitement de cette totalité. Geoffroy a l'ambition, non pas de l'investir, puisqu'elle est, par définition, inaccessible, mais d'en reconstruire le modèle, sorte de pattern grandiose auquel se réfèrent toutes les formes actuellement existantes de la vie. Modèle inconcevable, d'après Cuvier : le divers ramené à quelques types fondamentaux n'est-il pas la matière même de l'ordre vital ? » In *L'endurance de la pensée*, Plon, 1968. Cette intelligibilité est précisément ce que recherche Balzac, à travers ses modèles scientifiques.

25. Pour bien comprendre ce terme ambigu de « milieu » on se reportera utilement au chapitre que G. Canguilhem consacre à ce sujet dans son livre : *La connaissance de la vie*, Vrin, 1965, sous le titre « le vivant et son milieu ». Nous en citons ici un court extrait : « Historiquement considérés la notion et le terme de *milieu* sont importés de la mécanique dans la biologie, dans la deuxième partie du XVIIIᵉ siècle... Il est introduit en biologie par Lamarck, s'inspirant de Buffon, mais n'est jamais employé par lui qu'au pluriel. De Blainville consacre cet usage. Etienne Geoffroy Saint-Hilaire, en 1831, et Comte, en 1838, emploient ce terme au singulier, comme terme abstrait. Balzac lui donne droit de cité dans la littérature en 1842, dans la préface de *La comédie humaine*, et c'est Taine qui le consacre comme l'un des trois principes d'explication analytique de l'histoire, les deux autres étant, comme on sait, la race et le moment. » L'emploi balzacien est encore rare et technique à la date. Cette remarque va dans le sens de son information scientifique.

26. Cuvier était tout prêt à admettre, ce que ses *Recherches sur les ossements fossiles* rendaient indicutable, que la vie avait au cours des âges géologiques présenté des caractères différents et que des espèces variées s'étaient succédé. Mais il refusait de penser qu'il fallait attribuer ces phénomènes observables à des mutations progressives, pas plus qu'à une créativité incessante de la nature. Il croyait pouvoir expliquer ces variations par les grandes révolutions du globe qui auraient entraîné la disparition d'un certain nombre d'espèces, et la migration d'autres vers des régions qu'elles ne fréquentaient pas auparavant. Sur ce point il convient de lire son importante thèse : « *Discours sur les révolutions de la surface du globe et sur les changements qu'elles ont produits dans le règne animal.* » Elle ouvre à son travail de paléontologue des perspectives philosophiques.

27. D'autres l'ont analysée, parmi lesquels je ne citerai que le maître dont l'étude est désormais devenue classique : G. Lukacs, in *Balzac et le réalisme*.

RELIGION ET ROMAN :
A PROPOS DE URSULE MIROUËT

par Michel Nathan

La pensée religieuse de Balzac est à la fois célébration et recherche. Célébration de l'Eglise catholique flagrante dans *Le médecin de campagne, Le curé de village, L'envers de l'histoire contemporaine.* Recherche d'une explication de l'univers dans *Le livre mystique* et le cycle des chercheurs d'absolu.

La célébration de l'Eglise catholique, force politique dans le siècle, destinée à soutenir le trône et à rendre au corps social cohérence et discipline, se manifeste par des prises de position très fermes. On se réfère généralement au célèbre *Avant-propos* de 1842 mais on peut citer aussi *Le médecin de campagne* : « Le christianisme est un système complet d'opposition aux tendances dépravées de l'homme » ; *Le curé de village* : « Les principes de la religion catholique peuvent seuls guérir les maladies qui travaillent le corps social. » Et peut-être cette phrase des *Paysans,* roman dans lequel Balzac vieilli constate amèrement que le clergé ne pourra sauver le monde ni éviter le morcellement des grandes propriétés : « La religion catholique a seule le pouvoir d'empêcher de semblables capitulations de conscience : mais depuis 1789 la religion est sans force sur les deux tiers de la population en France. » Cette religion dont Balzac et Benassis reconnaissent la « nécessité politique et l'utilité morale » se veut dans la droite ligne de Joseph de Maistre et de Bonald. *La comédie humaine* la défend sans relâche, même si, comme l'a prouvé Pierre Barbéris, la lucidité du regard balzacien contredit les analyses catholiques, légitimistes et contre-révolutionnaires [1]. Même si les figures de mauvais prêtres et de mauvais chrétiens abondent, ainsi que les formules sarcastiques comme celle qu'on peut lire dans *La vieille fille* : « La religion, cette grande consolatrice des virginités bien gardées. » Le catholicisme reste malgré tout la seule puissance politique et moralisatrice, la sauvegarde des affligés et ce qui donne aux jeunes filles innocentes ou aux femmes blessées par la vie le sourire évangélique de la résignation sereine.

Se juxtapose à cette célébration de l'Eglise catholique une espèce de contrepoint « mystique » qui cherche moins le dialogue avec Dieu que le progrès de la connaissance par la fusion de tous les savoirs, celui du théosophe comme celui de la tireuse de cartes. Mais les critiques s'accordent pour dire que Balzac n'était pas mystique. Il a voulu en revenir à une sorte d'Eglise primitive enrichie (ou encombrée) d'emprunts plus ou moins bien assimilés aux mystagogues, aux magiciens, aux magnétiseurs, aux astrologues, aux alchimistes. Balzac choque, moins par son côté Bouvard et Pécuchet, son émerveillement devant les pratiques les plus diverses, que par sa manière d'interroger les phénomènes. A la lumière des sciences contemporaines, il cherche à comprendre les manifestations extérieures du mysticisme — extases, catalepsies, voyances, apparitions, visions — dont se méfient les véritables mystiques. Comme l'écrit Jacques Borel : « Il y a trop de science dans ce mysticisme, la connaissance humaine y tient trop la place de Dieu [2]. » Ce mysticisme est donc en fait un mystico-scientisme cherchant à abattre les frontières qui séparent l'hérésie de l'orthodoxie, les sciences occultes des sciences officielles. C'est sans doute pour cela que swedenborgistes et martinistes de stricte observance sont très sévères pour Balzac qui n'a jamais été considéré d'ailleurs comme un auteur bien-pensant par les catholiques légitimistes. Et l'abbé Bertault insistait naguère dans sa thèse sur les insuffisances du catholicisme d'un homme qui avait pourtant « prêté son génie à l'église [3] ».

Que Balzac n'ait réussi à convaincre ni les catholiques ni les mystiques importe peu. On ne peut nier que de *La comédie humaine* émane une pensée religieuse qui est fondamentalement recherche du salut par la connaissance, plus de la connaissance conquise par l'homme que du salut octroyé par la grâce. C'est par le roman que cette foi s'affirme et s'expérimente grâce à des théories que vient prouver la fiction, bonne fille toujours prête à accueillir ceux qui vendent la peau de l'ours. Balzac souhaite que tous les savoirs convergent pour rendre le réel moins opaque. Il met en scène l'efficacité de cette coordination dans un espace romanesque où tout est prêt pour le triomphe d'une telle convergence. Le roman se présente comme une zone d'interférence des savoirs. Dans leur rencontre se dessine une croyance moins tournée vers le Dieu du catholicisme d'Etat ou le Dieu des mystiques que vers le réseau de lois du grand architecte dans lequel les principes abstraits de la métaphysique donnent la clef de la vie quotidienne et inversement.

Célébration du catholicisme et mystico-scientisme s'enchevêtrent particulièrement dans *Ursule Mirouët*. Publié en 1841, ce roman de la maturité de Balzac est un des derniers prolongements du massif « mystique » que constituent *Les proscrits*, *Louis Lambert* et *Séraphîta*. C'est avec *Le cousin Pons* une des dernières manifestations de l'occulte dans *La comédie humaine* et en même temps une célébration de l'Eglise catholique. Cette conjonction est assez rare pour qu'on la remarque : il y a peu de place pour l'occulte dans les grands romans catholiques et la présence de l'Eglise est réduite dans *Le livre mystique* comme dans le cycle des chercheurs d'absolu.

Ursule Mirouët est une histoire d'héritage détourné qui, contrairement à ce qui se passe habituellement dans *La comédie humaine,* se termine bien. L'un des héritiers, en brûlant un testament et en volant des titres de rente, dépouille une orpheline. Celle-ci accepte la pauvreté avec une résignation toute chrétienne mais son oncle mort lui apparaît à quatre reprises et lui donne les moyens de confondre le spoliateur. L'apparition du défunt est justifiée par le magnétisme. Ce même magnétisme qui avait permis d'expliquer, au début du roman, la conversion au catholicisme du déiste Minoret. Histoire de magnétisme et d'argent, le roman progresse de coup de théâtre en coup de théâtre, d'invraisemblance en invraisemblance. Mais Balzac n'a pas voulu écrire un conte fantastique. Tout en voulant faire sursauter son lecteur, il a cherché à rendre son histoire crédible. Le côté spectaculaire du « miracle » est mis en scène avec complaisance, mais immédiatement suivi de l'explication rationnelle de l'irrationnel. Par cette alliance, l'action rebondit, et interfèrent occulte et catholicisme. Le même processus est répété à trois reprises : lors de la conversion du déiste « athée sous bénéfice d'inventaire », des apparitions *post mortem* et de l'intervention du Doigt de Dieu qui sauve l'innocent et punit le coupable par un terrible châtiment.

La conversion du docteur éclate, spectaculaire et révélatrice : « Ce subit effet de la grâce eut quelque chose d'électrique. » L'expression renvoie à une autre formule du texte qui faisait du magnétisme « la science favorite de Jésus ». La rencontre de la grâce et de l'électricité, des fluides et du Christ, déjà perçue par Louis Lambert, marque l'alliance du catholicisme traditionnel et du mystico-scientisme. C'est l'aboutissement, dans la trame romanesque, de deux séries d'arguments qui ont conduit Minoret « sur le chemin du ciel ». Les scènes à faire sur le génie du catholicisme, portraits de beaux vieillards et de pures jeunes filles auréolés de foi, premières communions ou derniers sacrements, abondent dans *La comédie humaine* et sont à l'origine de plus de conversions que bien des raisonnements. Le Dr Minoret est très sensible à cette esthétique du solennel. Assez tolérant pour être l'ami d'un prêtre et ne pas trop manifester son incroyance, il ne refuse pas à sa nièce « les bénéfices offerts par la religion catholique ». Le jour de sa première communion, la jeune pupille réussit à émouvoir son oncle en « remuant dans la partie rocheuse de son cœur le coin fermé à Dieu ». Ajouté à cela une prière surprise par le vieillard dans laquelle la jeune fille demande à Dieu de « dessiller les yeux de son parrain » et le souvenir de la première Ursule Mirouët, épouse du docteur, morte de terreur pendant la Révolution française. Mais le Dr Minoret ne se convertit pas seulement pour des raisons esthétiques ou émotionnelles. Dès les premières pages, il est présenté comme un encyclopédiste ébranlé par la conversion de La Harpe et « la quasi-chute de Voltaire attaqué par Geoffroy ». « L'édifice du matérialisme » a « craqué en lui » lorsqu'il a découvert le magnétisme. Un curieux magnétisme, bien analysé par Madeleine Fargeaud [4], qui ressemble à celui auquel croyaient Balzac et sa mère, tenant du tour de passe-passe et de la théosophie. Les révélations d'une somnambule ont permis au docteur de savoir à distance ce qu'Ursule avait planté dans son jardin et de découvrir son amour pour Savinien. Swedenborg aidant, elles sont à l'origine de hautes spéculations sur les fluides, manifestations de la puissance de Dieu et de l'harmonie du monde. Le docteur a donc été converti par l'esthétique catholique, la foi contagieuse d'Ursule et la preuve tangible des liens qui unissent les événements de la vie quotidienne aux principes qui régissent l'univers.

Les quatre apparitions de Minoret sur le grandguignolesque desquelles il convient de ne pas s'étendre (« Et des larmes tombaient de ses yeux blancs et vides ») marquent aussi la conjonction du catholicisme et du mystico-scientisme. L'effet de surprise provoqué par ces apparitions dont trois sur quatre sont oniriques est suivi d'un second effet de surprise : l'explication rationnelle (« naturelle » écrit Balzac) de ce qui paraît surnaturel. Ces apparitions s'expliquent par le fait que l'esprit d'Ursule a pu pénétrer dans le monde spirituel et apercevoir les « Idées » de son oncle qu'elle a revêtues de son apparence. Ce phénomène n'est pas plus étrange, lit-on, que celui de la mémoire, et pas plus inexplicable que le parfum des fleurs. Ce qu'il y a d'étrange en tout cas, c'est que ce soit le curé Chaperon, représentant du catholicisme, qui donne de telles explications. Par la parole d'un prêtre catholique qui défend le magnétisme, Balzac concilie, sans beaucoup de scrupules, christianisme et magnétisme.

Scènes romanesques par excellence, la conversion et les apparitions se veulent illustration de théories, voire vérification d'hypothèse. Il en est de même pour l'intervention du Doigt de Dieu, lieu commun du roman édifiant, utilisé comme tel dans *La comédie humaine* et paradoxalement justifié par l'Eglise et par l'occultisme. Dans *Ursule Mirouët*, lorsque le voleur est confondu, le juge de paix s'écrie : « Mon Dieu, ceci n'ouvrirait-il pas les yeux d'un athée en lui démontrant ta Providence ? » Et, à la fin du livre, tous sont « en proie à une profonde admiration des voies par lesquelles Dieu conduisait l'innocence à son triomphe. Le Doigt de Dieu est dans ceci, s'écria l'abbé Chaperon ». Le Doigt de Dieu dans *La comédie humaine* n'est parfois qu'un procédé pour lier ensemble des nouvelles assez disparates (*La femme de trente ans*). Mais en général il punit les méchants et supplée à la justice humaine. A la légalité, si favorable aux « friponneries sociales » (*Pierrette*), Balzac oppose, pour « purifier les masses », ce terrible Dieu vengeur qui fait assassiner le fils adultérin par l'enfant du devoir (*Le Doigt de Dieu* dans *La femme de trente ans*) ou punit, par une grossesse pénible, les relations coupables d'un curé et de sa servante : « Il semblait que le Doigt de Dieu se fût appesanti sur l'épouse du prêtre » (*Les paysans*). Dieu, garant de la morale sociale, ménage des épreuves à ceux dont il prépare le salut. L'abbé Bonnet explique ses souffrances « en y montrant le Doigt de Dieu imprimé partout » et Bénassis justifie les siennes en déclarant : « Le Doigt de Dieu me parut... avoir fortement tracé ma destinée. » Véronique Graslin, femme adultère maîtresse d'un assassin, s'écrie avant de recevoir les derniers sacrements : « Voyez ! Le Doigt de Dieu est dans tout ceci : je vais expier dans une chambre rouge. » Et dans *Ursule Mirouët*, le Doigt de Dieu a conduit le voleur sur le chemin du repentir et du salut, en tuant Désiré. On reconnaît dans ce Dieu qui punit physiquement les fautes des parents dans la chair de leurs enfants et inflige des châtiments qui sont autant de possibilités de salut le Dieu de Joseph de Maistre. C'est par ce biais que la pensée religieuse de *La comédie humaine* se rattache au catholicisme le plus réactionnaire. En contrepoint de cette figure effrayante de Dieu, il est cependant une autre figure du créateur. Non plus celle du tyran colérique et capricieux mais celle d'un Dieu comptable, administrateur, à l'origine et au terme du mécanisme qui régit et constitue l'univers. Ce Dieu qui pèse méticuleusement, dans le destin de chacun, souffrances et plaisirs. Dans la dernière page d'*Ursule Mirouët*, le narrateur demande aux envieux de ne pas trop jalouser le bonheur d'Ursule et de Savinien : « Pensez que ce beau couple, aimé de Dieu, a d'avance payé sa quote-part aux malheurs de la vie. » Dieu est l'aboutissement d'un réseau de lois qu'il ne transgresse jamais. Il garantit la cohérence du monde et celle du roman qui la reflète. Ce qui s'explique par le Doigt de Dieu n'est jamais un élément étranger à la logique des événements et ne vient pas à contre-courant des explications qui sont données dans le cours du récit. Le méchant n'est pas foudroyé sur la place publique par le feu du ciel. Il est victime de machinations dans lesquelles le surnaturel n'intervient pas directement. Dans *La rabouilleuse,* Flore Brazier est victime de Philippe Bridau qui sera ruiné par les banquiers puis décapité par les Arabes. C'est d'une maladie bien précise, la plique, que souffre Vanda en punition des crimes légaux commis par son père, le procureur général Bourlac (*L'envers de l'histoire contemporaine*). Chaque fois que le Doigt de Dieu « si souvent appelé le hasard » (*La rabouilleuse*) punit un coupable, Balzac met mélodramatiquement en scène cette intervention. Mais il ne laisse pas de présenter la catastrophe comme l'aboutissement logique d'une situation dont nous connaissons tous les éléments. Dans *Ursule Mirouët,* l'apparition du docteur n'est après tout qu'un rêve qui trouble moins Minoret-Levrault que l'accusation de Goupil inscrite sur les murs de la ville. Si le coupable est confondu, c'est que le juge de paix Bongrand a la certitude qu'un testament a été substitué et la vérité éclate lorsqu'on découvre, sur la page de garde d'un livre, la trace des numéros d'inscription des titres de rente dérobés. Le roman se nourrit ainsi de sensationnel, d'explications d'énigmes et de théories qui les justifient.

Les épisodes les plus spectaculaires du roman sont justifiés par les préceptes de l'Eglise catholique et par le mystico-scientisme : la conversion de Minoret s'explique par la foi d'Ursule et la découverte du magnétisme, les apparitions par la puissance divine et la puissance matérielle de « l'Idée », le châtiment des coupables par le Doigt de Dieu et une succession de hasards heureux. Cette redondance fait partie d'une stratégie visant à la cohérence du roman, reflet de la cohérence de l'univers. On n'hésite pas, comme dans le récit fantastique, entre une explication rationnelle et une explication miraculeuse. L'une est toujours le miroir, l'écho, le prolongement de l'autre. La cohérence du réseau est telle que convergent et finalement s'associent des notations disparates qui aboutissent à la révélation d'une même découverte.

Dans la diégèse du roman, les arguments réalistes ou symboliques sont là pour prouver que le monde, comme dans les contes de fées, est organisé par Dieu de telle manière que la morale est toujours sauve et les méchants toujours punis. L'univers d'*Ursule Mirouët* est fondamentalement et lourdement manichéen. Là encore, le stéréotype complaisamment mis en scène devient une preuve de la cohérence de l'univers parce que la réflexion théorique l'enchâsse. Les bons affrontent les méchants. Les bons sont beaux et maigres. Le Dr Minoret est un grand vieillard sec aux cheveux blancs et aux yeux bleus, M. de Jordy un petit homme « sec et maigre » au « sourire tendre et douloureux ». L'abbé Chaperon (le bien nommé) « ni gros ni maigre », s'il a, lui, les yeux bruns, a aussi des cheveux blancs et un vaste front. Quant à Ursule, même si elle a les yeux gris au début du roman, c'est une « pieuse et mystique jeune fille » qui séduit son entourage lorsqu'elle paraît avec ses tresses blondes, ses yeux bleus et sa robe de mousseline blanche. Elle échappe d'ailleurs en partie au cliché de la jeune fille pure par une surprenante énergie qui « au péril de sa vie » lui confère un don de seconde vue. En face d'eux, la malice et la graisse. La malice de Goupil (le bien nommé) avec ses yeux de chèvre, « à la fois lascifs et lâches », « ses dents rares, noires et menaçantes », « son large buste de bossu dont la bosse eût été en dedans ». Le voleur Minoret-Levrault est un « grand, gros, épais cultivateur », « un éléphant sans trompe et sans intelligence », à l'énorme ventre, au cou plissé par la graisse et aux colères apoplectiques. Derrière les stéréotypes du romancier pointe la thèse du partisan. La laideur et la cupidité sont l'apanage des bourgeois libéraux, la beauté et le panache celui des nobles comme Savinien, ou de ceux qui mériteraient d'accéder à la noblesse par la qualité de leur catholicisme et la supériorité de leur esprit. Comme l'a montré Madeleine Fargeaud [5], l'action d'*Ursule Mirouët* est inscrite dans l'histoire. La Révolution a ruiné beaucoup de nobles et bien des bourgeois médiocres se sont enrichis. Dans *Ursule Mirouët,* l'argent retourne dans les poches d'où il n'aurait jamais dû sortir. Le jeune Savinien de Portenduère, ruiné à Paris parce qu'il n'avait pas l'envergure d'un Rastignac, redore son blason en épousant la délicieuse Ursule « que le docteur lui avait dépeinte en l'encadrant d'or avec ces mots magiques : sept à huit cent mille francs » ! L'argent volé revient donc à la noblesse par l'intermédiaire d'une jeune fille qui avait triomphé du déisme de son parrain dans une lutte symbolique entre « l'enfance catholique et la vieillesse voltairienne ». Et tout est bien qui finit bien. Se dessine ainsi dans *Ursule Mirouët* une idéalisation du sens de l'histoire, inscrite dans le devenir cosmique de l'humanité, comme si Dieu avait organisé le monde — en tout cas le petit monde de Nemours — de façon que les hommes fourvoyés par le déisme, le libéralisme et le vol, construisent, poussés par la religion, une cité catholique et monarchiste dans laquelle les jeunes héritières épouseraient des nobles sans fortune, et ne seraient plus volées par des bourgeois cupides.

Par le biais de la fiction romanesque, Balzac a voulu prouver l'influence bénéfique du catholicisme sur les mœurs et mettre l'occulte au service de la morale. Il a voulu aussi et surtout montrer comment Dieu, directement ou indirectement, se mêle des affaires humaines. « L'ouvrier des mondes », « l'organisateur de l'infini » ne s'occupe pas de ces « niaiseries », pense le Dr Minoret ému par sa filleule vêtue en première communiante. « Dieu est bien bon de faire des miracles pour moi », plaisante Minoret-Levrault lorsque le curé lui raconte les rêves d'Ursule. Et pourtant, Dieu « s'occupe de ces misères ». « S'il ne voyait pas les mondes dans tous leurs

détails et d'un seul regard... il ne serait pas Dieu »,
déclare l'abbé Chaperon. La célébration de l'Eglise et
de l'occulte est finalement seconde dans la pensée balzacienne. Est premier ce réseau de lois qui constitue
l'univers et auquel le Créateur est lui-même soumis.
Ces lois expliquent aussi bien les rythmes cosmiques que
les rivalités de province, les opérations bancaires ou, on
l'a vu, le processus selon lequel l'argent volé, réellement
ou symboliquement, revient à sa (ou à ses) légitime (s)
propriétaire (s). Un roman comme *Ursule Mirouët* est un
engrenage complexe, à l'image d'un univers dans lequel
— comme chez Swedenborg ou Fourier — tout est analogique et interdépendant. Les sciences occultes expliquent tout par le mouvement des fluides. Intégrés dans
le mouvement cosmique, les passions et l'argent sont,
selon le même processus, à la base de l'évolution de la
société. Les fluides circulent selon un parcours et un
rythme imposés par Dieu. L'argent et l'amour circulent
selon les désirs du romancier catholique et ceux de
l'abbé Chaperon. L'Eglise est présente dans tous les
épisodes importants du livre. Reçu dans chaque famille,
le curé apaise les rivalités, explique les miracles, favorise
le mariage d'Ursule et de Savinien et convainc les Portenduère d'accepter l'argent du Dr Minoret. De même
que Dieu coordonne les mouvements des fluides, de
même les épisodes romanesques s'organisent autour de
l'abbé Chaperon, puissance pivotale.

Ursule Mirouët est l'illustration d'une pensée utopique
ancrée dans le réel. Dieu architecte a construit l'univers
selon des principes qui permettent de comprendre la
convergence et l'interdépendance des phénomènes les
plus disparates. Pour rendre compte de cette harmonie,
le roman explique le sensationnel par le mystico-scientisme (« J'ai tenté de populariser les faits étonnants » lit-
on dans l'*Avant-propos* de 1842). Il met également en
scène des stéréotypes qui, devenus édifiants, symboliques ou prophétiques, cessent d'être des lieux communs.

Le vieillard qui menace de revenir de l'autre monde revient effectivement ; les hasards providentiels qui conduisent à cette « happy end » sont la marque du Doigt de Dieu, l'histoire d'amour entre l'orpheline persécutée et le jeune homme trop honnête se double d'une opération financière qui remet les fortunes à leur place. Comme dans l'utopie, événements et personnages sont au service d'une description du meilleur des mondes. Mais *Ursule Mirouët* n'est pas seulement une célébration de la cité catholique. Une autre forme de catholicisme, celui des gras et des médiocres, est présente dans le roman qui pourrait le transformer en pamphlet anticlérical. Pour déshériter Ursule, la famille essaie de faire appliquer la loi sur les enfants naturels, sans faiblesse « dans un temps où la religion est honorée », et Goupil, songeant à s'établir, choisirait volontiers une bourgade bigote : « Je ne hais pas un pays de dévotion, avec un peu d'hypocrisie, on y fait mieux son chemin. » Sans le Doigt de Dieu, la religion elle-même serait au service des « friponneries sociales » ! Or, dans *La comédie humaine,* le Doigt de Dieu ne sauve pas toutes les victimes. Il laisse mourir Pierrette ou intervient ironiquement pour accabler Eugénie Grandet, petite sœur malheureuse d'Ursule, en la couvrant d'or alors qu'elle a besoin d'amour. Il est inutile de multiplier les exemples d'innocence persécutée qui trouveront sans doute leur récompense dans l'au-delà. Le bel optimisme d'*Ursule Mirouët* est sans cesse démenti dans *La comédie humaine.*

Contradiction ? Peut-être mais qui est le prix de la supériorité du roman sur l'utopie. L'utopie dresse le triste bilan de la société en lui opposant, après avoir fait table rase, la cité idéale dans laquelle tous les problèmes seront résolus. Balzac n'annule pas d'un trait de plume la société de son temps. Son système utopique ne se situe pas dans l'ailleurs, mais dans des espaces privilégiés, à la fois clos et ouverts sur le monde réel, impitoyablement analysé. L'utopien de *La comédie humaine* croise l'habitant du monde réel et lui donne l'exemple. Il y a, pour Balzac, beaucoup à attendre de telles rencontres.

L'espace utopique est réduit et la pensée religieuse élan vers l'infini. Dans la mythologie hugolienne, le ciel répond à l'océan, les abysses aux constellations, l'astre à la perle. Dédaignant l'entremise des professionnels de la foi, Hugo trouve Dieu dans la fleur, dans l'oiseau, dans les souffrances de l'âne et dans celles du crapaud, dans la fécondité de la terre et les pérégrinations de la comète. Par sa fougue et sa tension extrême, l'écriture, célébration de l'infini et des correspondances, est prière.

Balzac reste un urbain qui rêve de réorganiser la cité ou d'exploiter un domaine agricole. Certes, parfois, comme dans *L'enfant maudit* ou *Séraphîta*, les éléments exaltent la majesté divine. Prisonniers des sphères, les chercheurs d'absolu livrent un combat prométhéen et de sublimes chrétiennes quittent, après la mort, leur enveloppe terrestre pour devenir anges. Mais en général la destinée humaine est circonscrite dans un espace clos — Paris ou la ville de province. Le penseur cherche le secret qui lui permettra de tout comprendre et de faire fortune, l'enjeu du conflit entre le bien et le mal reste la possession d'un magot. La religion hugolienne transforme le roman en épopée. Le religieux, dans *La comédie humaine*, aboutit à une tentation utopique insérée dans une œuvre qui voulait « faire concurrence à l'état civil ».

M.N.

NOTES

1. Voir en particulier *Mythes balzaciens,* Colin, 1971.
2. Jacques Borel, *Séraphita et le mysticisme balzacien,* Corti, 1967.
3. Philippe Bertault, *Balzac et la religion,* Boivin, 1942.
4. Voir en particulier *Balzac et la recherche de l'absolu,* Hachette, 1968.
5. Présentation d'*Ursule Mirouët* dans l'édition de la Pléiade.

L'EXPLOITATION DES CONTRAINTES GÉNÉRIQUES DANS LA COMÉDIE HUMAINE L'EXEMPLE DU RÉCIT LICENCIEUX

par Ruth Amossy

L'étude des modèles génériques dans *La comédie humaine* permet de saisir l'œuvre balzacienne dans son dynamisme producteur. Elle éclaire en effet l'interaction des systèmes grâce à laquelle s'élabore l'un des modèles canoniques du roman français. Le récit balzacien se coule dans les moules les plus divers et s'y façonne tout en les dé-formant, en les remaniant, en les pliant à une visée différente où ils trouvent un équilibre nouveau. Un incessant mouvement d'appropriation caractérise une œuvre remarquable par son ouverture à tous les systèmes en cours : adoptant les multiples sous-genres romanesques, elle accueille les modèles littéraires avoisinants et brasse avec une égale puissance les discours contemporains et les modèles du passé. C'est donc sur le travail de l'adoption et de la (re) structuration que portera l'essentiel de l'analyse. Avant de préciser la portée et les impératifs méthodologiques d'un tel travail, une brève mise au point sur les notions de genre et de contraintes génériques s'impose.

Récemment remis à l'honneur, le concept de « genre » fait actuellement l'objet d'une réflexion féconde à laquelle l'ouvrage de T. Todorov *Les genres du discours* offre des points d'ancrage précieux[1]. Déplaçant l'éternel débat du genre théorique et/ou du genre historique, le chapitre « L'origine des genres » fonde toute définition sur les prémisses suivantes :

99

« Dans une société, on institutionnalise la récurrence de certaines propriétés discursives, et les textes individuels sont produits et reçus par rapport à la norme que constitue cette codification. Un genre, littéraire ou non, n'est rien d'autre que cette codification de propriétés discursives [2]. »

Cette définition postule que :

1. il y a genre dès que certains aspects du discours sont « rendu [s] obligatoire [s] » : la contrainte impliquée par la codification est au principe même de la notion de genre.

2. les contraintes (ajoute Todorov) jouent à des niveaux divers — tant phonologiques que thématiques, structuraux ou pragmatiques.

3. elles sont le résultat d'une institutionnalisation ; c'est par ce biais que « les genres communiquent avec la société où ils ont cours ». En fait, « une société choisit et codifie les actes qui correspondent au plus près à son idéologie [3] ».

Semblable circonscription fraie la voie à une poétique historique soucieuse d'étudier les formes génériques, leur élaboration et leur évolution dans le contexte social et idéologique qui leur est propre.

C'est sur cet arrière-fond que la problématique des genres dans *La comédie humaine* acquiert son véritable relief. L'on sait que le roman balzacien, plus tard promu au rang d'exemple canonique, s'élabore par l'absorption et la modification d'un très large éventail de modèles génériques. Ceux-ci sont principalement repris à des formes en vogue comme le conte fantastique, et à des sous-genres romanesques : romans historique, autobiographique, noir, gai, feuilleton, sentimental, ... [4] L'œuvre balzacienne fait son profit de genres anciens qu'elle revivifie (elle reprend, entre autres, le symposion antique ou le conte licencieux du XVIIIe siècle), aussi bien que des formes à la mode d'une époque qui prolifère en nouveautés. Les modalités selon lesquelles elle s'indexe à ces modèles génériques sont extrêmement variables, et s'étendent de l'exploitation des possibilités inhérentes à un genre (*Les mémoires de deux jeunes mariées, Les chouans*) à la réécriture avouée et parodique de celui-ci (*Melmoth réconcilié*). Entre ces deux pôles, on trouve de nombreuses procédures de remaniement interne, de déplacement, de juxtaposition et d'interférence qu'une poétique générale du roman balzacien se devrait de décrire et de classifier.

Dans la mesure où les formes génériques sont par définition idéologiquement prégnantes, le retravail du texte balzacien ne se limite pas à une activité formelle « innocente ». Au contraire, la spécificité de *La comédie humaine* dans le cadre de la problématique des genres consiste en ce qu'elle ne se donne pas comme une tentative pure et simple de re-formation, de re-formulation. La manipulation complexe de modèles génériques ayant partie liée avec une idéologie datée aboutit à leur décentrement. Brisant leur monologisme, elle autorise une quête formelle qui brouille les images toutes faites du réel, et déborde les représentations officielles que la société se donne d'elle-même. Ainsi s'effectue un dévoilement, une mise à jour plus ou moins explicite des significations occultées qu'aucun Savoir établi ne permet d'énoncer à l'époque. C'est dire que l'exploitation des contraintes génériques offre de précieuses ressources à la stratégie scripturale au gré de laquelle se trouve problématisée et remise en question une vision du monde accréditée. Elle signale obliquement l'invisible, soulève le rideau sur d'étranges arrière-scènes, et met en forme ce qui ne trouve à s'encoder dans aucun système discursif contemporain.

Telles sont les hypothèses de base qu'une série de travaux portant sur le conte fantastique, le récit autobiographique, le *symposion* et le roman-feuilleton [5] se sont d'ores et déjà proposé de vérifier. Je voudrais analyser aujourd'hui l'exploitation d'un modèle générique

101

qui occupe dans *La comédie humaine* un statut tout particulier en raison de son caractère daté et de ses airs surannés. Il s'agit de la reprise, dans des récits tels *Les secrets de la princesse de Cadignan* et *Sarrasine,* du conte licencieux cher au xviiie siècle. Le prototype en est *Point de lendemain* (1777) de Vivant Denon (?), que Balzac recopie littéralement dans *La physiologie du mariage* (Méditation XXIV) en l'attribuant à Dorat. Cette œuvre galante sans cesse rééditée ne le cède en célébrité qu'aux *Amours du chevalier de Faublas* (1787-1790) de Louvet [6], plusieurs fois cité dans *La comédie humaine.* Si l'on y ajoute le fameux *Sopha* (1740) de Crébillon fils, ou ses *Egarements du cœur et de l'esprit* (1736) [7], l'on aura un échantillon caractéristique de la série textuelle à laquelle s'indexent les deux récits balzaciens, et dont on tentera en un premier temps de dégager les contraintes génériques. Une précision néanmoins. Le terme de « licencieux » a été sélectionné au détriment de celui de « libertin » (et cela bien que tous deux aient pu fonctionner comme synonymes) pour éviter certaines confusions [8]. Le libertinage, on le sait, ne désigne que secondairement la dissolution des mœurs : il représente en fait un vaste mouvement de pensée qui est à l'origine de nombreux écrits philosophiques et littéraires. La qualification de « licencieux » se rapporte, quant à elle, de façon précise à « qui manque de pudeur, de décence ». Et qui ignorerait que la pudeur est « le sentiment de honte, de gêne qu'une personne éprouve à faire, à envisager des choses de nature sexuelle » — et la décence « le respect de ce qui touche les bonnes mœurs, les convenances — spécialement en matière sexuelle » (*Dict. Robert*) ?

Reposant sur un jeu réglé de rapports amoureux, le récit licencieux met l'accent sur le Désir et/ou le plaisir sexuel en narrant les avatars de leur réalisation. Le plan sexuel y reçoit une importance prépondérante. Il apparaît comme un sujet valable en soi et jouit d'une autonomie relative, même s'il est souvent mis en rapport — cyniquement ou non — avec le registre du sentiment. Similairement, le désir fait loi alors même qu'il a à se débattre, de façon toujours équivoque, avec les principes moraux. C'est dire que trois plans — le libidinal, le sentimental et l'éthique — s'enchevêtrent dans le récit licencieux au gré d'une hiérarchie qui assure la suprématie du sexuel. Si l'aventure galante apparaît ainsi sous le jour de la transgression, celle-ci reste toujours bénigne. L'insistance sur le désir amoureux délimite un espace du plaisir défendu qui ne remet nullement en question les fondements de l'ordre social. Tout au contraire, c'est l'aspect ludique de l'infraction qui est souligné : elle participe de la régulation d'un ordre plutôt qu'elle ne tente d'en ébranler les fondements. En effet, les transgressions ludiques et anodines du récit licencieux jouent sur le fond de toile d'une société aristocratique, où les rôles hiérarchiques sont tout naturellement distribués. Les aventures galantes se déroulent, comme de droit, dans le « monde ». Cette mise en scène, universalisant les mœurs et le langage d'une certaine noblesse, escamote *ipso facto* la notion de classe sociale et la dimension politique de la représentation [9]. Notons que le récit licencieux se construit à partir d'un certain nombre de fonctions actantielles (le jeune homme inexpérimenté, le séducteur, le personnage paternel, et, dans le camp féminin, la vierge belle et pure, la femme mûre de mœurs légères, la prude...). Il adopte, similairement, une série de situations codifiées essentiellement fondées sur la tromperie et la séduction.

La situation du récit licencieux à l'époque de Balzac n'est pas sans avoir des conséquences déterminantes sur les modalités de son exploitation dans *La comédie humaine*. Il y va en effet d'un genre appartenant à un passé relativement récent, par rapport auquel les bouleversements révolutionnaires ont imposé une certaine distance. Pour les lecteurs des années 1830, *Faublas* ou *Point de lendemain* ont partie liée avec une situation politique : ils constituent le mode d'exposition et de représentation privilégié de l'aristocratie d'Ancien régime [10]. Le plaisir des amours libertines, la transgression ludique des règles morales et des valeurs familiales émanent d'une idéologie de classe dont ils restituent l'optique. C'est l'opinion publique elle-même qui voit dans le récit licencieux du siècle passé une relation étroite entre le sexuel et le politique. Le texte balzacien reprend les aventures galantes agrémentées de scènes de séduction, de ruses et de tromperies ; il imite un certain libertinage où le désir se joue spirituellement des valeurs morales et badine avec le sentiment. Encore ne rattache-t-il pas la licence sexuelle aux mœurs de l'aristocratie d'Ancien Régime. Le licencieux se définit désormais dans son rapport aux structures sociales des années 1830. S'il se trouve lié à la politique, c'est selon des modalités nouvelles. C'est ce rapport problématique du libidinal à l'ordre de la France révolutionnée que le récit se propose justement de sonder. Ainsi transposé, le conte licencieux délimite dans le déroulement en apparence anodin de son intrigue une problématique inédite. Il s'agit d'interroger, à travers les aristocraties nouvelles de la monarchie constitutionnelle, le statut du désir dans les structures socio-économiques mises en place par le nouveau régime.

Les secrets de la princesse de Cadignan comme *Sarrasine* [11] ont recours au modèle générique du conte licencieux. Les transformations et les déformations qu'ils lui infligent, s'ils troublent le schéma originel, n'en laissent pas moins subsister un canevas connu. L'essentiel de leur intrigue porte sur une histoire de séduction fondée sur la ruse dans un cas, et le travesti dans l'autre. Les péripéties de *S* sont trop connues pour devoir être relatées. L'émotion première de l'artiste poussant « des cris de plaisir » devant la « *prima donna* », son ardeur à la crayonner « dans toutes les poses » : « sans voiles, assise, debout, chaste ou amoureuse » (1062), les circonstances romanesques du rendez-vous secret, tout renvoie à l'habile mise en scène du Désir dont le conte galant fait le centre de sa représentation. Une référence explicite au « *bon* siècle » ancre d'ailleurs les descriptions dans leur contexte naturel :

> « ... il tâcha de s'approcher de la bergère sur laquelle la Zambinella était nonchalamment étendue. Oh ! comme son cœur battit quand il aperçut un pied mignon, chaussé de ces mules qui, permettez-moi de le dire, madame, donnaient jadis au pied des femmes une expression si coquette, si voluptueuse, que je ne sais pas comment les hommes y pouvaient résister. Les bas blancs bien tirés et à coins verts, les jupes courtes, les mules pointues et à talons hauts du règne de Louis XV ont peut-être un peu contribué à démoraliser l'Europe et le clergé. — Un peu ! dit la marquise. Vous n'avez donc rien lu ? » (1065).

Similairement, la conquête de D'Arthez par la belle Diane de Cadignan qui possède le plus bel album de ses amants passés présente avec beaucoup de verve une rouée séductrice digne de Louvet, de Crébillon fils ou de Vivant Denon. Plus encore que dans *S,* la suprématie du plan érotique s'affirme à travers un badinage et un persiflage : Diane

> « avait passé sa vie à s'amuser, elle était un vrai don juan femelle, à cette différence près que ce n'est pas à souper qu'elle eût invité la statue de pierre, et certes elle aurait eu raison de la statue » (1982).

Quant aux considérations morales et sentimentales, elles se mêlent comme de droit de façon toujours équivoque à une intrigue qui multiplie les signes et les péripéties du désir amoureux. L'interaction du libidinal, de l'éthique et de l'affectif emprunte sans nul doute ses modalités au récit licencieux.

Davantage, le plaisir du texte semble fondé sur l'une de ces transgressions en dernière limite anodines qui étaient l'apanage des aventures galantes du xviiie siècle. Persuader un admirateur naïf de sa vertu, sinon de sa virginité, afin de faire sa conquête ; tromper un amant éperdu de désir par les artifices savants du travesti afin de « rire » à ses dépens — tels sont les ressorts principaux des deux intrigues balzaciennes. Louvet déguisant Faublas en jeune fille de façon à affrioler le marquis de B... abusé, et à satisfaire la marquise enchantée d'accueillir cette compagne improvisée dans son lit, n'y aurait pas vu grand mal. Notons que le jeu de la transgression comique se fonde, dans les deux œuvres balzaciennes, sur une distribution actantielle et une série de situations codifiées directement empruntées au récit licencieux. Si S se construit à partir d'un procédé exemplaire dont Faublas constitue une sorte de représentant hyperbolique (les déguisements s'y démultiplient à un rythme vertigineux), SP de C sélectionnent la sitation typique de la séductrice déjà mûre prenant dans ses filets un amant inexpérimenté. S'y retrouvent des « principes de stratégie » (Méditation XXIV) dignes des Mme de T... et des marquises de M... que prodiguent ces modèles du passé. Le maniement du schéma préfabriqué est pleinement illustré par une confrontation de textes amusante sur laquelle s'achèvera cette présentation des récits balzaciens comme contes licencieux du xviiie siècle. Comme Mme de Lursay dans les Egarements, la princesse de Cadignan parvient à imposer sa pureté à son amoureux ingénu à un point qui dépasse quelque peu ses prévisions :

« Le feu que je voyais dans ses yeux et qui aurait été pour tout autre un coup de lumière, son trouble, l'altération de sa voix, ses soupirs doux et fréquents, tout ajoutait à l'occasion, et rien ne me le fit comprendre (...) nous nous séparâmes : elle, étonnée, sans doute qu'on pût pousser aussi loin la stupidité,

et moi persuadé qu'il me faudrait au moins six rendez-vous pour savoir à quoi m'en tenir [12]. »
« Le grand écrivain resta muet d'admiration, passif
dans cette embrasure de fenêtre, attendant un mot,
tandis que la princesse attendait un baiser ; mais
elle était trop sacrée pour lui. Quand elle eut froid,
la princesse alla reprendre sa position sur son fauteuil, elle avait les pieds gelés.
Ce sera long, pensait-elle en regardant Daniel le
front haut et la tête sublime de vertu.
Est-ce une femme se demandait ce profond observateur du cœur humain. Comment s'y prendre avec
elle ? » (996-97)

Du récit licencieux les œuvres balzaciennes exploitent
en les amplifiant et en en modifiant la portée deux
caractéristiques essentielles. Tout d'abord, ces textes des
années 1830 s'autorisent de l'interprétation commune
du libertinage au xviiie siècle pour relier explicitement
le sexuel au sociopolitique. Contrairement à leur modèle,
ils choisissent néanmoins d'énoncer le politique plutôt
que de le laisser apparaître en filigrane dans une fiction
qui en évacue généralement les traces. L'anecdote scabreuse de S, l'on s'en souvient, a pour but de résoudre
l'énigme de la fortune des Lanty, représentants de la
nouvelle aristocratie d'argent du faubourg Saint-Honoré.
L'aventure galante, qui est ici placée sous le signe
menaçant de la castration, a directement partie liée
avec la réalité parisienne contemporaine. Dans SP de C,
la représentation de la haute noblesse au sein de laquelle
se déroule l'intrigue amoureuse est essentiellement d'ordre politique : l'aristocratie du faubourg Saint-Germain apparaît comme une classe prise dans un jeu de
forces, et entraînée dans la division des partis (les
Cadignan défendent la cause légitimiste). Davantage,
les éléments politiques redoublent le discours amoureux
en produisant dans le texte un incessant jeu d'échos.
(La princesse trompe son amant de Marsay, ministre
constitutionnel, en le faisant servir de paravent à un

complot légitimiste ; Daniel défend habilement son idole taxée de libertinage en alléguant sa fidélité à la cause absolutiste...) Encore importe-t-il de noter que la mise en relation du sexuel et du politique, si elle est apparente dans *S* comme *SP de C*, reste au niveau de l'implicite : le processus de renvois et de juxtapositions ne comporte aucun commentaire susceptible d'en épuiser le sens. Cette indécision constitutive du texte dérive, on va le montrer, de l'esthétique de l'équivoque que le récit balzacien emprunte à son modèle du XVIIIᵉ siècle.

S et *SP de C* tirent en effet un bénéfice considérable du principe de *l'équivoque* sur lequel se construit le conte licencieux du siècle dernier, et dont ils amplifient considérablement le sens et la portée. L'anecdote galante du XVIIIᵉ siècle se fonde, on l'a vu, sur l'équivoque comme désignation oblique du sexe et des sujets de moralité douteuse. Davantage, elle en joue dans ses discours à double entente comme dans l'interrelation toujours incertaine qu'elle opère du moral et du grivois, de la sensualité et du sentiment, de la séduction et de la pudeur. S'indexant à cette tradition, le texte balzacien y puise un discours fertile en sous-entendus et malentendus, de même qu'il reprend à son compte l'ambivalence incontournable des valorisations morales. Le positif et le négatif, le Bien et le Mal, le pur et l'impur ne sont guère tranchés, et l'on ne peut jamais condamner ou absoudre de façon absolue des personnages comme Sarrasine, Zambinella, Diane de Cadignan, Maxime de Trailles ou d'Arthez. Plutôt que sur une dichotomie nette, le système actantiel se construit sur l'ambiguïté des caractérisations éthiques. Le récit balzacien fait néanmoins son profit de l'équivoque en l'étendant aux dimensions de l'œuvre tout entière, et en suscitant une répercussion de l'indécidable qui modèle le texte à tous ses niveaux. C'est dans cette optique que s'éclaire la facture de récits qui déjouent sans cesse l'interprétation univoque et se refusent à toute clôture. Contrairement à la structure classique de la narration qui appelle une conclusion, *SP de C* et *S* ne présentent qu'un simulacre ostensiblement dérisoire de dénouement. Rien de plus équivoque, sans doute, que la malicieuse désinvolture avec laquelle le narrateur achève l'histoire de Diane et de Daniel :

> « D'Arthez ne se montre qu'à la Chambre. Enfin ses publications sont devenues excessivement rares. Est-ce un dénouement ? Oui, pour les gens d'esprit ; non pour ceux qui veulent tout savoir. » (1005)

S se termine sur une rupture de contrat accompagnée d'une discussion aux significations plus qu'incertaines. Alors que l'histoire du castrat, par un effet de contagion, empêche le narrateur d'escompter le bénéfice amoureux de sa narration, l'amant désappointé et l'auditrice dégoûtée des plaisirs érotiques tiennent des propos sibyllins. Le conteur tente d'alléguer que l'institution du castrat a été heureusement supprimée ; Mme de Rochefide se lance dans des considérations sur la morale et la situation contemporaine de la société parisienne dont l'à-propos n'est pas immédiatement perceptible. On connaît la célèbre phrase de « clôture » qui ouvre ironiquement le texte à la méditation du lecteur :

> « Et la marquise resta pensive. » (1076)

Cette exploitation de l'équivoque, si elle prolonge l'esthétique du récit licencieux, déborde néanmoins la portée qu'elle y recevait dans les modèles du passé. Elle se rattache en effet à une technique habile de la focalisation qui déroge aux procédés de narration chers au conte galant, et qui livre le texte aux jeux infinis de la multivocité et de l'hésitation. Si l'on examine l'une des ressources favorites d'œuvres telles *Faublas, Point de lendemain, Le Sopha* ou les *Egarements,* on y retrouve la mise en œuvre d'une narration à la première personne où le sujet de l'énonciation, imbu de toute son expérience, prend ironiquement en charge les errements naïfs du sujet de l'énoncé. S'il laisse planer le doute sur le plan de la morale et du sentiment, il n'en apparaît pas moins comme pleinement averti dans le domaine essentiel où s'exerce son activité de conteur. Il n'en va pas de même dans le récit balzacien, où les règles auxquelles se trouve soumise l'omniscience du sujet de l'énonciation sont à la fois mises en œuvre et perturbées. Le narrateur à la troisième personne de *SP de C* comme le « je » de *S* constituent de faux dispensateurs de Savoir. D'une part, ils se posent en observateurs pénétrants aptes à dévoiler les mystères cachés derrière les apparences en les accompagnant de force aphorismes et généralisations. D'autre part, leur commentaire explicatif néglige d'établir les relations signifiantes que pose en dehors de leur contrôle le réseau textuel. En effet le récit balzacien relate l'anecdote galante en relation avec une situation sociale pleinement mise en valeur ; il explicite le plan politique par rapport auquel se joue la représentation érotique. Or le commentaire du narrateur ne rend compte à aucun moment de la nature et de la signification des interférences ainsi effectuées. Leur sens jamais énoncé peut être recherché par les « gens d'esprit » — et est-il jamais possible de « tout savoir » ? C'est ainsi que dans *SP de C* le narrateur met complaisamment en évidence les dichotomies apparence/réalité, vrai/faux pour dégager les ruses de la tromperie amoureuse : son dévoilement ne va jamais au-delà. Dans *S* l'incompréhension par le narrateur de l'impact réel de son récit est comiquement soulignée par la méprise amoureuse de la fin. Le « je » qui se croit imbu de la sagesse ne perçoit nullement les effets du thème de la castration sur le désir de son auditrice, de même qu'il ignore les implications de l'histoire de Sarrasine pour une interprétation de la réalité contemporaine. Témoin ce dialogue où il tente de ramener son récit à un passé reculé, tandis que Mme de Rochefide s'obstine à le relier à l'ordre social contemporain.

> « En achevant cette histoire, assez connue en Italie, je puis vous donner une haute idée des progrès faits par la civilisation actuelle. On n'y fait plus de ces malheureuses créatures.
> — Paris, dit-elle, est une terre bien hospitalière ; il accueille tout, et les fortunes honteuses, et les fortunes ensanglantées... » (1075-76)

Ainsi s'opère le décentrement du Savoir dans des textes qui prennent l'équivoque au sens fort du terme. L'écriture balzacienne se refuse ici à *dire* le sens, à l'épuiser : elle renvoie aux jeux de rapports suscités par le texte où se trouve modulée une interrogation qui échappe par définition à tout discours didactique et à toute démonstration univoque.

Ainsi entendu, l'équivoque marque en fait dans le récit balzacien les modalités au gré desquelles le rapport de l'économie libidinale et de l'économie politique trouve à se poser. La reprise du récit licencieux, autorisant la mise en évidence du sexuel et de son rapport nécessaire à l'idéologique, favorise une méditation sur un sujet aussi trouble que troublant en cette première moitié du XIXᵉ siècle. Cette réflexion se développe à partir de quelques points nodaux d'interprétation problématique. Le statut *des* aristocraties dans la France révolutionnée et, dans ce contexte, le statut du sujet désirant dans la réalité socio-économique nouvelle s'y trouvent débattus. C'est l'orientation globale de cette réflexion telle qu'elle est mise en œuvre dans la structure des récits balzaciens qu'il importe à présent de dégager.

SP de C (1839) soulève sur un mode indirect et savoureusement ironique la question de la place accordée à l'économie aristocratique de la consumation dans la monarchie de Juillet. L'anecdote comique fondée sur

111

les surprises de la ruse met en scène une problématique qui n'est rien moins que sérieuse, et dont chaque rebondissement de l'intrigue éclaire de biais un aspect supplémentaire.

— La princesse de Cadignan, *alias* duchesse de Maufrigneuse, représente le principe du libertinage sur le plan sexuel et matériel. Son passé illustre le règne glorieux de la dépense perpétuelle et de la fête dans le double domaine de l'énergie libidinale et des finances. Incarnation superbe de la dissipation, elle dévore les hommes et les fortunes (le cliché de la consommation — elle « mange » des millions sans savoir comment et se fait servir Daniel à un dîner — est ici de mise).

— Le manège de la tromperie au gré duquel elle persuade D'Arthez de sa pureté est un « drame noir et comique » « dicté par la nécessité » (979). Le nouveau régime — la monarchie constitutionnelle — menace de refouler l'aristocratie de vieille souche dans ses marges sinon de modifier singulièrement la loi du Désir qui était son apanage (complètement ruinée par ses prodigalités, Diane a l'habileté de les mettre sur le compte de la révolution de Juillet ; elle est réduite au calcul bourgeois et en matière amoureuse à une abstinence monacale). Il s'agit donc d'étudier les conditions dans lesquelles l'économie de la consumation, en apparence condamnée dans l'ordre bourgeois nouveau, trouve en fait à se déployer selon des voies quelque peu modifiées.

L'intrigue amoureuse laisse sans doute ici le lecteur qui voudrait tout savoir pensif... Diane veut conquérir Daniel pour perpétuer son paradis de plaisir, et elle doit pour y parvenir façonner une image d'elle-même qui transforme ce « don juan femelle » en ange de vertu et de sensibilité. Parvenue à ses fins, elle gaspille les « trésors de l'esprit » d'un homme de génie (il n'écrit plus) après avoir dilapidé les fortunes de sa famille et de ses amants.

C'est dire que l'économie de la consumation trouve

à se perpétuer à condition d'adopter des dehors nouveaux. Elle se doit désormais, dans la société bourgeoise, de revêtir le masque de la morale et du sentiment. La tromperie monumentale à laquelle personne ne croit réellement (sinon les utopistes de génie !) et qui pourtant « *marche* » — infailliblement — désigne obliquement la réalité d'un ordre social fondé sur la duplicité et le mensonge.

— A partir du rapport de l'économie libidinale à l'économie politique se repose le problème des aristocraties de la monarchie de Juillet. L'image que Diane entend donner d'elle-même transfigure le portrait de l'Aristocrate selon des impératifs nouveaux. La noblesse — la princesse est toujours « royale » — se transporte sur le plan spirituel, présentant habilement face à la bourgeoisie vulgairement ancrée dans le matériel la vue d'une supériorité morale. La vieille aristocratie, en même temps qu'elle se transforme en parti (les absolutistes), se doit de réinterpréter son statut — son « essence » auparavant indiscutée — et de forger une image de soi à la fois attrayante et respectable.

— Le problème de l'économie de la consumation et de ses conditions de possibilité est soulevé non seulement dans la « tromperie initiale » de Diane, mais également dans la ruse au gré de laquelle — second ressort de la surprise romanesque — Daniel défend son idole (taxée de libertinage par ses amants). En effet cette scène met en parallèle l'économie de l'Aristocrate et celle du Dandy (Maxime de Trailles, d'Esgrignon) pour marquer leur équivalence (D'Arthez défend la libertine dissipatrice en invoquant la conduite similaire des hommes — des dandys du nouveau régime). Si l'orateur conclut à la supériorité de l'Aristocrate c'est en raison de la *générosité* profonde qui préside à sa façon d'être — générosité folle, inconsciente, mais souveraine — face au calcul égoïste du dandy, faux aristocrate produit par le système de l'économie bourgeoise.

113

— Une dernière question peut-être, soulevée furtivement, mais magistralement, dans le faux dénouement. Les amours de D'Arthez et de Diane désignent une singulière altération de l'alliance traditionnelle de l'Artiste et de l'Aristocrate. Là où la fête aristocratique d'Ancien Régime alimentait fructueusement l'Art qu'elle intégrait à son univers, la princesse de la monarchie constitutionnelle ne laisse à l'écrivain, stérilisé, que le loisir de militer pour le parti légitimiste à la Chambre...

Ecrite quelques années plus tôt, S (1830) effectue au gré d'une structuration différente une exploitation du conte licencieux dont la visée s'accorde pleinement à celle de SP de C. Sans entrer ici dans le détail d'une analyse, examinons rapidement le parallèle qu'offrent les deux récits dans un maniement de l'anecdote galante propice à la mise en évidence d'une même problématique : celle du statut conféré au Désir dans les structures sociales nouvelles [13].

— SP de C transposaient sous la monarchie de Juillet l'aventure libertine tout en soulignant son arrière-fond sociopolitique. S substitue au procédé de la transposition et du déplacement la technique de la juxtaposition des genres. Les péripéties amoureuses, ainsi que le contrat de narration qui les encadre, dérivent en droite ligne du récit licencieux (friand, tant des épisodes discrètement scabreux et des travestis que des contrats de narration empruntés aux Contes des Mille et Une Nuits et autres contes orientaux, cf. Le Sopha). Elles ne constituent néanmoins que la seconde partie d'un dyptique dont le premier volet participe d'un type de discours hétérogène. L'ouverture de S, d'une longueur quasi égale au récit subséquent, s'indexe tout en les désavouant au conte fantastique et au roman noir (mélange de vraisemblable et de surnaturel, allusion aux mystères d'Anne Radcliffe, personnage fantomatique du mort-vivant qu'est le vieillard castrat, rappel de Marianine et du vieillard dans le Centenaire de Balzac... Ces références sont néanmoins ironisées et dénoncées aussitôt qu'évoquées).

— Cette disposition double vise à éclairer le statut de l'aristocratie nouvelle : l'aristocratie d'argent du faubourg Saint-Honoré. En effet, les amours de Zambinella répondent à la question soulevée dans le premier volet du récit, en l'occurrence : qui est le mystérieux vieillard révéré par les Lanty, les nouveaux aristocrates fréquentés par le Tout-Paris ou, en d'autres termes : qui (que) sont les Lanty ? quelle est l'origine de leur fortune ? La réponse à l'origine ne se situe pas dans quelque explication surnaturelle (ce n'est pas le fantastique qui vient éclairer indirectement selon ses modalités propres, l'économique comme par exemple dans *La peau de chagrin*). Le « commentaire » symbolique de l'ordre socio-économique contemporain consiste ici en un récit licencieux — soulignant ainsi obliquement la problématique de la libido et du sujet désirant dans l'économie de la monarchie de Juillet.

Reprenant et subvertissant les anecdotes de déguisements et de fausses identités, *S* transforme le bal des masques aristocratiques en un Carnaval grimaçant. Les travestis à la *Faublas*, les fausses identités semblables à celles de *Point de lendemain* favorisent les réalisations du Désir : le plaisir y trouve largement son compte. Il n'en va pas de même dans *S* où le Carnaval généralisé entraîne une confusion définitive, et empêche les jeux anodins du masque et du « démasquage ». Le travesti est un castrat : le quiproquo se solde par une frustration douloureuse. La transgression ludique fondée sur le plaisir se mue dès lors en drame de la castration, de la perte d'identité et de la mort. Révélée dans son terrible secret, la fortune des nouvelles puissances parisiennes marque la violence occultée sur laquelle reposent les structures sociales actuelles. Elle projette une lumière cruelle sur la suppression du sujet désirant qui constitue le prix de « l'harmonie » dont semble se parer l'orga-

115

nisation sociale. C'est dire qu'elle représente sur une scène symbolique le refoulé de l'ordre existant. Un voile se soulève sur le mystère qui semble devoir rester une énigme monstrueuse pour tous — pour les invités des Lanty comme pour le narrateur lui-même, incapable de percevoir les implications du secret qu'il divulgue. Au trouble de l'ordre naturel réprimant de façon mortelle le Désir correspond en une analogie calculée l'image d'une société en perte de tout principe d'identité. En effet, ce qui est ici détourné de son cours ordinaire, ce n'est pas seulement la libido, mais aussi le principe de la filiation qui est au fondement de la famille et de la Hiérarchie. Le vieillard castrat est le faux père carnavalesque — ni homme ni femme — dont procèdent monstrueusement les Lanty et leur fortune (les Lanty comme aristocratie de l'argent). A l'ordre social fondé sur la descendance naturelle et les distinctions héréditaires se substitue une noblesse nouvelle « antinaturelle » : l'or brouille désormais toutes les catégories et perturbe les rapports établis du sexuel au familial et au social.

Notons que la problématique sociale du Désir qui s'inscrit ainsi symboliquement dans l'anecdote scabreuse est rapportée dans l'histoire de Sarrasine plutôt que dans celle de Zambinella. En effet, Sarrasine est celui qui découvre l'énigme dans la stupéfaction, la souffrance et la révolte — et qui, refusant de transiger à l'instar des invités des Lanty peu soucieux de percer à tout prix les mystères dangereux, préfère la mort à l'écroulement de ses idéaux.

S et *SP de C* tirent du récit licencieux un profit similaire. Remaniant un modèle établi en en perturbant l'ordonnance et le sens, ces textes s'exercent à saisir une interrogation insistante qui ne trouve pas à se formuler clairement à l'époque. La problématique de l'économie libidinale dans ses rapports à l'économie politique ne peut s'énoncer dans les années 1830 que par des voies indirectes. Tout d'abord, bien sûr, parce qu'elle tombe sous le coup de la censure mise au service de l'idéologie dominante refoulant tout ce qui se rattache au sexe — et à fortiori à l'interdépendance du sexuel et du politique. Ensuite parce qu'aucun Savoir défini ne peut, en cette première moitié du XIXe siècle, cerner de près un sujet qui échappe aux réflexions explicites et licites de l'époque.

L'exploitation des contraintes génériques à laquelle procède le récit balzacien détermine dès lors la quête à la fois formelle et idéologique qui le caractérise. Il s'agit non de se couler dans des moules préétablis, mais de s'ouvrir aux modèles préexistants pour élaborer une catégorie romanesque nouvelle ; non d'adhérer à quelque vision du monde accréditée, mais de « *se débattre* » avec les interprétations du réel que découpent les formes reconnues. C'est de ce « débat » — comme dialogue et discussion critique, mais aussi comme discours obscurément aux prises avec le déjà dit et le déjà pensé, tentant d'échapper à son emprise — que témoigne l'utilisation des genres dans le texte balzacien. Ainsi se trouve (re) mise en question une certaine lecture de *La comédie humaine* qui persiste à y voir une œuvre essentiellement placée sous le signe de la clôture et de l'univocité. L'exploitation du récit licencieux dans *SP de C* et *S* dévoile un texte qui se refuse à totaliser son sens et à figer ses représentations. Elle invite à un réexamen de *La comédie humaine* attentif, non aux contours d'un objet romanesque plein ni même à une prétention à la plénitude, mais à un travail textuel qui sans cesse défait, déplace, modèle et restructure. La « représentation » romanesque se déploie dès lors sous les auspices de la quête et de l'interrogation : plutôt que d'énoncer un Savoir, elle le problématise en le livrant à la méditation du lecteur.

R.A.

NOTES

1. Tzvetan Todorov, *Les genres du discours*, Seuil. Coll. Poétique, Paris, 1978.

2. *Les genres du discours, op. cit.*, p. 49.

3. *Ibid.*, p. 51.

4. *Cf.* à ce propos Maurice Bardèche, *Balzac romancier*, Plon, Paris, 1943.

5. *Cf.* Ruth Amossy et Elisheva Rosen, « Melmoth réconcilié ou la parodie du comte fantastique », *L'année balzacienne*, 1978, p. 149-67 ;

Ruth Amossy, « La confession de Raphaël : contradictions et interférences », *Balzac et La peau de chagrin*, études réunies par C. Duchet, SEDES, Paris, 1979.

Ruth Amossy et Elisheva Rosen, « L'enjeu du *symposion* balzacien », *Littérature*, Paris, à paraître.

Ruth Amossy, « L'esthétique du grotesque dans " Le cousin Pons " » *Les parents pauvres*, études réunies par F. Van Rossum-Guyon, in CDU-SEDES, Paris, 1981.

6. Louvet de Couvray, *Les amours du chevalier de Faublas*, Robert Langeac, Paris, 1970.

7. Claude Jolyot de Crébillon, *Œuvres complètes* t. I et II, Slatkine Reprints, Genève, 1968 (réimpression de l'éd. de Londres, 1777, 14 vol.). Nous citerons les *Egarements du cœur et de l'esprit* à partir de l'éd. Gallimard présentée par Etiemble, 1977, plus accessible.

8. Henri Coulet, dans *Le roman jusqu'à la Révolution*, A. Cohen, Paris, 1967, emploie les dénominations de roman et conte libertins, où il inclut à côté des « romans galants » inspirés de Crébillon fils les romans d'un autre ordre dits « cyniques » (comme *Margot la ravaudeuse* ou l'œuvre de Dulaurens). Crébillon fils y est étudié à part. Le terme de « récit licencieux » vise à saisir dans sa spécificité une série relativement homogène.

9. « La perfection de la clôture [de l'espace social des salons] traduit une idéologie de la pureté, qui reste au xviiie siècle, même d'un point de vue purement génétique, un des traits de l'orgueil nobiliaire. La noblesse se mêle dans le roman mondain, pour y retrouver la plénitude de son identité (...). Le libertin méprise la politique dont il se désintéresse... » Pierre Rétat, « Ethique et idéologie dans les *Egarements* », *Les paradoxes du romancier : les « Egarements » de Crébillon*, sous la direction de P. Rétat, PUG, 1975.

10. *Cf.* Henri Coulet, *op. cit.*, p. 449 : « Deux œuvres galantes de la fin du XVIIIᵉ siècle sont restées célèbres et ont représenté pour cinq ou six générations de bourgeoisie triomphante le libertinage d'Ancien Régime... »

11. *Les secrets de la princesse de Cadignan* (introd. A.M. Meininger) et *Sarrasine* (introd. P. Citron), *La comédie humaine* VI. *Etude de mœurs : Scènes de la vie parisienne*, éd. publiée sous la direction de P.G. Castex, Gallimard, bibliothèque de la Pléiade, Paris, 1977. Toutes les citations renvoient à la présente édition désormais notées *SP de C* et *S*.

12. *Egarements du cœur...*, *op. cit.*, p. 127.

13. Cette étude tire parti de l'étude de Roland Barthes *S/Z*, Le Seuil, Paris, 1970, et des nombreuses réflexions et polémiques qu'elle a suscitées — en particulier Pierre Barbéris, « A propos du *S/Z* de Roland Barthes », *L'année balzacienne*, 1971. Elle en déplace néanmoins les perspectives en insérant le récit dans une problématique globale des genres.

DANS UNE DOUBLE FAMILLE
ALIÉNATION ET INVENTION

par Alain Henry et Hilde Olrik

Dans le prolongement de nos recherches qui portent
sur les phénomènes de *dualité* jouant à l'intérieur du
texte balzacien, nous avons été attirés par la nouvelle
Une double famille, récit insolite et fragmenté, dont le
titre indiquait déjà emblématiquement la bipolarité.

Cette nouvelle morcelée se distribue en trois épisodes
qui jouissent apparemment de la plus grande autonomie.
Dans le premier épisode qui se déroule au début de la
Restauration, nous assistons à l'idylle d'une jeune brodeuse parisienne, Caroline Crochard, et d'un homme
mystérieux dont seul le prénom Roger nous est connu.
Le second épisode nous ramène à l'époque napoléonienne
pour nous présenter Granville, un jeune avocat plein
d'avenir qui va épouser Angélique, une amie d'enfance,
belle et richement dotée. Toutefois la bigoterie de la
jeune femme produit rapidement la dégradation du
mariage. Vers la fin de l'épisode, ce second récit rejoint
le premier, lorsque nous découvrons que Granville et
Roger ne font qu'un. Si les deux premiers épisodes finis-
saient par se rejoindre comme l'annonçait une phrase
charnière placée entre le premier et le second, il n'en
va pas de même du troisième épisode, nettement détaché des deux précédents par un blanc temporel (l'action
reprend dix ans plus tard sous la monarchie de Juillet)
et narratif : dans le personnage vieillissant qui erre dans
les rues de Paris comme une âme en peine, nous retrou-

vons un Granville méconnaissable qui apprend de la bouche du médecin Bianchon la triste histoire de Caroline sous la fenêtre de laquelle il s'est posté en observation. Mais le texte reste muet sur l'essentiel : rien ne laissait prévoir cet avenir pour le couple idyllique du premier épisode.

Ces coupures, ces blancs, ces changements d'identité du personnage principal qui s'ajoutent au renversement chronologique (le second épisode est en fait antérieur au premier) contribuent à rendre l'unité de ce texte problématique. A chaque fois l'histoire semble repartir à zéro et surgir d'une nuit originelle dont elle se détache peu à peu. Il est frappant que chacun des trois épisodes s'ouvre sur un éclairage nocturne.

Au commencement était la Nuit. L'ouverture de la nouvelle nous plonge dans les ténèbres sales et humides d'un quartier populaire de Paris. Seul, parfois, un rayon de soleil vient illuminer ce monde obscur et inquiétant qui vit dans une nuit continuelle :

« Lorsqu'en été le soleil darde en aplomb ses rayons sur Paris, une nappe d'or, aussi tranchante que la lame d'un sabre, illuminait momentanément les ténèbres de cette rue sans pouvoir sécher l'humidité permanente qui régnait depuis le rez-de-chaussée jusqu'au premier étage de ces maisons noires et silencieuses. » (Ed. de la Pléiade, 1976, t. II, 17-18)

Cette opposition de l'ombre et de la lumière commande tout le déroulement de l'histoire qui va graduellement prendre corps sous nos yeux.

Sur ce fond opaque et indifférencié une forme se détache : une fenêtre éclairée derrière laquelle se profilent deux femmes, l'une âgée et l'autre jeune, que les passants peuvent apercevoir derrière la vitre. A mesure que le récit progresse, on verra la jeune fille s'illuminer en se détachant de l'obscurité :

« Néanmoins, un matin, vers la fin du mois de septembre, la tête lutine de Caroline Crochard se détacha

122

si brillamment sur le fond obscur de sa chambre, et se montra si fraîche au milieu des fleurs tardives et des feuillages entrelacés autour des barreaux de la fenêtre... » (24)

Sur l'existence de ces deux femmes, les passants anonymes surgis de l'opacité du monde social parisien forment des conjectures marquées par les stéréotypes correspondant à leur état :

« A l'aspect fortuit de cet intérieur, *le passant le plus égoïste* emportait une image complète de la vie que mène à Paris la classe ouvrière, car la brodeuse ne paraissait vivre que de son aiguille. *Bien des gens* n'atteignaient pas le tourniquet sans s'être demandé comment une jeune fille pouvait conserver des couleurs en vivant dans cette cave. *Un étudiant* passait-il par là pour gagner le pays latin, sa vive imagination lui faisait comparer cette vie obscure et végétative à celle du lierre qui tapisse de froides murailles... *Un rentier* se disait après avoir examiné la maison... Parmi *les gens qu'une place à l'Hôtel de Ville ou au Palais forçait à passer par cette rue...* Peut-être *un homme veuf* ou *un Adonis* de quarante ans... Comptait-il sur la détresse de la mère et de la fille... Peut-être aussi *quelque honnête employé...* attendait-il de l'avancement pour unir une vie obscure à une vie obscure... » (20, c'est nous qui soulignons)

Le roman proprement dit se met en route au moment où l'un de ces passants se détache de la série des observateurs parisiens :

« Caroline, nous avons un habitué de plus, et aucun de nos anciens ne le vaut.
Ces paroles, prononcées à voix basse par la mère, dans une matinée du mois d'août 1815, avaient vaincu l'indifférence de la jeune ouvrière qui regarda vainement dans la rue : l'inconnu était déjà loin. » (22)

Ainsi les deux protagonistes du roman naissant se distinguent du fond originel : à la généralité banalisante du monde social s'oppose la singularité du personnage romanesque.

Bientôt des regards s'échangent entre Caroline et le « monsieur noir » sans que la moindre parole soit prononcée : dans une égalité, une réciprocité dignes de l'âge d'or, les deux êtres semblent naître à une vie nouvelle où les souillures, les inégalités, les servitudes du vieux monde seraient abolies :

> « L'étranger échangea seulement avec Caroline un regard, rapide il est vrai, mais par lequel leurs âmes eurent un léger contact, et ils conçurent tous deux le pressentiment qu'ils penseraient l'un à l'autre... De jour en jour cette rapide entrevue eut un caractère d'intimité bienveillante qui finit par contracter quelque chose de fraternel. Caroline et l'inconnu parurent d'abord se comprendre ; puis, à force d'examiner l'un et l'autre leurs visages, ils en prirent une connaissance approfondie. » (24-25)

Les chétives plantes que Caroline cultive derrière les barreaux de sa fenêtre poussent comme la promesse d'un paradis rousseauiste que les deux amoureux découvriront dans la promenade enchantée au parc de Saint-Leu et dans les blancheurs éclatantes de la rue Taitbout où l'enchanteur Roger transportera Caroline, l'arrachant comme magiquement à son univers sombre et dégradant. Le désir s'élance, oublieux des contraintes que le monde social lui oppose. Ici, les laborieuses vraisemblabilisations d'une narrativité rationaliste sont éliminées au profit de l'immédiateté de l'univers merveilleux. A peine un vœu est-il exprimé qu'il est exaucé :

> « " Maman, il faut aller demain nous promener à Montmorency ! " A peine cette phrase fut-elle prononcée d'un air joyeux, que le monsieur noir vint à passer. » (28)

Les êtres se métamorphosent à vue d'œil :

« ... la figure du monsieur noir s'animait et semblait renaître ; sa physionomie perdait par degrés la tristesse qui en contractait les traits ; puis, de teinte en teinte, elle prit un air de jeunesse et un caractère de beauté qui rendirent Caroline heureuse et fière. » (30)

Sans transition on passe de la promenade à Saint-Leu à l'installation rue Taitbout quelques mois plus tard en sautant tous les détails intermédiaires :

« L'aventure de ces deux jeunes gens ne se continua pas rue du Tourniquet. Pour retrouver Caroline et Roger, il est nécessaire de se transporter au milieu du Paris moderne... » (35)

Partie du cloaque sombre et sordide de la rue du Tourniquet, l'histoire se déplace vers les splendeurs lumineuses de ce que le romancier appelle une « sphère enchantée ».

Cette création d'un monde séparé, affranchi des pesanteurs de l'univers social implique donc une exclusion de celui-ci. Cet îlot édénique ne peut se maintenir qu'en ignorant le monde environnant au sein duquel il s'est formé :

« Dès le premier jour, cette discrète et douce créature se résigna si bien à ne point faire un pas hors de la sphère enchantée où pour elle se trouvaient toutes ses joies, qu'après six ans de l'union la plus tendre, elle ne connaissait encore à son ami que le nom de Roger. » (40)

Le mythe de Psyché réprésenté à trois reprises dans le décor de la rue Taitbout exprime clairement cette contrainte à laquelle est soumise la jeune femme :

« Placée dans sa chambre à coucher, la gravure du tableau de Psyché arrivant avec sa lampe pour voir l'Amour malgré sa défense lui rappelait les conditions de son bonheur. » (40-41)

Comme l'héroïne du mythe, Caroline est condamnée à ne pas connaître l'identité de son amant : l'anonymat de Roger dont l'état civil reste inconnu reflète les conditions d'existence de la sphère enchantée.

Projection du désir à l'état pur, cet univers demeure très vulnérable puisque le monde social l'encercle et l'assiège de toutes parts. Il lui faut bien recourir aux matériaux que lui fournit la société, même en s'efforçant d'en changer la signification. Ainsi, le premier geste effectué par Roger pour se rapprocher de Caroline sera chargé de cette ambiguïté : la bourse qu'il jette à travers la fenêtre pour subvenir aux besoins de Caroline et de sa mère semble tomber du ciel. Acte magique qui exprime l'irruption du désir et la négation des contraintes sociales (comme, par exemple, le travail) mais qui représente également la première faille dans l'univers édénique par l'introduction de l'argent, véhicule social par excellence. La disparition provisoire de Roger après ce geste indique bien qu'il est conscient du risque encouru. Sa défiance à l'égard de Mme Crochard part du même sentiment ; intermédiaire qui a facilité par son manège la rencontre des deux jeunes gens, elle deviendrait facilement entremetteuse :

> « ... elle... passait en revue, de huit heures et demie à dix heures environ, les gens habitués à traverser la rue : elle recueillait leurs regards, faisait des observations sur leurs démarches, sur leurs toilettes, sur leurs physionomies, et semblait leur marchander sa fille. » (21)

Comme son nom de Crochard le symbolise, elle raccroche l'idylle à l'univers social, dont celle-ci s'était détachée. Alors que le bonheur des amants semblait promis à une pérennité ponctuée seulement par les anniversaires de leur rencontre, la mort de Mme Crochard va soudain compromettre l'existence de la sphère enchantée. En révélant le nom du protecteur de Caroline à son confesseur, elle réintroduit l'aventure dans le circuit des réseaux sociaux : comme dans les contes de fées, le non-respect d'une condition fondamentale produit ici l'évanouissement du merveilleux, signifié par un rire maléfique :

> « — Prends garde à toi, Caroline, lui cria péniblement la vieille comparse par un dernier effort, le prêtre m'a arraché le nom de ton bienfaiteur.
> — Et qui a pu te le dire, ma pauvre mère ?
> La vieille expira en essayant de prendre un air malicieux. Si mademoiselle de Bellefeuille avait pu observer le visage de sa mère, elle eût vu ce que personne ne verra, rire la Mort. » (47)

Le premier épisode se termine étrangement sur une phrase charnière qui invite le lecteur à oublier ce qui vient d'être raconté pour mieux comprendre ce qui va suivre :

> « Pour comprendre l'intérêt que cache l'introduction de cette scène, il faut en oublier un moment les personnages, pour se prêter au récit d'événements antérieurs, mais dont le dernier se rattache à la mort de madame Crochard. Ces deux parties formeront alors une même histoire qui, par une loi particulière à la vie parisienne, avait produit deux actions distinctes. » (47)

Cette amnésie requise aboutit à un véritable recommencement. La nuit se reforme et c'est d'elle que va surgir la nouvelle histoire. Le jeune avocat « qui descendait vers trois heures du matin le grand escalier de l'hôtel où demeurait l'Archichancelier de l'Empire » nous apparaît tout de suite nimbé des prestiges de l'époque impériale :

> « Puissamment protégé par l'Archichancelier, par le Grand Juge et par son oncle maternel, l'un des rédacteurs du Code, il allait débuter dans un poste envié,

127

devant la première Cour de l'Empire, et se voyait membre de ce parquet où Napoléon choisissait les hauts fonctionnaires de son Empire. » (49)

Le jeune homme, promis à une belle carrière, se jette dans la vie avec l'élan joyeux qui semble avoir porté cet âge épique. Ce même soir, il trouve une lettre de son père qui lui annonce la possibilité d'un riche mariage avec une amie d'enfance à laquelle il est resté attaché. Carrière, fortune, bonheur, tout semble aller au-devant des désirs du jeune Granville « qui se coucha... en faisant mille projets plus beaux les uns que les autres ».

Bouillonnant d'énergie, notre héros ne semble pas douter de la réalisation de ses rêves : la vie sociale devient aventure. Ce mouvement épique le conduit dès le lendemain dans la province de sa future épouse. Loin du foyer parisien d'où rayonne l'ardeur impériale, Granville découvre l'inertie et la résistance du monde qu'il entend conquérir. Malgré les avertissements de son père, gentilhomme ancien régime, le jeune avocat aspire à gagner sur tous les plans sans voir les malentendus et les risques auxquels il s'expose en s'engageant dans ce mariage moderne où désir et institution semblent pouvoir se confondre :

> « — On voit bien, répondit le père en souriant, que tu n'as pas vécu dans l'ancien régime. Est-ce que nous sommes jamais embarrassés d'une femme, nous autres !...
> — Mais mon père, aujourd'hui le mariage est devenu...
> — Ah ça ! dit le comte en interrompant son fils, tout ce que mes vieux camarades d'émigration me chantent est donc bien vrai ? La révolution nous a donc légué des mœurs sans gaieté, elle a donc empesté les jeunes gens de principes équivoques ? » (53)

Un moment arrêté par la froideur janséniste du parloir de la famille d'Angélique, il surmonte ses appréhensions à la vue de la belle jeune fille, se faisant fort de la délivrer de la bigoterie en la transportant dans son univers parisien, tel le Roger de l'Arioste, délivrant de ses chaînes Angélique exposée au monstre. En fait c'est lui qui se laissera enchaîner à son insu par certaines clauses du contrat de mariage, victoire de l'abbé Fontanon, directeur de conscience de la jeune fille. Angélique nous apparaît donc comme le relais d'une résistance provinciale et cléricale opposée à l'élan de Granville. L'ascension de l'abbé Fontanon qui plus tard gagnera Paris avant de devenir sous la Restauration un des membres les plus influents de la congrégation illustre bien l'expansion d'une force réfractaire et sclérosante sur laquelle vient se briser la dynamique révolutionnaire et napoléonienne. La détérioration progressive du mariage de Granville et d'Angélique reflète ce conflit de forces antagonistes où un conservatisme farouchement hostile aux pulsions du désir et de la vie finira par avoir raison d'un mouvement qui prétendait dépasser les contradictions du désir et du social. Le décor que Granville laisse choisir par sa jeune épouse, annonce bien, dans son assemblage hybride de modes surannées et de style contemporain censuré, la retombée de l'élan et sa récupération par un conformisme inerte :

« Que pouvait-on attendre d'une jeune femme qui prenait l'alarme en voyant les jambes nues d'une cariatide, qui repoussait avec vivacité un candélabre, un flambeau, un meuble, dès qu'elle y apercevait la nudité d'un torse égyptien ? A cette époque, l'école de David arrivait à l'apogée de sa gloire, tout se ressentait en France de la correction de son dessin et de son amour pour les formes antiques, qui fit en quelque sorte de sa peinture une sculpture coloriée. Aucune de toutes les inventions du luxe impérial n'obtient droit de bourgeoisie chez Madame de Granville. (...) Si l'harmonie eût régné du moins, si les meubles eussent fait affecter à l'acajou moderne les formes contournées mises à la mode par le goût corrompu de Boucher, la maison d'Angélique n'aurait offert que le plaisant contraste de jeunes gens vivant au XIXe siècle comme s'ils eussent appartenu au XVIIIe :

mais une foule de choses y produisaient des antithèses ridicules. » (59)

Au lieu de se prêter aux vœux de son mari qui souhaitait l'entraîner dans les plaisirs mondains, Angélique se renferme dans une sphère glaciale d'où le désir et le social, confondus par Granville et par l'époque, sont farouchement rejetés. Graduellement contaminé, Granville se transforme en ce « monsieur noir » qu'on a vu apparaître au début du premier épisode. La dégradation est achevée au moment où s'effondre le régime napoléonien dont significativement les Crochard sont des nostalgiques.

Avec la Restauration commence une période de désenchantement politique où le rêve et l'action vivent séparément. Granville, renonçant désormais à opérer une fusion entre le désir et le social, entoure l'édification de la sphère enchantée de multiples précautions visant à exclure le social de ce fragile monde nouveau où le désir renaît.

C'est alors que les forces opposées au désir étendent leurs ramifications dans toute la société, comme en témoigne le pouvoir redoutable acquis par l'abbé Fontanon. La rencontre du terrible prêtre et de Mme Crochard au moment de la mort de celle-ci met fin à l'existence autonome de la sphère enchantée. En rapportant à Angélique le secret arraché par la confession, Fontanon désigne l'aventure vécue par Roger et Caroline par des mots qui réinsèrent, dans les mailles du réseau social, une tentative qui aspirait à y échapper :

« — Depuis sept ans, M. de Granville commet le péché d'adultère avec une concubine de laquelle il a deux enfants, et il a dissipé pour ce ménage adultérin plus de cinq cent mille francs qui devraient appartenir à sa famille légitime. » (72)

On découvre ici comment le langage parvient à figer les inventions du désir dans des formes convenues où celui-ci devient méconnaissable. Pour le lecteur qui avait été associé au point de vue de Roger et de Caroline, la sphère enchantée n'avait été expérimentée que de l'intérieur. Or ce regard extérieur, qui avait été jusqu'ici jalousement exclu par les deux amants, détruit la sphère, qui vivait de singularité, en la faisant rentrer dans la banalité des lois générales. Lors de leur rencontre, Roger et Caroline avaient retardé le plus possible le moment de la communication verbale, comme s'ils pressentaient qu'ils s'engageaient dans un domaine périlleux où le langage, véhicule d'échange social au même titre que l'argent, allait piéger leur aventure :

> « ... ils ne connaissaient même pas le son de leurs voix. Ces deux amis muets se gardaient, comme d'un malheur, de s'engager dans une plus intime union... La voix secrète de leur conscience les avertissait-elle d'un péril prochain ? Il serait impossible d'expliquer le sentiment qui les rendait aussi ennemis qu'amis, aussi indifférents l'un à l'autre qu'ils étaient attachés, aussi unis par l'instinct que séparés par le fait... On eût dit parfois que le monsieur noir craignait d'entendre sortir quelques paroles grossières de ces lèvres aussi fraîches, aussi pures qu'une fleur. » (26)

Par la dénonciation de Fontanon, l'histoire merveilleuse du couple édénique se transforme en une vulgaire aventure d'adultère et de « grisette parvenue ». Le langage social prostitue brutalement l'idylle.

Le récit est demeuré en suspens sur une réaction ambiguë d'Angélique qui vient de découvrir la relation de son mari avec Caroline :

> « — Voulez-vous porter ce soir une robe à la grecque et venir à l'Opéra ?
> Le frisson que cette demande causa soudain à la comtesse fut une muette réponse. »

La narration s'interrompt sur ce frisson dont on ne sait s'il représente un refus ou une acceptation.

Au lieu de la *suite* attendue, on croit voir ici commencer un nouveau roman qui produit pourtant chez le lecteur un très net sentiment de *déjà-vu* : sous une fenêtre éclairée un homme est en faction. Malgré l'évidente analogie avec le début de la nouvelle, une différence s'impose immédiatement. Alors que la fenêtre de Caroline, placée à « hauteur d'homme », permettait au regard de plonger à l'intérieur et d'apercevoir les deux femmes, c'est vers une mansarde que se dirige ici l'attention de l'observateur nocturne. La distance verticale lui interdit de voir ce qui se passe derrière cette fenêtre, source probable du nouvel intérêt romanesque. Bianchon qui sort de cette maison reconnaît dans le voyeur le président de Granville et se propose de lui raconter l'histoire des habitants de la mansarde. Paradoxalement, Granville refuse d'entendre un récit susceptible de résoudre l'énigme qui l'avait arrêté :

« — Ne me dites rien, répliqua Granville en coupant la parole à son médecin. Je ne donnerais pas un centime pour apprendre si l'ombre qui s'agite sur ces rideaux troués est celle d'un homme ou d'une femme, et si l'habitant de ce grenier est heureux ou malheureux ! Si j'ai été surpris de ne plus voir personne travailler ce soir, si je me suis arrêté, c'était uniquement pour avoir le plaisir de former des conjectures aussi nombreuses et aussi niaises que le sont celles que les flâneurs forment à l'aspect d'une construction subitement abandonnée. » (102)

Comment ne pas être frappé par l'étonnante coïncidence des propos de Granville avec la situation du récit que nous sommes en train de lire ? Edifice inachevé, le récit s'interrompt lorsque les « deux actions distinctes » se sont réunies en « une seule histoire ». Les conséquences de cette rencontre nous sont encore cachées, et le narrateur s'est dérobé au moment même où il allait tenir sa promesse.

Cette véritable *mise en abîme* de la situation roma-

132

nesque nous invite à saisir rétrospectivement tout le récit comme une auto-figuration de son propre fonctionnement. Dès l'ouverture de la nouvelle, le récit romanesque s'était mis en place en indiquant explicitement sa genèse. L'histoire de Roger et de Caroline était née d'un jeu alterné de regards ; leur rencontre avait été précédée des « conjectures nombreuses et niaises » auxquelles s'étaient livrés les passants parisiens sur le compte de la jeune fille, tandis que Mme Crochard guettait le *roman* qui allait naître entre sa fille et l'un de ces inconnus. Du chaos primitif des ténèbres indifférenciées, on a vu graduellement le romanesque prendre corps. C'est d'ailleurs toute l'ambiguïté du mot romanesque qui est ici en jeu : désignant à la fois un mode de récit et une attitude existentielle, il se prête à cette confusion. Ainsi, dans la seconde partie, le roman-livre sert de métaphore pour définir le roman-passion :

> « Telle fut l'histoire des sentiments du jeune Granville pendant cette quinzaine dévorée comme un livre dont le dénouement intéresse. » (56-57)

Le sort du récit romanesque se trouve donc associé au destin des personnages. En particulier, la triple histoire de Granville pourrait figurer trois phases de la problématique romanesque qu'il convient de suivre maintenant selon l'ordre chronologique.

Dans l'épisode napoléonien, le projet romanesque croit trouver son lieu dans l'espace social : à travers le mariage et les institutions le jeune Granville s'imagine réaliser ses rêves « plus beaux les uns que les autres ». Cette société en pleine mutation, après l'ébranlement des anciennes structures sociales, semble laisser le champ libre à des initiatives nouvelles, à des possibilités insoupçonnées : c'est l'univers social tout entier qui prend alors une coloration romanesque, et le mythe napoléonien devient le prototype de tous les romans virtuels (la vieille Mme Crochard est à la fois nostal-

gique de l'empereur et grande liseuse de romans).
Cependant, comme nous l'avons vu, ce mouvement
euphorique est rapidement victime de ses propres contradictions. Les institutions nouvelles sécrétées par la poussée révolutionnaire et impériale récupèrent cet élan
vital et l'assujettissent graduellement aux lois com-
munes. Au fur et à mesure qu'un nouvel équilibre se
met en place, les chances du romanesque s'amenuisent :
cette évolution est rendue sensible dans le texte par un
changement de registre ; le récit devient plus compact
pour aboutir à ce que Balzac appelle « l'histoire didactique de ce triste ménage ». Désormais, les actions s'enchaînent selon un agencement prévisible et l'euphorie
de la narration s'estompe :

> « L'histoire didactique de ce triste ménage n'offrit
> pendant les quinze années qui s'écoulèrent de 1806 à
> 1821, aucune scène digne d'être rapportée. » (90)

On comprend mieux dès lors la nécessité du fameux
renversement chronologique : il importait que l'épisode
de la sphère enchantée apparût comme vraiment primordial ; s'il s'était situé dans le prolongement de l'épisode napoléonien, il eût été immanquablement contaminé par lui. Ainsi, par un artifice d'écriture, un monde
tout neuf se crée sous nos yeux. Ni Roger ni Caroline
ne semblent avoir de passé : peu à peu on oublie ce qui
pouvait les rattacher à l'univers social et avec eux nous
nous transportons dans la sphère édénique. Pourtant,
malgré de fréquentes émergences du registre merveilleux nous demeurons à bien des égards dans un monde
qui ressemble à celui que nous venons de quitter. Le
récit romanesque construit un monde fictif qui apparaît comme le *double* de l'univers social : il le reproduit
tout en le dépassant. La famille idyllique de la sphère
enchantée double la famille sociale en en copiant les
structures mais aussi en en surmontant les contradictions. Véritable anticipation, elle devient *famille-fiction*.

134

On voit ici toute l'ambiguïté de ce nouveau mode de fonctionnement du récit romanesque : ayant renoncé à s'inscrire directement dans l'espace social, il tente d'instaurer un univers parallèle, qui se situe *à la fois* dans le monde et hors de lui. Le romanesque se projette dans un *non-lieu* qui se niche dans l'espace social sans communiquer avec lui : l'asile édénique de la rue Taitbout en serait le symbole.

Cependant l'existence de ce contre-univers fictif se trouve menacée dans son principe même ; reproduisant ce qu'il prétend nier, il risque fort de perdre tôt ou tard son indispensable autonomie. Fondé sur un désir de transgression, il n'en reste pas moins lié au modèle dont il est issu. Sa mise en relation avec l'environnement social (à la mort de Mme Crochard) aboutit à la réintégration du double fictif dans le modèle social.

Dès lors, la fonction de l'ellipse, qui escamote la suite de l'histoire, devient évidente : la narration se refuse à devenir « didactique ». L'aventure unique et merveilleuse de Roger et de Caroline a perdu sa singularité. Identifiée par le langage social, elle tombe dans la banalité et se confond avec des histoires semblables :

« ... Il existe dans cette ville des milliers de maris amenés tous par des causes diverses à cette double existence. » (99)

Ainsi le projet romanesque, qui avait tenté d'échapper au discours général pour fonder son unicité, se voit ressaisi par lui, et le silence de la narration parviendra seul à préserver le fictif d'une dégradation inévitable. Si Granville se montre indifférent à toute forme de récit, c'est qu'il sait désormais que toutes les histoires possibles relèvent d'un même système et qu'elles ont donc perdu d'avance tout intérêt. Rien, assure-t-il, n'est plus susceptible de l'émouvoir.

Pourtant Bianchon réussira à réveiller en lui ce qu'il croyait éteint. L'histoire qu'il va raconter ne remplit

135

pas le blanc laissé par l'ellipse : elle se situe de l'autre côté. En apprenant que Caroline a tout sacrifié à un misérable nommé Solvet qu'elle adore, Granville découvre que le romanesque existe encore mais qu'il se situe définitivement *à l'extérieur* des normes sociales. Pour un monde régi par l'économie et l'échange, la folle dépense de Caroline devient pur scandale. Cette lueur infernale vient d'éclairer la conscience de Granville, mais pour mieux lui faire sentir son irrémédiable damnation. Quand il veut s'approprier ce qui lui a été révélé, il ne peut que parodier l'attitude de Caroline. Désireux de « régler son compte avec l'enfer », il offre un billet de mille francs à un chiffonnier, cet « enfant de la nuit » qui vient de surgir comme par magie. Mais il sait bien que son *acte gratuit* sera récupéré par la machinerie sociale dont il vient de mettre les rouages en branle :

> « Prends ceci, lui dit-il, mais songe que je te le donne à la condition de le dépenser au cabaret, de t'y enivrer, de t'y disputer, de battre ta femme, de crever les yeux à tes amis. Cela fera marcher la garde, les chirurgiens, les pharmaciens ; peut-être les gendarmes, les procureurs du roi, les juges et les geôliers. Ne change rien à ce programme, ou le diable saurait tôt ou tard se venger de toi. » (107)

Resté seul après la disparition des personnages féminins (dans l'épilogue, il n'est pas fait mention d'Angélique, et Caroline, qui est invisible, va mourir), le protagoniste masculin découvre finalement son identité profonde. Or le récit par sa structure et son fonctionnement n'avait cessé de mettre cette identité en question : personnage protéiforme, Granville devenait méconnaissable d'un épisode à l'autre. Ce morcellement de sa personnalité pourrait tirer son origine d'une attitude fondamentalement *confuse*. Alors que dans l'épisode napoléonien il croyait pouvoir faire coïncider, malgré les avertissements paternels, le mouvement du désir et le jeu des institutions sociales, il pratique dans l'épisode de la sphère enchantée une politique du double jeu qui produit une véritable *schizophrénie* du personnage et du récit. Une double fidélité au désir transgresseur et à l'intégration sociale engendre ce confusionnisme ruineux. Inversement, l'élément féminin a constamment représenté une forme de séparation, de distinction. Angélique s'était enfermée dans sa « sphère glaciale », refusant de jouer le rôle social que son mari attendait d'elle ; négativement, dans un climat de dysphorie, elle a récusé la confusion du désir et du social entretenue par Granville. Quant à Caroline, elle aussi s'est jalousement retranchée du monde social pour cultiver son bonheur avec Roger. Si opposées soient-elles, ces deux attitudes féminines ont en commun de refuser tout *compromis* avec le monde social. L'élément féminin fait sécession, comme pour indiquer son exclusion d'un univers où nulle place ne lui est véritablement assignée. L'absence des personnages féminins dans l'épilogue devient donc emblématique. Désormais solitaire, le personnage masculin demeure hanté par le fantôme de l'élément féminin qui *hors champ* continue à exercer son attraction.

Si l'on accepte notre hypothèse selon laquelle le sort des personnages reproduirait dans ce texte la courbe du récit romanesque en quête de sa propre identité, il apparaît que le couplage d'un élément masculin et d'un élément féminin correspond à l'existence d'un binôme romanesque dont les termes sont antagonistes et complémentaires. La narration romanesque répond en effet à une double postulation : elle s'emploie d'une part à dresser le cadastre de l'espace social dont elle enregistre les cloisonnements et les déplacements ; elle exprime d'autre part le secret désir d'inventer une histoire inédite dont le déroulement échapperait à toute programmation. Réceptacle des fantasmes du désir et des structurations sociales, le récit romanesque se situe à leur confluence : aussi est-il foncièrement menacé d'éclatement.

Dans l'épilogue d'*Une double famille*, l'élément masculin demeure comme un *précipité*, qui se serait détaché d'un composé cachant sa véritable nature. Pourtant cette purification par la chute ne détruit pas le couplage initial. Coïncidant enfin avec lui-même, l'élément masculin inscripteur reste hanté par son double féminin dont l'insupportable disparition va l'entraîner à son tour hors du champ social : Granville annonce son départ pour l'Italie au moment même où il déclare que

« nous sommes tôt ou tard punis de n'avoir pas obéi aux lois sociales » (109).

Faute d'avoir pu réaliser un utopique *androgynat*, le récit romanesque éclate en laissant à l'univers social détotalisé la blessure béante d'une promesse non tenue.

A.H. et H.O.

LE GROTESQUE ET L'ESTHÉTIQUE
DU ROMAN BALZACIEN

par Elisheva Rosen

En Allemagne comme en France, le grotesque figure l'une des composantes majeures du paysage culturel romantique. Les essais critiques de même que la pratique esthétique témoignent de la fascination exercée par une forme d'expression jadis chère à Rabelais, Cervantes ou Sterne. Les écrits de Schlegel, Jean-Paul, Hoffmann, Nodier, Hugo, Gautier puisent également à cette source féconde. Exploitant, à l'instar de ses contemporains, les multiples ressources du grotesque, Balzac lui confère dans *La comédie humaine* un statut et une fonction tout particuliers. C'est la spécificité de la mise en œuvre du grotesque et son rôle dans l' « invention » du roman balzacien que je me proposerai d'éclairer ici. Il s'agira dans cette perspective de :

a) décrire les diverses modalités de l'exploitation du grotesque dans le roman balzacien et d'y circonscrire un registre de l'expression grotesque ;

b) définir le statut et la fonction du grotesque au plan de l'élaboration d'une esthétique du roman ;

c) déterminer l'impact du grotesque au sein d'une tentative de réinterprétation du réalisme balzacien.

Dans l'état actuel de la recherche, il n'y a pas lieu de parler d'une véritable définition du grotesque. Toute tentative de ce genre se heurte en effet à des difficultés liées aussi bien à l'expansion de cette catégorie esthétique qui embrasse les diverses formes de l'art qu'à sa variabilité historique. C'est ainsi que M. Bakhtine privilégie dans son étude le grotesque médiéval et celui de la Renaissance [1], alors que W. Kayser [2] s'attache plutôt à la description du grotesque romantique et moderniste. L'un insiste sur la dimension comique du grotesque, l'autre sur son revers terrifiant. Au-delà de ces divergences, parfois fondamentales, il n'en demeure pas moins que le terme de grotesque recouvre un ensemble de caractéristiques précises. Il y va en premier lieu d'une insistance marquée sur le registre du bas matériel et corporel. C'est ainsi que s'affirme une vision à proprement parler grotesque du corps, allant à l'encontre des canons de l'esthétique classique. « Aux images classiques du corps humain tout prêt, achevé, en pleine maturité, épuré en quelque sorte de toutes les scories de la naissance et du développement [3], le grotesque oppose une représentation autre mettant l'accent sur l'inachevé, l'ouvert, les fonctions vitales. L'image du corps grotesque s'attache « aux orifices, aux protubérances, à toutes les ramifications et excroissances : bouche bée, organes génitaux, seins, phallus, gros ventre, nez [4]. » Dans cette perspective, elle privilégie « des actes tels que l'accouplement, la grossesse, l'accouchement, l'agonie, le manger, le boire, la satisfaction des besoins naturels » évoqués « dans toute leur matérialité immédiate [5] ». C'est dire que le grotesque offre une représentation du corps qui « considérée... du point de vue de toute esthétique "classique" appar [aît] comme difforme, monstrueuse et hideuse [6] ».

Au-delà de cette mise en évidence de la matérialité du corps, le grotesque se caractérise par un ensemble d'images remettant en cause les frontières nettes de la perception, transgressant à plaisir les limites qui séparent l'humain de l'animal, du végétal ou du minéral, etc. Le grotesque assimile volontiers les êtres aux plantes, aux bêtes hideuses et malfaisantes, aux substances minérales les plus diverses, produisant d'étranges créatures tantôt terrifiantes et fantastiques, tantôt hideusement comiques. Comme le précise Wolfgang Kayser, dans l'univers grotesque :

> « Les objets inanimés ne sont plus guère séparés des plantes, des animaux et des êtres humains et les lois de l'équilibre, de la symétrie, de la proportion cessent d'être valides [7]. »

Enfin, il convient d'insister dans le cadre d'un recensement des propriétés du grotesque sur sa foncière ambivalence ; celle-ci se traduit par une alliance inextricable du comique et de l'atroce, ou du familier et de l'étrange. C'est ainsi que dans sa description du grotesque, Philip Thomson [8] accorde la préséance à « la dysharmonie entendue comme le conflit, la confrontation ou le mélange d'éléments hétérogènes, manifeste aussi bien au plan de l'écriture de l'œuvre qu'à celui de sa réception ».

Sur le fondement de ces quelques critères descriptifs, il est aisé de repérer la présence d'une veine grotesque dans *La comédie humaine* [9]. De nombreuses descriptions du corps dans le roman balzacien en portent l'empreinte, telle cette évocation du masque grimaçant et comique tout à la fois de Pons :

> « Cette face grotesque, écrasée en forme de potiron, attristée par des yeux gris surmontés de deux lignes rouges au lieu des sourcils, était commandée par un nez à la Don Quichotte, comme une plaine est dominée par un bloc erratique [10]. »

D'autres exemples sont dans toutes les mémoires : les descriptions des protagonistes dans *La vieille fille* ou l'évocation du « petit la Baudraye » dans *La muse du département*. L'insistance balzacienne à détailler les appétits de ses personnages, leur avidité au plaisir ou, inversement, leur manque à jouir, leur faible pour les plats fins, etc., contribue de même à mettre en valeur une image du corps où le bas matériel se trouve dûment mis en évidence. Sans doute est-ce également une certaine propension au « laid comique » que dénotent ces multiples évocations de corps en décomposition, en proie aux maux les plus divers et les plus étranges : que l'on songe à la maladie de Vanda dans *L'envers de l'histoire contemporaine,* aux tares de Marneffe dans *La cousine Bette* ou piedbot de Popinot dans *César Birotteau* [11]. C'est bien au grotesque qu'il convient de même de rattacher l'assimilation des personnages balzaciens à de multiples espèces intermédiaires. Des êtres plantes, des hommes-tour, voire des hommes-billet ou des créatures hybrides humaines et animales tout à la fois peuplent à foison l'univers de *La comédie humaine* [12]. Ainsi de Molineux dans *César Birotteau :*

> « Monsieur Molineux était un petit rentier grotesque qui n'existe qu'à Paris, comme un certain lichen ne croît qu'en Islande. Cette comparaison est d'autant plus juste que cet homme appartenait à une nature mixte, à un règne Animo-végétal qu'un nouveau Mercier pourrait composer des cryptogrammes qui poussent, fleurissent ou meurent sur, dans ou sous les murs plâtreux de différentes maisons étranges et malsaines où ces êtres viennent de préférence. Au premier aspect, cette plante humaine, ombellifère, vu la casquette bleue tubulée qui le couronnait, à tige entourée d'un pantalon verdâtre, à racines bulbeuses enveloppées de chaussons de lisière offrait une physionomie blanchâtre et plate qui certes ne trahissait rien de vénéneux [13]. »

ou de Madame Madou dans le même roman qui se pose en pauvre *agneau* dévoré par les loups, et Balzac de commenter :

> « L'agneau avait cinq pieds de haut et trois pieds de tour, elle ressemblait à une borne habillée en cotonnade à raies et sans ceinture [14]. »

142

Rappelons encore cette femme-insecte au grand nez :

« Mademoiselle d'Aubrion était une demoiselle longue comme l'insecte, son homonyme ; maigre, fluette, à bouche dédaigneuse, sur laquelle descendait un nez trop long, gros du bout, flavescent à l'état normal, mais complètement rouge après les repas, espèce de phénomène végétal plus désagréable au milieu d'un visage pâle et ennuyé que dans tout autre [15]. »

On aura noté au passage que ces peu harmonieuses figures produisent irrémédiablement un effet mitigé : le comique se mêle indissociablement au hideux, au difforme, au repoussant dans cette étonnante « Cour des Miracles » qui dans le monde balzacien n'a plus guère de limites strictes, ni sociales, ni géographiques. Les mésalliances grotesques, le bas matériel, la remise en cause des limites séparant les espèces et les règnes — tous les traits caractéristiques du grotesque se retrouvent au fil des romans balzaciens. Certes, le grotesque ne s'y trouve pas confiné aux strictes limites de la représentation des personnages : il affecte également la représentation des lieux, ou les détails d'une intrigue amoureuse (cf. *Le cousin Pons, La vieille fille, Le curé de village*). C'est dire son expansion dans *La comédie humaine*, dont nous n'avons offert ici qu'un aperçu succinct.

Malgré la présence relativement constante du grotesque dans le roman balzacien, depuis *La peau de chagrin* jusqu'aux textes ultimes, on ne saurait assigner une fonction unique à ce mode d'expression. C'est qu'il ne fait pas nécessairement figure de dominante dans telle œuvre particulière où il se manifeste néanmoins. Aussi convient-il de tenir compte de phénomènes de fréquence, de densité, de même qu'il importe de prendre en considération d'autres composantes du roman sitôt que l'on aborde l'examen des fonctions du grotesque. A envisager la question dans une perspective d'ensemble, il y a lieu de classer le grotesque parmi les modalités du comico-sérieux caractéristiques de l'écriture balzacienne. On entend par là l'ensemble des procédés mis en œuvre pour déjouer le sérieux unilatéral de la représentation, les affirmations tranchées d'une vérité ou d'un savoir univoques. Au nombre de ces procédés figurent la parodie, le burlesque, la satire, la carnavalisation, un certain jeu de remaniement des contraintes génériques, etc. De par l'ambivalence foncière qui le caractérise, fondée sur l'alliance irréductible du bouffon et du terrible, le grotesque s'apparente bien au comico-sérieux. Il est d'ailleurs susceptible de se combiner avec les diverses formes qu'emprunte le comico-sérieux balzacien. C'est ainsi que des images grotesques s'inséreront aisément dans un texte parodique (cf. *Melmoth réconcilié*), dans un *symposion* (*La maison Nucingen*, *Un homme d'affaires*) ou dans un roman tout entier fondé sur l'interaction de modèles génériques disparates tel *La peau de chagrin*. Encore s'agit-il là d'un mode d'exploitation somme toute assez conventionnel du grotesque. L'innovation balzacienne réside pour l'essentiel ailleurs, dans des textes où le grotesque figure l'élément comico-sérieux dominant. Là il se voit assigner une fonction originale, dont la détermination nous semble fondamentale pour la compréhension de l'esthétique du roman balzacien. Aussi est-ce vers cette catégorie d'écrits que s'orientera désormais notre étude. Il s'agira dans cette perspective :

a) de définir de façon globale le statut du grotesque dans l'économie signifiante de ces textes, en montrant qu'il se trouve mis en valeur par un contrat de lecture truqué ;

b) de montrer que les modalités particulières de l'insertion du grotesque dans le roman balzacien visent à lui assigner une fonction heuristique précise.

a) *Le grotesque et le contrat de lecture truqué*

Les textes comico-sérieux à dominante grotesque se

distinguent en ceci que s'y instaure un singulier contrat de lecture. Une série d'explications et/ou de généralisations, d'ordre moral pour la plupart, s'y trouvent intimement mêlées à la représentation. Elles captent l'attention du lecteur en s'annonçant comme une promesse de sens. Elles incitent le destinataire du récit à croire qu'un ultime et univoque éclaircissement du drame lui sera prodigué au terme de sa lecture. Or ce simili-contrat ne se réalise point. L'ingérence du grotesque dans la trame narrative rompt irrémédiablement le charme : brouillant systématiquement l'armature explicative du récit, elle met en échec toute tentative de totalisation du sens. Et le lecteur de demeurer perplexe... Cette perplexité du lecteur aux prises avec un contrat de lecture manifestement truqué relève néanmoins d'une programmation initiale. Celle-ci est, semble-t-il, destinée avant tout à mettre en évidence le statut du grotesque dans l'économie signifiante du roman.

La mise en place réitérée de cet étrange contrat de lecture dans une série de textes assez différents en apparence permet d'y reconnaître un effet concerté de la composition du roman. Tel semble bien être le trait commun à des œuvres aussi diverses qu'*Eugénie Grandet, Le colonel Chabert, César Birotteau, Le curé de Tours, La cousine Bette* ou *Le cousin Pons,* pour ne citer que celles-là. Il y va essentiellement de romans ou de nouvelles qui se fondent sur un schème mélodramatique manifeste. En tout cas d'écrits où s'esquisse de manière flagrante une axiologie opposant le Bien au Mal, l'Erreur à la Vérité, le Matériel au Spirituel. Dans chacun de ces romans l'illusion d'une éventuelle transparence des signes, l'utopie d'une univocité du sens se trouvent, à la faveur de cette orientation axiologique, dûment mises en scène. Elles y figurent le ressort essentiel de la dramatisation du récit et, à notre sens, le support d'un prétendu contrat de lecture. Ce n'est pas le lieu ici d'entreprendre une description détaillée de ce registre de l'expression romanesque balzacienne, d'ailleurs fréquemment étudié. On songe notamment aux pages éclairantes consacrées à Balzac par Peter Brooks dans son livre *The Melodramatic Imagination* [16].

C'est précisément en regard de ce registre de signes univoques voués à une systématique imposition du sens que se déploient les batteries du grotesque. Son premier effet est de perturber irrémédiablement le bon fonctionnement des dichotomies morales et/ou didactiques mises en évidence à grand renfort d'antithèses ou d'hyperboles. L'éblouissante transparence des signes affirmant le drame éthique apparaît soudainement étrange dès lors que l'on considère le héros supposé incarner le bien. On se trouve en présence d'un vieillard-fœtus :

> « Pons était monstre-né ; son père et sa mère l'avaient obtenu dans leur vieillesse, et il portait les stigmates de cette naissance hors de saison sur son teint cadavéreux qui semblait avoir été contracté dans le bocal d'esprit de vin où la science conserve certains fœtus extraordinaires... [17] » ;

d'un curé par trop niais (Birotteau) qui a « un cœur excellent, des idées étroites et une intelligence bornée [18] » ; d'un parfumeur frappé de stupidité (le frère du précédent), ou encore d'un prétendu colonel de l'Empire miraculeusement ressuscité. Entre la description délibérément grotesque de ces curieuses figures héroïques et le statut actantiel qui leur est conféré dans le roman (le « bon » victime d'une sombre machination ourdie par les méchants), l'écart est plus que flagrant, il est irréductible. Sans effacer à aucun moment le drame éthique, le grotesque le rend déroutant, problématique : ce qui était censé relever de la plus pure transparence devient, compte tenu de l'économie signifiante du roman, singulièrement obscur. Il en résulte un malaise certain, lié aux options incompatibles auxquelles se voit confronté le lecteur. D'une part il est convié à adhérer à un système de valeurs universelles, de l'autre ces valeurs lui sont présentées comme l'apanage de niais, en tout cas de figures grotesques faisant preuve d'une incapacité désolante à transiger avec les lois du monde. Le destinataire se retrouve alors dans l'inconfortable position de celui qui est tout à la fois le champion de la vertu (il aura pris parti pour la victime), et néanmoins dupe (il s'est laissé prendre aux fantasmes d'un imbécile). Peu s'en faut qu'il ne réagisse comme Derville dans le dénouement du *Colonel Chabert*. Le respectable avoué au grand cœur se lance, on s'en souvient, dans une série d'imprécations contre son singulier client :

> « On rencontre des gens qui sont aussi, ma parole d'honneur, par trop bêtes. Ils ont volé le baptême s'écria Derville. Soyez donc humain, généreux, philanthrope et avoué, vous vous faites enfoncer ! Voilà une affaire qui me coûte plus de deux billets de mille francs [19]. »

C'est que, à l'instar de Derville, le lecteur s'est également laissé séduire par un singulier contrat qui le prive, sinon d'argent, du moins de la maîtrise immédiate du sens. S'imposant à l'attention au gré d'un contrat de lecture originellement truqué, le grotesque provoque en même temps qu'une crise du sens une irritante inquiétude. Le texte comico-sérieux à dominante grotesque est ainsi programmé qu'il débouche sur un trouble de l'empathie. Il se veut de prime abord déroutant au niveau du sens comme à celui de la mobilisation des affects.

Encore s'agit-il de préciser que, si le malaise provoqué par le grotesque demeure irréductible, il n'est à aucun moment la marque d'un triomphe du non-sens sur le sens. La représentation balzacienne ne débouche pas sur le vide, l'absurde, la béance des êtres et des choses. La crise du sens mise en évidence par le grotesque est en effet loin d'être générale, voire absolue. Elle se limite de fait à un régime particulier du sens ancré dans le théologique, la loi, la vérité et dont le mélo figure le paradigme essentiel. Le trouble grotesque ne se maintient qu'en regard de la foi accordée à une imposition providentielle du sens. Et à l'encontre de ce que pouvait stipuler un illusoire contrat de lecture, le roman balzacien se refuse obstinément à jouer le jeu gratifiant de la Providence. Certes certains dénouements simulent parfois un retour au « bon » ordre, ainsi dans *César Birotteau, La cousine Bette, Le curé de village,* voire *L'envers de l'histoire contemporaine.* Encore l'intervention de la Providence se traduit-elle dans ces différents cas par la mort du héros ou du moins par une atteinte sérieuse portée à sa santé. Elle dispense dès lors une singulière prime de plaisir. Résolument frustré dans son attente d'un plaisir primaire que le grotesque se complaît à décevoir, le lecteur de Balzac se voit cependant gratifié sur un autre plan. Le grotesque balzacien ouvre en effet la voie à un mode de compréhension autre de la scène représentée. C'est dire qu'il se trouve investi d'une fonction heuristique précise dont il s'agira désormais d'aborder l'étude.

b) *La fonction heuristique du grotesque*

C'est essentiellement, mais non exclusivement, en regard du mode mélodramatique d'imposition du sens que se révèle la fonction heuristique du grotesque. Aussi convient-il de s'interroger sur les modalités de l'interaction du mélodramatique et du grotesque au sein de l'économie signifiante du roman balzacien. Dans cette perspective, il s'agira de démontrer :

1) que le grotesque contribue à la mise à jour des présupposés idéologiques sur lesquels se fonde le mode mélodramatique d'imposition du sens, et qu'il produit *ipso facto* un effet de distanciation par rapport à ce qui se donne désormais pour *une* et non plus pour *l'interprétation* de la représentation ;

2) que cet effet de distanciation procède d'un *dispositif narratif* particulier visant à favoriser l'appréhension d'un régime autre du sens dont le grotesque figurerait la pierre angulaire.

3) qu'il y va là d'une double orientation du procès de la signifiance dans le roman balzacien (abusivement dissociée ici pour les seuls besoins de l'analyse) tendant à opérer un glissement de la reconnaissance mélodramatique vers une problématique de la connaissance associée au grotesque.

Si le grotesque dévoile les présupposés idéologiques du mélo, c'est tout d'abord pour y désigner l'imbrication de l'éthique et du familial [20]. Ainsi l'effet de confusion entretenu par le grotesque au niveau de la détermination éthique du statut des actants se double systématiquement d'une confusion analogue relative à leur état civil. Alors que le mélo oppose volontiers, et tout naturellement, des célibataires malfaisants à une famille irrémédiablement vouée au bien, Balzac se complaît à mettre en scène des héros de mélodrame célibataires. Ceux-ci ne sauraient bien évidemment réintégrer un foyer jamais dispersé et, bien qu'apparemment « bons », demeurent voués à l'errance, voire à la persécution et à la mort. L'exemple le plus flagrant de ce type de distorsion grotesque affectant le plan des valeurs comme celui de l'état civil nous est fourni par *Le cousin Pons*. La mise en évidence du bas matériel dans le portrait de ce personnage (son goût pour les repas fins présenté comme substitut d'une activité amoureuse défaillante) remet en cause son statut actantiel de représentant du bien. Parallèlement, son célibat ne l'habilite guère à incarner le rôle qui lui est dévolu. L'effet de distorsion grotesque est ici d'autant plus accusé que ce célibataire endurci vit quasi maritalement avec Schmucke. L'union des deux « casse-noisettes » se pré-

149

sente sans conteste comme une singulière et dérisoire version du mariage bourgeois. « Mariage » qui ne fait guère illusion d'ailleurs, puisque le célibataire se trouve bien assimilé par la famille à l'esprit du mal en vertu d'un retournement logique et programmé. Similairement, dans *Le colonel Chabert*, c'est un revenant à l'état civil hautement problématique, mais également exclu du champ familial (à la fois comme enfant trouvé et comme ressuscité), donc un personnage voué à un éternel célibat, qui se trouve dans une position analogue à celle de Pons. Qu'il suffise d'évoquer encore l'exemple de l'abbé Birotteau pour marquer la récurrence d'une même mise en scène déviante par rapport aux normes du mélo.

Ces distorsions grimaçantes et comiques tout à la fois ont bien pour effet de dénoncer l'assimilation indue de l'éthique et du familial. Les renversements grotesques tendent de fait à mettre en place une vision de la famille qui ne coïncide plus guère avec le modèle du mélo, bien qu'elle en figure la démarcation. En regard d'une famille idéalement unie, prototype du bon ordre moral, social et politique, se profile l'image d'un foyer d'intérêts économiques et libidinaux divers dont la cohésion demeure généralement problématique. Le grotesque bat ainsi en brèche la visée essentielle du mélo consistant à désigner le bon ordre familial comme paradigme d'une utopique lisibilité du monde. A l'unité et à l'univocité mélodramatiques, le grotesque oppose la fragmentation et la singularisation généralisées, ultimement liées à un dévoilement des intérêts libidinaux, économiques et politiques rivaux. C'est dans cette perspective que la figure du célibataire devient désormais le centre d'intérêt essentiel. Il est bien évident que, envisagé sous cet angle, le célibat acquiert dans le roman balzacien une portée symbolique. *Il figure l'équivalent dans le (dés) ordre grotesque, de la famille dans l'ordre mélodramatique.* C'est dire qu'il ne se trouve pas nécessairement lié à un simple constat d'état civil bien que ce soit pourtant souvent le cas. Ainsi la famille peut fort bien, dans la perspective grotesque, être perçue comme une association de célibataires. Tel est bien le sens de tant de mariages blancs représentés dans *La comédie humaine,* ou encore d'autant de familles dont les membres évoluent dans des sphères totalement différentes. L'absence de cohésion de la famille mise en valeur par le grotesque est directement associée à une remise en cause du mode mélodramatique d'imposition du sens.

Privilégiant la figure symbolique du célibataire, le grotesque met l'accent sur l'ex-centrique, non seulement dans le sens d'original, de bizarre ou d'étrange (avec lequel il se confond pourtant fréquemment), mais bien dans l'acception infiniment plus radicale de ce qui échappe à tout jamais au centre (de ce qui ne peut en aucun cas constituer un centre effectif, un foyer d'intégration du sens à l'instar de la famille dans l'ordre mélodramatique). Le grotesque balzacien rend dès lors douteuse toute possibilité d'appréhension organique de la société. S'il exclut la totalisation du sens, il n'élude pas pour autant la mise à jour d'un savoir en tant que telle. Les renversements grotesques, la mise en évidence du bas matériel sont en effet systématiquement associés dans le texte balzacien à l'élucidation de multiples pratiques sociales contemporaines. Ils contribuent à l'exploration de la régulation du désir, de l'économie ou de la politique dans la société de l'époque. Ils en offrent néanmoins une image essentiellement fragmentaire et diversifiée qui rend toute généralisation problématique.

Le curé de Tours présente dans cette perspective un intérêt tout particulier. Fondée sur l'interaction du mélodramatique et du grotesque, l'histoire de l'abbé Birotteau superpose dans son dispositif narratif deux modes d'interprétation de la société. Les valeurs éthiques et psychologiques du mélo ancrées dans le familial, profilent à l'arrière-plan de la narration une vision unitaire de la société, dont le grotesque désigne le caractère archaïque et caduc. En regard, l'accent mis sur le bas matériel et corporel ouvre la voie à un mode d'appréhension autre du social. L'insuffisance du modèle mélodramatique qui régit l'intrigue à fonder une interprétation adéquate de la représentation est ici trop évidente pour qu'il soit nécessaire d'insister sur ce point. Aussi s'exercera-t-on plutôt à une brève description de la fonction du grotesque dans cette nouvelle.

Le grotesque contribue en premier lieu à la mise à jour d'une catégorisation des actants fondée sur des principes d'économie libidinale et politique, là où le mélo inscrivait une typologie fondée sur une dichotomie éthique. Il suffira pour s'en convaincre d'étudier dans cette perspective les quatre personnages évoluant dans le cloître de Saint-Gatien — Birotteau, Troubert, Chapeloud et Sophie Gamard. Au couplage mélodramatique confrontant les bons (Chapeloud et Birotteau) aux méchants (Troubert et Gamard), le grotesque dont se trouve également affectée la description de ces personnages oppose une répartition autre. Dès lors que l'on quitte le domaine éthique pour aborder le champ du désir et de la politique, désigné ici sur le mode grotesque, des rapprochements différents s'imposent : celui de Birotteau et de Sophie Gamard d'une part, et celui de Chapeloud et de Troubert de l'autre. Les deux premiers célibataires ont en effet une propriété commune qui détermine leur existence : ils ignorent la nécessité d'une médiation politique pour accéder à l'objet de leur désir. Birotteau convoite le lit de Chapeloud et son bien-être (le linge « sentant l'iris ») mais se voit astreint à attendre la mort de son ami pour jouir de ces félicités terrestres. Et son bonheur sera de courte durée, car il ignore tout de la savante stratégie mise en place par son bienfaiteur pour s'assurer d'une paix permanente au logis :

> « Pendant le dîner, il (Chapeloud) procédait toujours par des flatteries indirectes, allant sans cesse de la qualité d'un poisson, du bon goût des assaisonnements

ou des qualités d'une sauce, aux qualités de Mlle Gamard et à ses vertus de maîtresse de maison. (...) Grâce à cette parfaite entente du caractère de Mlle Gamard, et à cette science d'existence professée pendant douze années par le chanoine, il n'y eut jamais entre eux matière à discuter le moindre point de discipline intérieure [21]. »

De même, c'est pour des raisons analogues que Sophie Gamard demeure incapable de jouir longtemps du plaisir de tenir salon. Certes une différence marquée sépare bien le locataire de sa logeuse acariâtre, mais elle se situe sur le plan libidinal plutôt que sur le plan moral. L'impuissance de ces deux personnages et leur foncière méconnaissance des principes élémentaires de politique domestique provoquent chez l'un une lente autodestruction, chez l'autre une agressivité permanente à l'égard d'autrui. Encore Sophie Gamard se verra-t-elle également emporter par la maladie, ce qui minimise cette différence.

Si le grotesque convie à rapprocher Troubert et Chapeloud, c'est parce que ces deux célibataires, à l'encontre des précédents, excellent à concilier désir et politique. Mais là encore des distinctions s'imposent. Chapeloud s'oppose à Troubert en ceci que sa politique, aussi bien domestique que publique, vise avant tout au maintien de la stabilité et de l'équilibre. Chez lui, le modèle de la sphère privée (celui de ses rapports avec Mlle Gamard, illustrés par la citation précédente) demeure prédominant et régit l'ensemble de sa conduite. Troubert, au contraire, s'oriente délibérément vers la sphère publique et l'exercice d'un pouvoir associé au mouvement et à l'histoire. Renonçant à tout plaisir autre que celui que procure l'exercice du pouvoir, il introduit la dissension au logis et assimile, à l'inverse de Chapeloud, la sphère privée à la sphère publique. La « sanhédrin femelle » au centre de laquelle il se trouve logé lui permet, on s'en souvient, de devenir l'agent de la congrégation et d'accéder à l'évêché de Tours. Se situant délibérément dans le sens de l'histoire, Troubert excelle à produire un mouvement, à mobiliser les partis rivaux, de même qu'à donner chemin faisant une leçon de stratégie politique à l'aristocratie.

Ces quelques exemples, sans doute trop rapidement esquissés, permettent néanmoins d'offrir un aperçu de l'impact du grotesque sur l'économie signifiante du *Curé de Tours*. Tout se passe comme si le grotesque tendait à réorganiser les éléments de la représentation en fonction d'une série de principes simples, dont la cohérence rivalierait avec celle du mélo. On pouraît d'ailleurs s'exercer à les énumérer :

1) « célibat » généralisé : le grotesque entraîne la dissolution de toutes les configurations familiales, fantasmatiques (le foyer de Mlle Gamard) ou concrètes (la maison de Mme de Listomère) ;

2) corrélativement, problématisation du rapport de la sphère privée et de la sphère publique : sans abolir cette distinction, le grotesque la remet en cause, en dévoilant les interférences entre ces deux sphères et la mobilité de leurs délimitations respectives ;

3) mise en évidence d'un principe de mouvement et d'une éventuelle appréhension du devenir social, au gré des rapports esquissés par le grotesque entre le libidinal et le politique ;

4) mise en place apparente d'une hiérarchisation : dans le registre grotesque Troubert figure désormais le héros, suppléant la figure de Birotteau rivée aux principes caducs du mélo.

Mais le dispositif narratif du récit interdit de s'en tenir à cette conclusion.

L'ascension de Troubert qui suggère cette éventuelle hiérarchisation, est en effet essentiellement représentée sur le mode du rabaissement grotesque. Le récit nous le présente continuellement aux prises avec l'infiniment petit (cf. par exemple : l'appropriation des biens de

Chapeloud, la manipulation de Mlle Gamard, l'exploitation des commérages locaux, ou la rivalité avec Birotteau qui est un bien piètre ennemi) et tait l'essentiel. Ce mode de représentation affecte l'activité de Troubert d'un coefficient de dérision qui déjoue toute possibilité de le considérer comme une figure exemplaire. A ce titre, Troubert ne constitue à aucun moment une figure centrale à partir de laquelle un sens et un savoir pourraient être définitivement reconstitués. Il demeure en effet en position ex-centrique : il constitue une exception individuelle et non un modèle à imiter. Ainsi, si la catégorisation grotesque des actants introduit un principe de cohésion dans la représentation, il importe de ne pas confondre cet ordre apparent avec un principe d'explication du réel, avec la mise à jour d'un savoir nouveau se substituant désormais au sens illusoire du mélo. Ce n'est pas un hasard en effet, si tout le dispositif narratif du récit vise à confondre le réseau de relations révélé par le grotesque avec un désordre : c'est ainsi du moins qu'il se présente en regard de *l'ordre* du mélo. La représentation grotesque ne se donne ainsi que pour une construction virtuelle, une mise en scène permettant d'appréhender, sur le mode essentiellement sujet à caution de la fiction, le devenir social.

Privilégiant l'ex-centrique, le grotesque ne donne lieu qu'à un savoir aussitôt décentré au gré d'un artifice narratif approprié. Toute connaissance se trouve ainsi marquée par le grotesque du sceau du possible, du virtuel. Elle s'affirme comme essentiellement précaire, mais cette précarité foncière n'est jamais que prétexte à poursuivre la quête, à relancer l'interrogation. Encore ne s'agit-il pas ici de s'engager dans la voie d'une utopique synthèse et de reconstituer une illusoire plénitude. La double orientation du procès de la signifiance propre au roman balzacien (l'imbrication du mélo et du grotesque) vise précisément à déjouer cette tentation, en ne la mettant en scène que pour la dénoncer. S'il y a lieu de poursuivre la quête de la connaissance, c'est au gré d'un processus de déplacement apte à tout moment à en renouveler l'enjeu. Telle est bien l'orientation de la pratique romanesque balzacienne qui reconstitue sans relâche à travers de multiples fictions des espaces d'interrogation nouveaux et diversifiés, réexploitant les virtualités de l'interaction du mélodramatique et du grotesque. La fonction heuristique du grotesque se trouve ainsi indissociablement liée à une esthétique du roman. Elle figure l'une des marques de la spécificité d'une problématique fictionnelle de la connaissance, par opposition à tout autre mode d'expression du savoir.

E.R.

NOTES

1. Mikhaïl Bakhtine, *L'œuvre de François Rabelais et la culture populaire au Moyen Age et sous la Renaissance,* trad. du russe par A. Robel, Gallimard, Bibl. des Idées, 1970 pour la trad. française.

2. Wolfgang Kayser, *The Grotesque in Art and Literature,* Indiana Univ. Press-Mc Craw Hill, N. Y. Toronto, 1966 (traduction anglaise de *Das Groteske : seine Gestaltung in Malerei und Dichtung,* 1957).

3. M. Bakhtine, *op. cit.,* p. 34.

4. *Ibid.* p. 35.

5. *Ibid.* p. 34.

6. *Ibid.*

7. W. Kayser, *op. cit.,* p. 21.

8. Philip Thomson, *The Grotesque,* Methuen and Co. Ltd., coll. The Critical Idiom, London, 1972, p. 20.

9. On trouvera une importante mise au point sur le grotesque balzacien dans la thèse récente de Maurice Ménard, *Le comique d'Honoré de Balzac,* université de Paris-Sorbonne, 1980. Pour des travaux ponctuels sur ce sujet, cf. notre étude « Le pathétique et le grotesque dans " La cousine Bette " » et celle de Ruth Amossy « L'esthétique du grotesque dans " Le cousin Pons " », in *Les parents pauvres d'Honoré de Balzac,* Fr. Van Rossum-Guyon éd., CDU-SEDES, 1981.

10. *Le cousin Pons,* éd. Folio, Gallimard, 1973, p. 23.

11. Pour une autre approche de la maladie dans le roman balzacien, cf. ici même Lucienne Frappier-Mazur « Sémiotique du corps malade dans *La comédie humaine* ».

12. De nombreux exemples de ce type d'images balzaciennes ont été recensés par G. Poncin-Bar in « La vision fantastique des personnages dans *La comédie humaine* », sans que toutefois l'auteur les rattache à la tradition du grotesque.

13. *César Birotteau,* Bibliothèque de la Pléiade, VI, 105.

14. *Ibid.* p. 116.

15. *Eugénie Grandet,* Bibliothèque de la Pléiade, III, 1182.

16. Peter Brooks, *The Melodramatic Imagination : Balzac, Henry James and the Mode of Excess,* Yale University Press, New Haven and London, 1976.

17. *Le cousin Pons,* éd. cit., p. 495.

18. *Le curé de Tours,* Bibliothèque de la Pléiade, IV, 186.

19. *Le colonel Chabert,* Bibliothèque de la Pléiade, III, 368.

20. Sur cet aspect du mélo, *cf.* la belle étude d'A. Ubersfeld « Les bons et le méchant » in *RSH,* 162, 1976/2 (numéro spécial sur le mélodrame).

21. *Le curé de Tours,* éd. cit., p. 193.

IRONIE ET FICTION DANS L'ŒUVRE DE BALZAC

par Jean-Claude Fizaine

La critique traditionnelle n'ignore pas la présence de l'ironie dans l'œuvre de Balzac, mais la maintient à une place marginale et subalterne. Que l'on dérive en effet le roman balzacien de l'épopée, et que l'on inscrive, à la demande expresse de son créateur, *La comédie humaine* sous la catégorie de la totalité épique, n'incite guère à y reconnaître un rôle de premier plan à la contradiction. Ainsi les analyses célèbres de Lukacs, comme le faisait prévoir son ascendance hégélienne, proposent le concept d'ironie tragique pour qualifier l'effet esthétique produit par *Les illusions perdues*, préservant malgré tout contre l'ironie la cohérence du récit et l'unicité d'une voix narrative[1]. On tient par-dessus tout à conserver à l'œuvre balzacienne le pathétique d'un témoignage et le sérieux d'une étude scientifique. Les reflets d'ironie qui flamboient aux confins seront dès lors traités comme des marques résiduelles, indirectes, et au total peu signifiantes d'une crise des valeurs dont l'œuvre témoigne certes, mais contre laquelle elle se conquiert : « L'ironie est le mysticisme des époques sans Dieu[2]. » Sous couvert de cette formule brillante, qui assujettit l'ironie à autre chose qu'elle-même, on la reversera sans peine au compte d'une sociologie littéraire assez simplifiante.

La prise en compte réelle d'une ironie balzacienne procède d'une autre approche, qui interroge l'œuvre d'abord, précisément, du côté de cette voix narrative, étudie com-

159

ment, contre quoi et à partir de quoi elle se constitue, et comment elle en vient à revendiquer dans toute l'œuvre cette omniprésence poisseuse et cette infaillible autorité qui est la marque — ou la tare — du récit balzacien. En étudiant (sur les pas de P. Barbéris, qui a le dernier triomphalement jalonné ce champ [3]) le Balzac d' « avant *La comédie humaine* », on est contraint de s'interroger sur le rôle de l'ironie dans la formation du romancier. Précisons qu'il s'agira uniquement du Balzac de 1829 à 1834 ; sans doute l'apprenti romancier de 1820 connaissait-il et pratiquait-il l'art de la palinodie et de la contradiction cyniquement assumée : *La physiologie du mariage* est encore tout engluée dans ce genre de cynisme [4]. Mais c'est peut-être lors de sa seconde entrée en littérature que la création fictionnelle bénéficie de cet apprentissage de l'ironie par lequel devait passer tout apprenti écrivain du XIXe siècle.

En renonçant au préjugé téléologique qui faisait voir dans tous les textes courts de cette période, pièces de genre mal défini — essais, nouvelles, croquis, physiologies, etc. —, des copeaux du chef-d'œuvre, ou, recueillies ou non dans le Grand Œuvre, les esquisses et les ébauches où le Génie risque et exerce son pouvoir créateur, la critique s'oblige à y constater l'insistance, la mobilité et la richesse d'une interrogation sur le statut énonciatif d'un écrivain au XIXe siècle, à quoi s'ajoute un mode retors et complexe d'exercice de la fiction, où les conventions de la représentation réaliste s'élaborent pour être tournées, dénoncées et d'une certaine manière réduites à l'insignifiance.

Mais là encore on butte sur cette évidence massive qu'à l'époque romantique l'ironie est un stéréotype qui, bien loin de préserver de l'infatuation, est la « pose » où viennent se figer en une image imposée par la mode le doute et la révolte :

« ... Un sourire amer et dédaigneux dessinait de légers
plis dans les coins de sa bouche. Son extrême jeunesse donnait un intérêt pénible à l'expression de
froide ironie fortement empreinte dans ses traits, et
c'était un étrange contresens dans un visage animé
de brillantes couleurs [5]... »

Telle est, dans *La Caricature,* l'image (le « croquis »)
proposé par Balzac journaliste à l'identification de ses
lecteurs. Le romantisme, à ce niveau, n'est-il pas ce qui
récupère l'anticonformisme dans une conformité aux
stéréotypes de la mode byronienne et satanique ? La présence d'ironie dans un texte balzacien n'atteste-t-elle
pas, dès lors, plutôt que l'agilité d'une conscience
inquiète de saisir les prémisses de sa pensée, le souci
de produire un « effet d'ironie » purement conventionnel ? L'ironie balzacienne relève-t-elle d'un principe actif
de dissolution des apparences, ou au contraire faut-il
l'inscrire sous la rubrique d'un Dictionnaire des idées
reçues : « Ironie : toujours froide, amère, etc. Intéressante chez un jeune homme » ? Un irréprochable chas-
seur d'idées reçues, tel que Roland Barthes, pouvait
ainsi dénoncer dans l'ironie balzacienne une parade
courte et naïve contre l'envahissement du texte par les
codes culturels, n'aboutissant qu'à leur superposer un
stéréotype supplémentaire [6]. Mais la remarquable subti-
lité, l'extrême sophistication de la stratégie commenta-
tive par laquelle l'éminent sémiologue investit le texte
de Balzac ne sont-elles pas, d'autre part, l'aveu que la
fiction elle-même est d'une structure assez retorse pour
mettre en danger quiconque se lance dans l'aventure de
son interprétation ? En d'autres termes, à propos de
S/Z, on ne saurait considérer comme tout à fait évidente la réponse à la question : à qui bénéficie, en dernier ressort, l'exercice de l'ironie dans l'interprétation de
certains textes balzaciens ?

*
**

Il y a peut-être au moins certains textes de Balzac qui prennent en compte mieux que l'on ne l'avait pensé leur rapport à l'idéologie, et imposent pour programmer leur déchiffrement de tout autres schémas que ceux de la représentation. Pour autant, le concept d'ironie peut-il leur être appliqué avec pertinence ? Ce n'est possible que dans la mesure où la notion a subi elle aussi un déplacement qui en fait l'un des carrefours et un point de convergence des approches linguistiques, rhétoriques, sociocritiques du texte littéraire. Trop longtemps prisonnière du contexte idéaliste et philosophique qui l'avait accréditée comme une caractéristique majeure du romantisme, l'ironie cesse d'être liée à une poétique du vertige, à une dialectique aérienne des rapports du Sujet et du Monde. Une théorie de l'énonciation peut accepter de regrouper sous la rubrique « ironie » un ensemble de traits paradoxaux relatifs au rapport du sujet et de son discours.

Parier pour la validité du concept d'ironie signifie que l'on veuille couvrir un champ défini par quelques paramètres dont la rencontre, dans les textes romanesques du XIX⁰ siècle, les constitue comme objets d'étude spécifiques. Il s'agit d'abord d'une modalité particulière de l'intertextualité, placée sous le signe de la contradiction, ou de la négativité. Il serait peut-être possible de regrouper certaines remarques de P. Macherey [7] sur le disparate du texte balzacien et certaines analyses de M. Bakhtine [8] sur le genre romanesque comme lieu de croisement de discours sociaux hétérogènes. Autant de phénomènes qui, confirmant concrètement les analyses les plus hardies des romantiques allemands, rendent éminemment le roman justiciable de l'ironie, pour autant qu'une définition rigoureuse de l'énonciation ironique donne un rôle de premier plan à la distinction entre la « mention » et l' « emploi » [9].

Le second paramètre serait celui de la distanciation. Elle impose de considérer, malgré tout, cette activité de citation négativante comme trace d'un sujet soucieux de maintenir ou de renforcer sa distance à l'égard de son énoncé. Car refuser l'usage des signaux proposés par la langue pour distinguer la « mention » de l' « emploi », c'est rendre irrepérable le rapport du sujet et de son discours. On appellerait volontiers ironie cette rémunération cherchée par un sujet contre l'invasion de son discours propre par le discours de l'autre, contre la dépossession qu'entraîne le projet initial de se confier aux mirages des signes et au vertige de la parole.

Enfin le concept d'ironie comporte la notion de réflexivité — au point que l'on a pu y désigner la composante majeure de l' « ironie romantique », comme « auto-représentation de l'art ». Elle dérive évidemment du caractère citationnel de l'ironie : lorsqu'elle semble viser le monde, l'énonciation ironique vise en fait un énoncé sur le monde ; lorsqu'elle semble parler inadéquatement du monde, elle alerte son destinataire sur l'inadéquation d'un discours sur le monde. Comment ne viserait-elle pas, dans une approximation de plus en plus exigeante de la vérité, sa propre inadéquation ? Déplacement décisif par lequel une fiction représentative devient énonciation fictionnelle.

Appliquées à Balzac, ces remarques conduisent à repérer les traces de l'ironie dans trois domaines : la régulation de l'intertextualité, la dialectique du moi d'auteur et du moi personnel, conduisant à élaborer la fiction comme un espace ludique.

I) LA REGULATION DE L'INTERTEXTUALITE

On aura nommé une caractéristique importante de l'ironie balzacienne en notant qu'elle est avec insistance placée sous le patronage de Rabelais. Preuve qu'il ne s'agit pas pour Balzac, quand il se livre pour son propre compte à l'exercice de l'ironie, de sacrifier à une mode. Tout au contraire on relèverait plutôt chez lui une obstination surprenante à ne considérer les formes « modernes » de l'ironie que comme des variétés fugaces et superficielles d'un rire dont le caractère radical et universel ne peut se définir que par référence à l'œuvre de Rabelais [10]. Le fantastique byronien, l'excès du frénétique lui-même, il est frappant que, toutes ces manifestations contemporaines d'ironie, Balzac les interprète ou les récupère comme résurgences pâles et anémiées d'une tradition plus ancienne et plus fondamentale : du xvie au xviiie siècle, tous courants confondus, « la littérature franche de nos ancêtres ». Après avoir présenté les quatre ouvrages qui composent « l'Ecole du désenchantement », l'article du *Voleur* du 9 janvier 1831 ajoute :

« Un homme viendra peut-être, qui, dans un seul ouvrage, résumera ces quatre idées, et alors le xixe siècle aura quelque terrible Rabelais qui pressera la liberté comme Stendhal vient de froisser le cœur humain [11]. »

La dévoration des textes

Cette référence à Rabelais ne laisse pas de surprendre, quand on la rapproche des afféteries (éléphantesques d'ailleurs) de *La physiologie du mariage,* ou de la minceur anguleuse ou gracile qui donne aux personnages de *La peau de chagrin* la silhouette des spectres et demoiselles de Tony Johannot. Quel est donc ce Rabelais de boudoir, converti à l'amour de la mort, à la mièvrerie immature des amours adolescentes ? Quelle que soit la force mythique de son appartenance à la Touraine, Balzac ne peut faire qu'en 1830 Rabelais ne soit mort ; que les séismes de l'histoire ou les révolutions intellectuelles, qui donnent à l'univers culturel de 1830 cet aspect kaléidoscopique si souvent dénoncé, soient décrits comme les effets du rire de Rabelais, ce titan couché sous terre, n'empêche que ce soit un rire d'outre-tombe. En première analyse, et conformément à la thématique saint-simonienne des époques critiques et des époques organiques, le rire rabelaisien est la seule modalité selon laquelle puisse, en 1830, s'avouer la nostalgie d'une synthèse historique et intellectuelle :

> « Nous ne pouvons aujourd'hui que nous moquer. La raillerie est toute la littérature des sociétés expirantes [12]... »

Mais est-ce vraiment ce rire qui est rabelaisien ? Il y a plus, et plus précis, que ce thème romantique d'un rire sur un désastre. Rabelais est toujours associé au vide, à la destruction — mais aussi, plus naturellement en somme, au thème d'une insatiable boulimie de discours, de textes, de mots : par où le thème rabelaisien chez Balzac se rapproche d'une authentique ironie. Avec une remarquable constance Rabelais est associé à l'exercice contemporain d'une intertextualité torrentielle : en fait l'invocation de Rabelais comme patron et caution de l'ironie contemporaine exprime moins le désespoir des époques sans Dieu et des sociétés orphelines qu'elle n'enregistre les effets des bouleversements récents (technologiques, politiques et sociaux) affectant la diffusion et la circulation des discours. Comme le rire de Rabelais est un châtiment et un remède à l'incohérence des savoirs médiévaux entassés les uns sur les autres, dans une inflation scripturale aggravée par l'imprimerie, de même l'écrivain du XIXᵉ siècle doit faire face — par le rire — à cette consommation démesurée de discours qui est le propre de son époque. C'est ici le rôle de la presse qui est visé :

> « ... Tous nos journaux sont un livre immense où les pensées, les œuvres, le style sont livrés, avec une étonnante profusion de talent, à l'insouciance de nos intérêts journaliers... Il y a tel article politique digne de Bossuet, où de magnifiques paroles ont été dispersées en pure perte ; tel fragment possède la grâce d'un conte oriental ; telle plaisanterie est digne de Molière. La presse périodique est un gouffre qui dévore tout et ne rend rien ; c'est un monstre qui n'engendre pas [13]. »

C'est ici que le modèle rabelaisien est nécessaire, pour dévorer *et* produire, consommer *et* engendrer. Car, si les besoins de la consommation font peser sur l'écrivain esclave de la presse la double menace d'une déperdition de forces (il doit produire beaucoup) et d'une dépersonnalisation (il doit, pour être accepté, renoncer à être reconnu, et produire, sous la tutelle des modèles classiques, « à la manière de » Bossuet, Molière, etc.), en retour ce flot de matière imprimée qu'il a lui-même contribué à grossir menace de l'intérieur et de l'extérieur sa propre tentative de produire un texte original. La même image d'un flot débordant de matière imprimée prélude aux gammes ironiques de *La physiologie du mariage*. Le démon de l'auteur — un mixte de Méphistophélès, de Rabelais et de Trilby — fait surgir à ses yeux une vision allégorique qui démasque la menace d'impuissance littéraire que recèle l'inflation éditoriale :

> « Sa main fit alors un geste et sembla découvrir dans le lointain un océan où tous les livres du siècle se remuaient comme par des mouvements de vagues. Les in-18° ricochaient ; les in-8° qu'on jetait rendaient un son grave, allaient au fond et ne remontaient que bien péniblement, empêchés par des in-12 et des in-32 qui foisonnaient et se résolvaient en mousse légère. Les lames furieuses étaient chargées de journalistes, de protes, de papetiers, d'apprentis, ce commis d'imprimeurs, de qui l'on ne voyait que les têtes pêle-mêle avec les livres [14]... »

Tout à l'heure la presse était le monstre qui menaçait d'engloutissement la littérature, maintenant le flot de la matière imprimée promet le naufrage à tout nouveau livre... Pour y faire face, quel autre modèle que Gargantua ? L'association est assez profonde pour orienter, peut-être, la création des personnages au début des *Illusions perdues*. Pendant que l'inventeur prométhéen célèbre le prodigieux accroissement de la production de papier au XIX\u1d49 siècle, le thème rabelaisien surgit en contrepoint d'une manière apparemment gratuite, avec cet Ours toujours ivre de « purée septembrale ».. La présence d'une intertextualité foisonnante frappe l'acte d'écrire et d'imprimer d'insignifiance.

Le fracassement des codes

Le remède pratiqué contre cette menace d'un discours omniprésent et sans origine assignable sera, dans *La physiologie du mariage*, de lui ouvrir toutes grandes les avenues du texte, de l'exposer volontairement aux envahissements du bavardage ambiant :

> « Mais aussi, faire une pareille Etude avec l'esprit de tout le monde, n'est-ce pas s'exposer à ce qu'il ne plaise à personne [15] ? »

Comment faire un livre avec les idées de tout le monde, sinon comme Rabelais, qui passait en revue les discours et les savoirs contemporains en les alignant selon la perspective grotesque de la question de Panurge ? Pour cette opération réductrice de comparution des savoirs au tribunal de la folie, c'est aussi bien l'image pascalienne du cercle qui sera utilisée :

> « Le mariage est un grand centre dont la circonférence n'est nulle part [16]. »

Les procédés ironiques de *La physiologie du mariage* relèveront donc avant tout d'un effort de distanciation. Ce qui s'annonce dans le titre même (dont la préface souligne le rôle dans la genèse du texte), c'est ce qu'on pourrait appeler une ironie de sémiologue : une façon d'occuper un lieu vacant et insituable pour y faire comparaître les discours, confronter les savoirs pour les déjouer l'un par l'autre et ruiner leur prétention à fixer l'horizon d'un sens stable. C'est ce qui se définira en 1838, sous le nom d'Etude analytique :

> « Dès 1820, j'avais formé le projet de concentrer dans quatre ouvrages de morale politique, d'observations

167

scientifiques, de critique railleuse, tout ce qui concernait la vie sociale analysée à fond [16]. »

Il s'en faut de beaucoup, dira-t-on, que la reprise de discours dont se gonfle la voix du narrateur de *La comédie humaine* ait cet effet de vider les signes de leur substance. Mais on pourrait justement suggérer que la présence de ce texte comme couronnement dérisoire de la somme romanesque est en elle-même une protestation contre le prix dont il a fallu payer l'édification de l'œuvre. Le rire de Rabelais éclate au sommet de l'édifice, menaçant de le délabrer, ou tout au moins délivrant enfin la part de folie qui s'est investie dans les soubassements de l'œuvre.

Pratiquement, la seconde *Physiologie* manifeste, par rapport à la préoriginale, la prise de conscience par l'auteur des moyens de remplir son programme. Le procédé citationnel devient systématique, et se voit promu au rang de principe désorganisateur du texte. Des prélèvements de discours pris, dans l'horizon culturel du lecteur, en des lieux aussi éloignés l'un de l'autre que possible, imposent ou suggèrent au lecteur des lignes interprétatives différentes et contraires. Ainsi du mythe (citation du *Dictionnaire de la fable* de Chompré) et du discours mathématique (statistiques burlesques sur l'adultère en France), mis en concurrence et dévalués l'un par l'autre. L'article zoologique à la manière de Buffon sert de modèle pour un développement qui reprend en fait tous les thèmes de l'imaginaire masculin de la femme [17]. Ou encore, les mots « vertu » ou « honnête » sont traités systématiquement comme des points d'intersection de discours hétérogènes, des lieux de cristallisation d'un insurmontable disparate culturel. L'ironie ici prend à revers les signes, canalise le poids écrasant de la référence culturelle sur certains points où s'opérera un effondrement général des codes culturels.

Au total cette littérature est gargantuesque : elle se conquiert en mimant le procédé de ce qui la menace, elle engloutit et dévore les autres textes, dans une sorte de consommation boulimique. L'écart ironique, cette manière de décaler légèrement l'énonciation, est laborieusement conquis contre l'envahissement d'une culture et d'une virtuosité rhétorique qui font écran entre l'écrivain et son projet d'œuvre. Buffon, Montesquieu, Diderot, Rousseau, La Bruyère sont moins parodiés qu'utilisés pour déporter, hors de lui-même, le lieu commun qu'on leur fait véhiculer.

Le Carnaval et le dialogue

Deux modèles récurrents signalent la nuance particulière de l'ironie balzacienne. Le premier se manifeste par cette parole soufflée, cette enflure du discours qui le rapproche du boniment ou de la libre parole de l'orgie. Il y a toujours du Carnaval dans ces jeux de masques [18]. A l'horizon, nulle déréalisation du monde : ces voix qui se croisent sont moins dialecticiennes que matérielles. Le poids de réalité d'un discours est inversement proportionnel à sa valeur de vérité. Le discours dérisoire est réel, parce que le réel est ce qui échappe au discours. Mais le Carnaval devient ironique dès lors qu'un enjeu de vérité est posé : qu'il s'agisse de *La physiologie du mariage* ou de *La peau de chagrin,* ou encore de *Sarrasine* ou de *La fille aux yeux d'or,* les voix confuses de la ville ne sont, semble-t-il, convoquées que pour ménager, au plus épais de leur fracas (au bal, dans l'orgie, dans l'entrelacs des rues de Paris), un lieu de silence où se manifeste l'énigme sidérante, l'objet indéchiffrable à partir duquel s'enclenchera une explication du monde qui prendra le contrepied des apparences et des discours accrédités : le vieil eunuque, le boudoir de Paquita, la peau...

Vient alors le moment du dialogue philosophique, dont l'enjeu de vérité est diversement travesti. Les tête-à-tête du narrateur de *Sarrasine* et de la marquise, de l'auteur

169

de la *Physiologie* et du conseiller d'Etat, de Raphaël et d'Emile, mettent en scène, dans un dialogue problématique ou un récit impossible, les apories d'un discours sur l'identité sociale, sur la femme, sur soi. La Méditation XVI de *La physiologie du mariage* donne l'exemple de la plus radicale destruction ironique du dialogue philosophique. Mettant en scène un dialogue didactique entre l'auteur et son meilleur disciple, où se prépare la dévaluation des thèses ostensiblement soutenues dans l'ensemble du livre, elle donne, sous couvert d'une équivoque égrillarde, le modèle d'une dramaturgie de la vérité, grotesque en l'occurrence. Mais toujours le jeu ironique de l'intertextualité parodique organise la dévaluation des savoirs pour préparer le surgissement d'un indice silencieux du réel. Sa proximité se mesure à la faillite des discours qui prétendent énoncer une vérité sur lui. On voit ainsi se constituer une fiction ironique, avec *La peau de chagrin,* mais aussi, construites sur le même modèle, *Sarrasine* ou *La fille aux yeux d'or,* où le réel signale sa présence à travers l'objet ou le personnage le plus marqué de fantastique ou d'étrangeté.

II) IRONIE ET SUBJECTIVITE

Cette présence d'une intertextualité foisonnante, cette difficulté de traverser toute une sédimentation de discours, de se dégager de toute la chaîne des modèles littéraires rendent particulièrement précaire et problématique le passage au statut d'auteur ; d'où le recours inévitable à une réflexivité ironique sur le sujet fictif chargé d'assumer le texte.

De la diction ironique à la fiction

Toute la structure énonciative de *La physiologie du mariage* est commandée par le dessein de faire revivre « la littérature franche de nos ancêtres [19] », de faire assumer le texte par un être jeune, et pourtant de plain-pied avec les langages et les modes de pensée du XVIIIᵉ siècle. L'effacement du nom d'auteur (la *Physiologie* est signée par « un jeune célibataire ») est symptomatique : l'interprète des signes et des discours occupe un lieu paradoxal et impossible. Cet effacement est compensé par la présence envahissante d'un « je » d'auteur au sujet duquel les indications données s'ordonnent en deux perspectives : donner des éléments d'une autobiographie lacunaire — se présenter comme le porte-parole autorisé d'un discours venu de l'autre siècle : secrétaire des dames ou confident de vieux émigrés. Expérience d'une diction ironique, où la modestie de l'auteur s'abrite derrière le masque d'un « je » qui n'a d'autre existence ni d'autre destin que celui du travail d'écriture lui-même ; apparaissant au début du texte dans l'orgueil que donne le pouvoir d'effraction des signes, pour finir en prophète abandonné des siens ; entre-temps, il aura rencontré les figures allégoriques du livre qu'il écrit : cette figure médiatrice de l'auteur réel et du sujet fictif des dialogues ne cesse de renvoyer à un rapport singulièrement ambivalent du sujet à son texte...

Bien entendu, le destinataire, inscrit dans le texte sous les espèces d'un « vous », subit le même clivage entre un destinataire réel et un destinataire fictif. Mais cet interlocuteur fictif, dans un dispositif ironique qui doit peut-être beaucoup à Diderot, est lui aussi traité d'une manière singulièrement ambivalente. Encensé comme complice, il est aussi maltraité, comme récepteur tout aussi insuffisant que l'auteur est inégal à son propos. Bien plus, ce « vous » est de force enrôlé comme personnage, sitôt que, les préparatifs « analytiques » une fois terminés (Méditation VII), le discours s'organise progressivement en une fable didactique [20]. Le destinataire est donc à la fois récepteur d'un discours philosophique (qui le sélectionne pour son intelligence) et héros (obstinément aveuglé) des *exempla* qui illustrent en des fragments narratifs l'inutilité de ce discours. Ce « vous » permet une articulation parfaitement souple du discursif et du narratif, un enchaînement tout à fait invisible des deux éléments — qui fait ressortir d'autant plus leur caractère ironiquement contradictoire. Héritière du discours philosophique, la structure dialogique de *La physiologie du mariage* en dénonce avec âpreté la parfaite inutilité.

Mais, malgré la dissymétrie instituée entre le « je » et le « vous », c'est encore l'auteur qui est perdant : le destinataire ne court aucun risque à mal interpréter un texte dont toutes les avenues de sens lui ont été méthodiquement barrées, tandis que l'auteur misait au jeu beaucoup plus qu'il ne croyait : il se voit contraint d'assumer ensemble tous les énoncés contradictoires qu'il réunissait ironiquement dans sa diction pour rendre irreparable son rapport à son discours. D'où les plaintes de la préface de *La peau de chagrin*. Peu importe que soit allégué sérieusement ou non le vol d'identité dont l'auteur se prétend victime :

> « Vous devenez enfin un être multiple, espèce de créature imaginaire, habillée par un lecteur à sa fantaisie, et qu'il dépouille presque toujours de quelques mérites pour la revêtir de ses vices à lui [21]... »

Le mouvement impérieux de la préface est donc de nier tout lien de l'auteur avec son texte, autrement dit de continuer à jouer le jeu du dédoublement ironique sans s'y investir lui-même, sans y miser son identité et son être. Abandon qui lui permet, bien entendu, d'insidieuses récupérations, en suggérant à l'interprète de découvrir entre les lignes de la fiction le trésor enfoui d'une autobiographie lyrique. Désormais le « il » du personnage fonctionne comme une délégation du « je » : ce qui s'opère dès la première page, où le héros encore anonyme risque son être et son identité au jeu de la vie et de la mort.

De la charge à la vacillation du sens

Cette autonomisation de sujet dans l'instance fictionnelle du personnage permet de développer dans

La peau de chagrin les plus riches variations sur la problématique de la non-coïncidence à soi. Qu'une confession fictive (reprenant toutefois la matière d'une autobiographie réelle) s'enchâsse dans un dialogue philosophique consacré aux apories du « Connais-toi toi-même », lui-même inséré dans une orgie plus proche du Festin de Trimalcion que du Banquet platonicien, cela témoigne d'une rare virtuosité dans le maniement des différents registres de l'ironie.

Mais l'usage de l'ironie dans ce texte, en tant qu'il préside à toute prise de parole, excède de beaucoup ce jeu d'un narcissisme déçu. Il y a chez tous les locuteurs de *La peau de chagrin* (y compris le protagoniste de l'énonciation narrative) une sorte de protestation silencieuse du sujet contre le discours qu'il tient. Ce rapport au discours se traduit le mieux dans ce qu'on appelle la « charge », et se trouve caricaturalement mis en scène lors de l'orgie. Mais toute prise de parole dans le roman tend ainsi à se mettre en scène elle-même, à se mettre à distance d'elle-même par un excès, par un emportement rhétorique, comme si chaque personnage n'était qu'un masque vide que vient emplir un ouragan de paroles. On en jugera, par exemple, au discours d'invitation à l'orgie dont Raphaël est le destinataire, à la sortie du magasin de l'Antiquaire. Tout y repose sur la mobilité inquiète du rapport énonciatif créé par le « nous » ; simple sujet collectif pour commencer le plus banalement du monde, il subit en quelque sorte l'attraction de toute entité qui se présente dans le discours : le Peuple — le Législateur — le Roi, et s'achève en discours « macaronique » dont le dessein, entièrement tacite, n'est rien moins que la reproduction, dans une sorte de mimodrame rhétorique, de l'intronisation parodique de juin 1830. La puissance et la richesse de cette énonciation ironique sont incomparables à l'histrionisme de la *Physiologie* : moins l'expression d'un désespoir devant la perte des valeurs qu'une effectuation réelle du

173

rapport à une histoire dont le caractère parodique s'est ouvertement manifesté. Mais toutes les prises de la parole où les personnages successivement en quelque sorte déclinent leur identité (leur manière de se situer dans la négativité générale) reprennent cette emphase de la Profession de foi pour énoncer la volonté de survivre à la perte de toute croyance.

La fiction ironique

Il suffit maintenant de transposer ces remarques à la fiction comme telle, en tant qu'elle institue un rapport de communication entre un auteur et un lecteur. Déjà dans *La physiologie du mariage,* les insistantes mises en abîme de la situation communicationnelle paradoxale ou impossible tendaient à l'élaboration d'une structure narrative capable d'en reproduire les impasses et les apories. Dans les fictions qui suivent (*La peau de chagrin* et les nouvelles), il s'agit toujours de déjouer les interférences des discours sociaux, dont l'imposture est de plus en plus clairement dénoncée, mais en prenant cette fois comme pivot du jeu ironique — au sens d'un risque à prendre — le destinataire. Au lieu de se prendre au réseau de ses énoncés contradictoires ludiquement exhibés, l'auteur de fictions prend le lecteur au piège de stratégies interprétatives multiples, mais moins contradictoires que concurrentielles. Le genre du conte philosophique ne perd rien à se réinvestir, avec *La peau de chagrin,* dans le conte fantastique : exercice d'ironie au second degré sur un genre lui-même déjà ironique. Une vacillation perpétuelle entre l'attente du sens et la fatalité de sa déception place le lecteur dans une situation qui est proche d'une authentique ironie philosophique. L'ironie redevient alors ce *perpetuum mobile,* cette inquiétude féconde qui oblige, devant l'introduction d'un élément de sens en trop, à casser une configuration de sens dont le lecteur commençait à s'assurer pour cadrer son interprétation du texte, pour en construire une autre, dans un échafaudage incessamment recommencé. L'ironie fictionnelle est cette pratique d'un texte multidimensionnel qui, au lieu de délivrer un message sur le monde, oblige le lecteur à mettre en jeu son propre rapport au réel, à la poursuite d'un sens présent, mais toujours insaisissable. Au laminoir de la discipline réaliste, la fiction balzacienne perdra, bien sûr, une partie de cette mobilité. Mais, à y regarder de près, le geste par lequel Balzac, dans le Furne corrigé, clôt l'interprétation de Fœdora dans la platitude d'une allégorie sociale, est un geste hautement ironique :

« C'est, *si vous voulez*, la société. »

III) LA FICTION COMME ESPACE LUDIQUE

Ce dispositif est-il lié à une mode transitoire, à une crise de la production romanesque chez Balzac ? Car personne ne refusera cette définition de la fiction pour des textes comme *L'illustre Gaudissart* (encore que s'y arbitre le problème de la folie) ou *Sarrasine*. La critique est depuis quelque temps plus attentive aux « jeux du texte » balzacien, et accorde une importance accrue aux procédures de mise en abîme de la communication fictionnelle sous la forme, notamment, de « l'échange du récit» dans les œuvres mêmes qui sont soumises à la sévère discipline de la convention réaliste. Dans quelle mesure ces procédés de la réflexivité ironique peuvent-ils informer une lecture de *La comédie humaine* ?

Le vrai et le réel

La fiction, dans ces œuvres d'avant *La comédie humaine*, prend l'aspect d'un espace ouvert aux parcours multiples et aléatoires d'une interprétation toujours en suspens, et dont l'attente est toujours reportée, dans une errance sans fin. Ici encore *La physiologie du mariage* donne le modèle de ces renvois à la manière de Queneau, d'une station à une autre, le texte transgressant sa linéalité en offrant au lecteur la possibilité de trajets multiples — la limite extrême étant ce qui s'analysera dialectiquement comme un refus de lecture, ou comme l'exclusion du lecteur pour cause d'incompétence : le trajet direct de la première à la dernière phase du récit.

Mais surtout *La physiologie du mariage* institue la contradiction la plus abrupte entre l'ordre discursif et l'ordre narratif. La partie didactique et discursive assume en principe, conformément au genre de la physiologie, le rôle dominant, le récit se limitant à une application expérimentale fictive. En fait, le discours, pragmatique et même autoritairement prescriptif, se donnant pour objet non la conquête d'un bien, mais les moyens d'éviter une perte, il ne peut déployer son argumentation qu'en supposant, à chaque étape, l'échec de toutes les prescriptions qui précèdent. Les *exempla* jouent alors le rôle purement négatif d'une vérification *a contrario*, et le discours didactique se donne pour destin de succomber aux obstacles qu'il se suscite lui-même par son application fictive. Quant au lecteur, soumis à la double inscription en un « vous » ambivalent, il est nécessairement frustré, soit dans son désir de savoir (s'il abandonne le fil de la démonstration pour réordonner à son gré les fragments narratifs), soit dans son plaisir d'identification avec un héros fictif (il ne peut aller au bout de la démonstration qu'au prix de l'échec du héros).

Il n'est peut-être pas insignifiant de remarquer que cet agencement ironique des rapports entre le discours et la fiction se retrouve, à l'autre bout de l'œuvre, dans *Les paysans,* où se creuse, au-delà de l'ironie, le « disparate » entre l'idéologie et le réel.

L'aléatoire et la nécessité

Ce jeu déceptif qui met en déroute l'une par l'autre la stratégie interprétative du lecteur et sa captation identificatoire rend peut-être compte d'un certain nombre de phénomènes de la création balzacienne. Il expliquerait notamment pourquoi Rastignac, le héros épique, excellent support d'une plénitude sémantique, est sans avenir romanesque, tandis que Lucien, en qui s'intensifie et se problématise le rapport identificatoire, sert de pivot à une épopée de la déception. S'il y a là ironie, incontestablement, elle a peut-être moins à voir avec le tragique qu'avec la distance du sémiologue que déjà *La physiologie du mariage* s'efforçait de définir et de créer, le roman ne pouvant effectuer sa lecture des signes sociaux qu'à la condition de procurer au lecteur la place vide, irrepérable, qui lui donne la plus grande disponibilité possible à l'égard des signes.

A l'horizon de ces jeux, on discernerait l'ambition, pour le roman balzacien, de ne pas présenter un « modèle » de la réalité, mais une combinatoire ouverte des opérations par lesquelles le réel peut être connu en une suite indéfinie de parcours successifs. La triangulation offerte comme noyau de toute cellule narrative, dans *La physiologie du mariage,* pourrait être un bon exemple de cette transition du modèle à la combinatoire.

De ces parcours, c'est encore ce texte qui offre une image insistante en proposant comme clef de son déchiffrement le schéma topologique du labyrinthe [22]. Il se présente sous deux aspects : comme pur espace ludique — conduisant à une déception du sens — ou comme espace initiatique, conduisant à une découverte de la vérité et à une conquête du sens sous le signe de l'horreur et de la terreur. Espace ludique, le labyrinthe n'est rien de plus que ce qu'en dit Chompré, un jardin dont les avenues programment une errance sans danger et sans autre récompense que le plaisir d'errer ; espace initiatique, le labyrinthe devient l'inflexible spirale que P. Nykrog a bien vue à l'œuvre, non seulement dans la *Physiologie* (qui se réclame de Dante pour cet aspect, lorsque les effets du texte deviennent manifestes), mais encore dans l'ensemble de *La comédie humaine* [23]. Aux nouvelles « analytiques », le lecteur ne découvre, en son parcours ludique, que ce qu'il y investit : il se trouve invinciblement amené, s'il entre dans le jeu, devant la contemplation de sa propre vérité. Quant à *La comédie humaine,* ce gigantesque entassement de cercles qui se superposent et multiplient leurs intersections, ne serait-ce pas l'Histoire qu'elle s'efforce de prendre à son piège, en désignant, pour issue à ce foisonnement désordonné de discours, de trajectoires et d'efforts, l'entropie et la mort [24] ?

J.-C. F.

NOTES

1. Voir Lukacs, *Balzac et le réalisme français*, Paris, Maspero, 1967. C'est l'idée directrice du chapitre consacré aux *Illusions perdues*.

2. Lukacs, *Die Theorie des romans*, Berlin-Spandau, Hermann Luchterland Verlag, 1963, p. 73 *sq.*

3. Dans son monumental ouvrage, *Balzac et le mal du siècle*, Gallimard, 1970.

4. On trouvera une analyse très déliée des rapports entre le cynisme et l'ironie dans *L'ironie*, de V. Jankélévitch (nouvelle édition : Flammarion, 1964).

5. « Croquis : le dernier Napoléon », article de Balzac paru dans *La Caricature* le 16 décembre 1830. Reproduit en appendice à *La peau de chagrin*, Librairie générale française, 1972, p. 364.

6. Voir *S/Z*, Seuil, 1970, p. 42.

7. Voir *Pour une théorie de la production littéraire*, Maspero, 1970, chapitre consacré aux *Paysans*, p. 287 à 327.

8. Dans *La poétique de Dostoïevski* (Seuil, 1970), Balzac est considéré comme un précurseur du « roman polyphonique », incapable toutefois de « s'élever au-dessus de l'objectivité de ses personnages et de leur monde monologiquement achevé » (p. 69). Mais le dernier ouvrage de M. Bakhtine, *Esthétique et théorie du roman* (Gallimard, 1977), construit la notion de roman à partir de l'hétérogénéité des discours.

9. Voir D. Sperber et D. Wilson, « Les ironies comme mentions », *Poétique* n° 36, novembre 1978, p. 399 à 412. Ce numéro de *Poétique* fait le point sur la recherche théorique dans le domaine de l'ironie.

10. Sur la portée de cette référence à Rabelais, il faut se reporter au travail de M. Bakhtine, *L'œuvre de François Rabelais*, Gallimard, 1970.

11. *Lettres sur Paris* (lettre datée du 9 janvier 1831), *Œuvres diverses*, t. II, p. 113, dans l'édition des *Œuvres complètes* de Balzac, Conard, Paris, 1938.

12. Préface de *La peau de chagrin*, édition citée, p. 12.

13. *Lettres sur Paris*, p. 113.

14. Introduction à *La physiologie du mariage*, éd. Garnier-Flammarion, 1968, p. 37. L'allégorie et l'amplification relèvent évidemment d'une stylistique rabelaisienne, mais transposée sur un registre pseudo-fantastique.

15. *Ibid.*, p. 42.

16. Préface de 1838 à une réédition de *La physiologie du mariage* par Charpentier, *Contes drolatiques précédés de La comédie humaine*, Gallimard, collection de la Pléiade, t. XI (*Œuvres ébauchées — Préfaces II*, 1964), p. 160.

17. *La physiologie du mariage*, p. 53 : « ... Une femme est une variété rare dans le genre humain... »

18. Au sens de M. Bakhtine ; voir son *Rabelais...*

19. Préface de *La peau de chagrin*, p. 11 : « *La physiologie du mariage* était une tentative faite pour retourner à la littérature

fine, vive, railleuse et gaie du XVIIIe siècle... » Le même thème est présent dans l'importante Méditation VII de la *Physiologie* (p. 111-112). Dans ce texte, qui transpose et transforme le propos liminaire de la Préoriginale (voir *Physiologie du mariage, préoriginale, 1826*, Droz, 1940), Balzac se justifie d'introduire le néologisme « minotaurisé » (pour « cocu ») par la nécessité de transiger avec l'hypocrisie moderne, dont les femmes sont (ironiquement ?) rendues responsables.

20. « Quant à vous, êtres moins nombreux et plus réels qui me lisez, si, parmi vous, il est quelques gens qui fassent cause commune avec mon champion conjugal... » (p. 113). En 1829, le passage du « il » au « vous » est systématique, comme le prouve la comparaison du texte de 1826 avec celui de 1829. Balzac avait écrit : « Une jeune femme ne prendra jamais... », ce qui devient : « votre jeune femme... » (p. 113).

21. Préface à *La peau de chagrin*, p. 5.

22. Dont la présence insistante comme figure d'une activité sémiologique a été signalée par J.-L. Bourget, « Balzac et le déchiffrement des signes », *L'année balzacienne*, 1977, p. 73 à 89.

23. *La pensée de Balzac*, Copenhague, 1965.

24. Sur les rapports entre ironie, jeu et fiction chez Balzac, on consultera encore : B. Vannier, « Jeux du texte balzacien », *Europe*, octobre 1970, p. 167 à 181 ; L. Mazet, « Récit(s) dans le récit : l'échange du récit chez Balzac », *L'année balzacienne*, 1976 ; D. Mendelson, « Balzac et le jeu d'échecs », *L'année balzacienne*, 1971, p. 11 à 36 ; *Balzac et La peau de chagrin*, études réunies par C. Duchet, SEDES — CDU, 1979, et, dans ce dernier ouvrage, spécialement l'étude de Ruth Amossy et Elisheva Rosen. Sur *La peau de chagrin*, de précieuses intuitions sont à glaner dans P. Bayard, *Balzac et le troc de l'imaginaire*, Minard, 1978.

DIALECTIQUE DU PRINCE
ET DU MARCHAND

par Pierre Barbéris

Comme je l'ai fait si souvent dans ce genre de rencontre, je commencerai par annoncer mon intention d'appeler les choses par le nom que je leur donne et de ne chercher nul consensus par litotes ou précautions. Je considère les affaires de la critique comme suffisamment vitales pour ne pas vouloir produire une quelconque eau tiède, pour ne pas faire comme si les problèmes n'existaient pas, qui sont toujours problèmes politiques et de relation aux faits dominants actuels. Bref, je dirai non à tout académisme, fût-il celui de la bienséance et de la précision, et je réclamerai le droit à l'aventure. Le romancier, lui, pouvait et devait s'abriter, dans la préface du *Dernier chouan,* derrière l'incontrôlable et l'inattendu de son écriture : c'était moyen d'en assurer, comme on dit aujourd'hui, la promotion. Mais ici ce sera toujours ma faute — peut-être, et je l'espère — si les choses parlent clair et haut.

L'un des moyens de cette franchise sera de toujours relier la réflexion sur Balzac (une fois encore occasion et banc d'essai, non gadget pour « spécialistes ») à une réflexion globale sur la société, la politique, la culture, les rapports de forces au cœur desquels nous avons à travailler et à vivre. La dialectique du prince et du marchand dans *La comédie humaine* est quelque chose qui nous concerne, nous implique et nous interpelle tous : comment et pourquoi est né dans nos littératures occidentales ce nouveau *héros,* par ailleurs figure sociale, sociologique, et non nécessairement héroïque, qu'est *l'intellectuel,* non comme essence ou nature, mais comme l'un des pôles dialectiques d'une relation dont l'autre pôle est cet inattendu post-Lumières : l'homme de l'échange et de la liberté devenant l'homme du pouvoir et du monopole ? Plus exactement peut-être : comment et pourquoi s'intellectualise, et acquiert une dimension intellectuelle, celui qui n'est pas simplement un clerc mais le refus du marchand ? Je donne d'avance rendez-vous, dans ma conclusion, à d'autres spécialistes que de Balzac.

La controverse est ancienne et canonique : masse « réaliste » et fictionnelle avec des annexes « philosophiques » regrettables ou valorisables ; ou bien entreprise toujours « réaliste », mais informée, structurée, produite par une « philosophie » à prendre comme ça, ou originable dans l'HISTOIRE ; bref : unité profonde d'une entreprise qui se serait faite romanesque, mais qui, à l'origine, était d'une autre nature ? Une fois livrés les combats qu'il a bien fallu livrer contre les diverses lectures mutilantes, et compte tenu des nouvelles situations de lecture (Balzac n'est plus lu aujourd'hui par ceux qui ne connaissaient que l'ancienne critique pré-marxiste, préfreudienne, prélinguistique et présémiologique, même si institutionnellement cette critique continue à raconter ses petites histoires), on peut sans doute, on doit tenter d'approfondir. Et je pense que l'une des directions les plus fécondes serait de revenir sur cette idée de mythe et de mythologie, que n'aiment pas les petits tâcherons du texte. Les difficultés, certes, sont grandes : vague des notions, risque d'arbitraire dans le transfert et l'utilisation de concepts valables ailleurs ; tendance de notre époque (du moins chez les « littéraires », car enfin Duby, Vernant, Dumézil chez nos voisins...) à privilégier, au nom de l'analyse de récit et dans le cadre du procès de *tout* encyclopédisme, les micro-

182

séquences et les micro-problèmes ; lourd héritage d'une situation de crise du marxisme et des grandes idées (quelle idée !) de remodelage de l'homme. Ainsi, cette conséquence : on est allergique aux grandes machines interprétatives et l'on se sécurise par une précision qui ne voit évidemment pas que sa nouvelle myopie rejoint l'ancienne. Et pourtant... J'oserai prendre ici le parti des idées générales, des grandes images et de la théorie contre le nouvel entomologisme qui est aujourd'hui le produit le plus clair du réformisme moderniste dans la critique littéraire.

Car enfin... Une psychanalyse qui se détourne du corps et de la physiologie pour retrouver comme des espaces de l'esprit ; une linguistique (ou du moins sa face visible dans le champ des lectures de textes littéraires) qui travaille dans un univers de signes comme tout réjouis d'être arbitraires ; une sociocritique qui, s'épurant de tout marxisme, est bien souvent guettée par un œcuménisme qui lui fait beaucoup pardonner : telle est aujourd'hui la situation, à quoi il faut bien ajouter le vieillissement de tout un sabir, de tout un pédantisme érudit, de tout formalisme à effets.

J'insiste. Univers du signifiant, univers du symbolique : c'est toujours une manière de ne pas être l'univers de l'HISTOIRE, un moyen de ne pas en parler et donc de ne gêner personne. Que de colloques fonctionnent sur cette répartition des tâches, sur cette double et complémentaire conjuration ! Vous êtes quelqu'un de respectable et d'audible si vous parlez signes, langage, symboles. Vous êtes un emmerdeur, un cuistre, un archaïque, si vous parlez institutions, finances publiques, façonnement de l'imaginaire par les mutations techniques et économiques, dérives politiques, origines et entreprises des pouvoirs. Mon Prince et mon Marchand, on en voudra bien peut-être, s'ils peuvent prendre leur place dans le magasin des archétypes et des fonctions ; mais s'ils entendent être princes et marchands d'une époque précise, d'une HISTOIRE qui a eu lieu mais qui, sauf en littérature, n'a guère été écrite et que nous continuons à vivre et à subir, bref si vous entendez parler du capitalisme, de ses crises, de ses effets, des solutions et des ruses qu'il engendre ou finance, des diverses social-démocraties sans lesquelles il ne saurait survivre ni simplement passer certains caps dangereux, alors vous êtes vraiment un homme sans goût et pour tout dire un empêcheur de rocardiser la critique littéraire... Le Prince et le Marchand voudraient être moyens ici, aujourd'hui, de poser quelques problèmes esquivés. Comment cela ?

*
* *

Invention du roman ? Certainement pas comme Parmentier « inventa » la pomme de terre ou comme, en un autre sens, Edison la lampe à incandescence. Invention du roman, c'est-à-dire forgeage, découverte aux deux sens du mot (découverte pour soi, découverte aux autres, révélation) de ce qui constitue désormais le roman en genre majeur, en voix souveraine et quasi unique de la modernité. Le romantisme — c'est bien connu aujourd'hui — n'a pas inventé le théâtre, s'étant battu à l'intérieur de la problématique et de la pratique de ceux qu'il prétendait combattre ; et seul Musset, avec son théâtre sans destinataire (idée sur laquelle je vais revenir) — s'est conduit en prince littéraire, en donateur, à un public encore absent, de textes injouables, c'est-à-dire invendables. L'invention du roman ce sera ici sa pratique nouvelle, à partir de figures et fonctions qui lui sont propres, même s'il a pu les reprendre — à nos yeux de lecteurs du moins — à des formes antérieures de l'écriture de la modernité (*Hamlet*, *Le misanthrope*). L'invention du roman ce sera la mise en place de nouveaux mythes par la transgression des pôles traditionnels d' « intérêt ». Le roman marchait au familier. Mais il s'était mis de bonne heure (Rousseau, Goethe) à

184

marcher au mythique, à l'exemplaire, à produire un nouvel épique mais critique et non pas rassurant. Or le mythique, l'exemplaire, l'épique, marchent souvent (toujours peut-être) au *dilemme,* au problème posé, à l'affrontement fondamental repéré et qui ne doit rien à une culture ou à une imitation. Ici, le dilemme c'est celui du marchand qui ne rayonne plus mais qui règne, et celui de l'exclu, du dépossédé, qu'il soit homme d'autrefois intellectualisé par sa défaite, qu'il soit homme d'aujourd'hui marginalisé par ses exigences trans-marchandes. Le marchand avait été l'intellectuel. L'intellectuel, désormais, se sépare du marchand et, s'héroïsant, nécessairement, en l'absence d'un Prolétariat pratique et théorisé, *s'aristocratise.* Naissent un nouvel ordre de chevalerie, une nouvelle noblesse, jetés à la rue par les hommes de comptoir et leurs scribes. Que le prince ne puisse dire son idée de la vie qu'en mourant, ou, d'abord, en parlant ailleurs, d'ailleurs, vers un ailleurs ; que le marchand ne puisse exercer son réalisme qu'en cessant de vivre et en menaçant la vie : cette poule et cet œuf ne sont pas nés d'une dure-mère balzacienne surmenée mais d'un essai pour saisir en profondeur ce qu'est l'HISTOIRE nouvelle.

On peut partir de deux textes.

I. « Si vous désirez voir ce portrait, je me hasarderai volontiers à le prévenir... Vous hasarder !... reprit le jeune homme, votre maître est-il un prince ?... Mais, je ne sais pas, répondit le garçon. »

(La peau de chagrin)

II. « Il est un homme, à la fois prince et comédien, un homme revêtu d'un magnifique sacerdoce, qui semble ne rien faire, et qui néanmoins règne sur l'humanité lorsqu'il a su la peindre. »

(Les illusions perdues)

Il s'agit là de tout autre chose que « Les Rotschild, ces Fugger modernes [qui] sont princes de fait » (*Le cabinet des antiques*). Nous ne nous intéresserons en effet qu'aux princes de droit, aux princes qui disent un droit, donc un droit contesté, menacé, nié, aboli, aux hommes dont le pouvoir est cryptique et de contrebande, non aux hommes qui règnent et qui dictent : malgré les apparences, les Poniatowski ne sont pas des princes.

En quoi l'antiquaire est-il, ou peut-il être un prince ? En ceci, essentiel, qu'il ne vend pas mais qu'il *donne*. Le « gros garçon », avec son « babil de cicerone » et ses « phrases sottement mercantiles », appartient, lui, à l'univers marchand. Mais l'antiquaire ne parlera que dans la solitude et dans le secret de la pièce qui est au sommet de la pyramide, là où il sera seul avec Raphaël, comme Derville est seul à minuit avec le colonel Chabert. Là cessent de jouer les clauses et habitudes de la vente et de l'achat, des rapports marchands. L'antiquaire *donne* à Raphaël le talisman, comme Derville, au mépris de toute stratégie de carrière (jusqu'alors il n'acceptait que des causes imperdables), prête à Chabert de quoi attendre l'arrivée de ses papiers. En bas (dans le magasin, dans l'étude des clercs) on vend ; en haut, l'échange se fait d'une autre manière, inséparablement don de la vie et don de la mort (Raphaël mourra mais aura vécu d'avoir reçu le talisman ; Chabert mourra mais aura vécu d'avoir fait le pacte avec Derville). Indice sûr du Prince : il ne vend jamais ; il communique ; ou il établit, ou rétablit la communication. Raphaël n'avait entendu que des paroles fausses, comme Chabert dans l'étude où il avait affronté les clercs. Dans le tête-à-tête avec le Prince, la parole redevient possible et vraie, moment unique dans le bruit moderne. Qu'est-ce à dire ?

Le second texte répond : le prince n'est pas « homme de suite », comme disait déjà *Des artistes* en 1830. Le prince ne *travaille* pas au sens ordinaire ; il travaille autrement. Il ne s'inscrit pas dans l'épure des réussites, des carrières des utilités. Mais il produit quelque chose que ne produit plus le marchand qui a absorbé l'ancien industriel : le sens. Et le sens ce n'est jamais quelque chose qui se puisse vendre. Le sens c'est toujours de la contrebande, du malgré quelque chose. C'est ce qui transgresse le dessein idéologique constitué. Le sens, c'est la clef de ce qui est occulté. Or qui, désormais, dans cet univers laïque occulte quoi ? Quels grands prêtres et quels arcanes ? Qui entretient le mystère autour des réalités libérales ? Le prince est celui qui sait et qui peut dire. Le marchand est celui qui ne veut pas savoir, qui entend que l'on ne sache pas. Il est, logiquement, celui qui crie « au fou ! » lorsque se manifeste le prince. Chose étrange : c'est le dépossédé qui possède quelque chose (les « trésors qui n'ont pas cours » de Raphaël). D'où la récurrence balzacienne du thème du retour, ou de celui qui entend rentrer, entrer en possession de quelque chose qu'on lui a pris. Qui a pris quoi à qui dans le monde moderne ? Qui est bâtard de qui ? Qui est exclu et qui exclut ?

Ce dépossédé en effet, d'où vient-il ? Cet homme non de l'échange et du projet mais de l'usage et du don, non de l'ambition mais de l'être, quel cataclysme l'a projeté, aberrant et prometteur, sur la planète régie par son contraire ? La réponse me paraît évidente. Le prince vient de la destruction de ce que, longtemps, on a appelé tout simplement et sans adjectif la *propriété*, la propriété foncière, la société agraire, et de son remplacement par une structure de propriété bicéphale dans laquelle la propriété nouvelle, la propriété mobilière dévorait de plus en plus, mitait, rongeait l'ancienne « nature ». Il faut peser ici ces paroles de Chateaubriand dans son grand discours de 1825 sur la loi d'indemnité (rappelons que le fameux milliard des émigrés était versé sous la forme de titres de rente 3 % de valeur nominale de 100 francs mais qui ne se pouvaient négocier en Bourse qu'au taux moyen de 60 francs ; on n'indemnisait pas comptant, en capital, mais en monnaie de singe, qu'il fallait bien, si l'on voulait réaliser le capital, refiler aux banquiers, lesquels évidemment vous attendaient au coin de leur bois ; conséquence : les titres de rente, loin de pouvoir contribuer au rachat des terres et donc à la reconstitution d'une aristocratie locale vivante, ne pouvaient qu'alimenter l'affairisme, que favoriser les tentations de trafic comme on le voit dans *Armance* et dans *La duchesse de Langeais* :

> « La loi d'indemnité devrait être une loi solitaire, ne liant les destinées de ceux qu'elle doit consolider à nulle autre destinée, ayant en elle-même ses moyens d'accomplissement, son principe de vie ; borne nouvelle des héritages replacée par la main du roi ; *monument expiatoire élevé à la propriété* et marquant *la fin de la révolution*. Le projet qui vous est présenté est malheureusement rattaché à des *idées qui en* rompent la nature *. »

Entendez clairement : la nature de *la* propriété, de la seule propriété concevable et connaissable. La Révolution n'a pas tant coupé le cou du roi qu'elle a, au nom de l'argent et des entreprises, touché à l'arche sainte de la propriété naturelle. La loi d'indemnité se devait de corriger cela. Elle n'a fait, structurellement, que le sanctionner, voire l'aggraver. Elle a accéléré le double phénomène d'éviction d'un héritage et d'expulsion forcée dans un nouveau système. Nous avons tous perdu Combourg, nous qui pourtant n'en étions pas propriétaires.

Il y a deux lectures possibles en effet : une lecture étroite, au nom des intérêts de classe et qui consiste à ne voir dans cette défense de la propriété foncière qu'attitude naturelle de propriétaires spoliés. Mais, dans ce cas, pourquoi Chateaubriand, qui ne possède ni ne possédait le moindre pouce de terre, et qui, il le dit en commençant son discours, n'a rien à attendre de la

---

* C'est moi qui souligne ici, ainsi que dans les citations suivantes.

loi d'indemnité, oui pourquoi Chateaubriand proteste-t-il contre la non-réparation faite à la propriété naturelle et « d'avant » ? Et comment se fait-il que Balzac, qui n'a jamais eu, lui non plus, la moindre « propriété » à l'ancienne, soit parti en guerre contre la destruction de la terre et sa transformation en marchandise ? Pour répondre, il faut pratiquer une lecture large, symbolique et idéologique. Et, pour ce faire, il faut peser, par exemple, cette ancienne phrase de *L'essai sur les révolutions* :

> « Le propriétaire a un intérêt personnel au maintien des lois, tandis que *l'homme sans propriétés tend sans cesse*, par sa nature, à bouleverser et à détruire. »

Pas de contresens ! L'homme sans propriétés n'est ni le vagabond ni le prolétaire, et cet « ennemi des lois » ; ce peut très bien être l'industriel, le commerçant, l'homme d'entreprise, celui qui, ne possédant pas la terre mais, voulant entreprendre, est *nécessairement* homme de *révolutions*, les vraies, non les barricadières, non les superficielles, mais les profondes, les structurelles, celles qui portent sur les rapports de production. 1789 fut la révolution des non-propriétaires, c'est-à-dire non celle des pauvres, des sans-culottes, des hommes des bas-fonds, mais celle du Tiers marchand et légiste qui ne pouvait se développer dans le cadre de l'ancienne propriété et de ses exclusives superstructures institutionnelles. liberté ? Ou lachez-tout du fleuve de l'immortalité et de l'anti-nature ? La propriété au sens foncier est morale, parce qu'elle est stable et circulaire, parce qu'elle s'inscrit dans une durée continue, parce qu'elle signifie le retour des oiseaux et des saisons, l'homme fonctionnant sous le signe d'un perpétuel réengendrement de soi. La propriété nouvelle, au contraire, libère des appétits anarchiques et (mais il fallait le temps de le constater, il fallait qu'une certaine expérience soit faite) jette de nouveaux pauvres sur les routes, dans les livres, hors de

189

tout lien, hors de toute famille, hors de toute leçon, hors de tout sens. La littérature, ici, exprime et vérifie.

*
* *

Roman de la terre perdue, et jamais retrouvée ni reconquise ? *La peau de chagrin,* bien sûr avec cette île de la Loire, vendue, où se trouve le tombeau de la mère. Mais déjà *René,* avec ce château paternel dans lequel on n'entre jamais pour commencer, et qui ensuite, vendu par le frère aîné et devenu propriété des autres, sera furtivement visité par Lucile-Amélie avant l'entrée dans la mort. *Armance,* ensuite, avec cette terre de Malivert en Dauphiné (double perte ici : pour le personnage et pour l'auteur grenoblois qui n'est jamais revenu à Grenoble comme Chateaubriand n'est jamais revenu à Combourg), que le héros n'habitera jamais et que ne sauraient évidemment remplacer ces terres fausses, ces terres mondaines, où les Bonnivet donnent des chasses ou bien font reconstruire et créneler en style troubadour. Depuis longtemps, d'ailleurs, les anciens hommes de la terre, devenus les « étourdis » de la douceur de vivre puis les spéculateurs de l'époque Villèle, s'étaient transformés en hommes du mouvement fou et de la destruction par le désir : ils vivaient bien sans terres, eux, fous de cour et de salon, à genoux devant un vote des Chambres et un secret pour jouer à la Bourse « *à coup sûr* ». Aussi, lorsque Octave salue la Grèce, terre des héros, terre sur laquelle il n'abordera jamais, terre impossible désormais sauf à mentir et à jouer les Byron de bazar, il dit, en clair, qu'il n'est plus de héros parce qu'il n'est plus de terre ni de terres, qu'il n'y a plus que l'errance dans les villes « vaste désert d'hommes », comme l'avait si bien dit Chateaubriand et comme le redira *La peau de chagrin.* Et la mer ne reconduit plus personne vers la moindre Ithaque. Et donc plus personne, le soir, sous un ciel sans périls ni mystères, sous un ciel, aurait dit Lukacs, plus rempli de réponses que de questions, ne racontera à d'autres hommes, destinataires clairs et non problématiques, de ces histoires faites pour l'instruction d'hommes qui ne sont pas seuls. Désormais, au contraire, conséquence de la mort des paysages et des lieux d'origine, les discours — ici les romans — perdent leurs destinataires, les cercles d'auditeurs deviennent des foules immenses et atomisées de lecteurs ou de lectrices qui restent facilement pensives, et la Grèce se salue non dans un discours mais dans une réflexion interne et perdue ; « Je te salue, *se* dit-il, terre des héros... » L'outre-tombe, la lettre du suicidé, le livre pour personne ou pour d'encore inaccessibles « happy few » est devenu le mode naturel et dominant du discours moderne, qui n'a plus de public constitué déjà là, et doit s'en fabriquer un, s'efforçant, pour toutes ces raisons, de se le définir non seulement dans des préfaces mais dans tous les discours d'hommes sans lieu. « Pour qui écrivez-vous ? » : la question ne fut pas posée pour la première fois par des pouvoirs d'Etat révolutionnaires, soucieux que l'on écrivît pour eux ou pour ce qu'ils prétendaient représenter, mais par des écrivains dépossédés, qui ne se souciaient plus de satisfaire des publics de fait, mais de communiquer avec ce grand autrui, dépossédé lui aussi, qui donnerait peut-être un jour sa vraie dimension historique à ce petit moi, seul atome vrai pour le moment dans un monde d'inauthenticité. J'écris pour ceux qui n'existent pas encore, qui ne peuvent exister, moi Octave auteur de ces lettres à Armance que nul roman par lettres ne publiera, moi D'Arthez auteur de ce livre inconnu que ne donnera jamais à lire *La comédie humaine*, moi Raphaël de Valentin, auteur de ce *Traité de la volonté*, que seul a lu, jadis, Emile mais que le lecteur-acquéreur de *La peau de chagrin* — deux volumes in-8° chez Urbain Canel au prix de quinze francs — ne lira jamais. Car, comme aurait pu dire Stendhal, la peau de chagrin, la vraie, est la seule chose, avec la peine de mort, qui ne s'achète pas. Homme sans terre, le prince dépossédé est aussi un homme sans discours, un homme du discours de contrebande ou de secret : tablettes d'Hamlet, *Pensées du jardin* de Louis Lambert, œuvres dans l'œuvre, textes dans le texte, parasitages à comprendre, notamment, toujours, des préfaces, déclarations, analyses critiques qui se mettent à la traverse de la narration « normale », commentaire du *Dernier chouan* sur la couleur locale ou de *Goriot* sur le drame et la douloureuse littérature. Le prince ne peut que disputer, parodier, écrire toujours au second degré, à la différence des fournisseurs de littérature pour marchands, ou plus exactement et littéralement chez Balzac, à la différence des hommes de la « littérature marchande ». En face, de l'autre côté d'une eau invisible, ni Styx ni Léthé, mais prise de conscience, il y a cet autre personnage, cet autre héros, que Balzac, mais pas lui seul dans son siècle, nomme si souvent en clair, et que nous n'avons qu'à lire si nous le voulons bien. Le prince du nouveau discours est à la fois l'intellectuel et le prolétaire de la modernité. Car il n'est pas la victime d'un Dieu anonyme et lointain. Si la terre a été perdue c'est que la terre a été achetée. L'on a été chassé de l'univers des saisons et des enfances parce qu'il y a eu des acheteurs pour ces paradis ; on s'est trouvé captif de l'univers des villes, des ambitions, des trafics et des mises à l'encan parce qu'il y a eu l'urbanisation, l'industrialisation, la relève de la propriété traditionnelle par la propriété nouvelle ; on est passé de l'espace au mouvement et du circulaire au vectoriel parce qu'il y a eu mise en place d'une nouvelle économie et de nouveaux pouvoirs. Qui a acheté quoi ? Qui a chassé qui ? Qui, après avoir abattu les vieilles bornes, en a scellé de nouvelles ? Qui a jeté qui sur les routes ? Qui a réalisé par la force les nouvelles enclosures, de la propriété bourgeoise comme du sens bourgeois ? On ignorait les routes dans l'univers clos. On part sur les routes, on s'y rencontre, on s'y retrouve dans l'Univers de Birotteau quittant la Touraine pour Paris, de Lucien partant d'Angoulême. Le prince n'est plus dans un domaine, il est toujours par monts et par vaux, comme Hamlet depuis qu'il a quitté Wittenberg et que son père mort lui a parlé. Or la route est le lieu du vagabond, lieu des pauvres promis aux manufactures, lieu du roi fou. Le marchand, lui, est derrière son comptoir, derrière ses volets. Au Chat-qui-pelote, déjà, c'est l'artiste qui est dans la rue.

Pour le dire plus nettement encore : s'il y a manque et dépossession, dépossession et manque de quoi ? Et par qui ? Et par quoi ? On est toujours prêt à dire : dépossession du pénis, dépossession du discours, castration, aphasie, manques certes, mais jamais manques historiques ni historisés. Manques du moi, du ça, des signes, mais jamais manques dans les structures, dans les institutions, dans la politique, dans le jeu des forces économiques, dans les formes de subsistance ; jamais pertes dans le monde réel et concret. Lacan s'est, paraît-il, déclaré sûr de mourir sans avoir rencontré un nouveau fantasme, et le langage est toujours là, avant tout. Jouant comme machine à refuser l'HISTOIRE, comme il est évident que la forme et le moi freudien remplacent aujourd'hui, dans un combat qui n'a pas cessé, la vieille âme et le vieil humain des positivistes, respiritualisés pour raisons de défense sociale. Or *La comédie humaine* est claire sur ce point du manque et de la perte dans un siècle qui avait vu se rompre le fil de l'éternel, donc de l'état originel et continué de dépossession. Il y a bien eu dépossession, mais de choses concrètes, et depuis une certaine coupure : propriétés, formes culturelles, valeurs, espoirs nés de la Révolution, fruits légitimes d'héritages et de travaux inenfermables dans le cadre du vieux monde, tendus vers une nouvelle liberté, vers de nouveaux possibles. Comment parler du prince moderne sans parler de ce qui, dans la modernité, a fait de lui, profondément, même s'il appartenait aux générations montantes, même s'il avait amorcé sa sécession des anciens (voir le cadet René, voir le polytechnicien Octave), un homme sans terre, sans famille, sans langage ? Un homme qui devait tout s'inventer ? Un jeune homme nécessairement sans Mentor, dans un monde où nul vieillard, ne détenant plus aucune sagesse, ne pouvait plus être autre chose qu'un aveugle ou un tyran. L'anecdote certes, ici, pourrait nous guetter, les accidents de parcours individuels, les malentendus. Henri Guillemin serait de taille. Mais il s'agit de quelque chose de plus large sans doute que ne le supposerait même une lecture marxiste au premier degré : relation fiction/ HISTOIRE politique, HISTOIRE catastrophique, HISTOIRE immédiate et récente. Il s'agit d'un impossible et nécessaire entre-deux, d'une situation obligée, logique, mais profondément anxiogène, qui tient aux remodelages profonds, à l'un des mouvements les plus profonds de l'HISTOIRE sociale. Le marchand a dépossédé le prince, mais qu'est-ce que le marchand, outre ce monstre que, schématiquement, le moralisme traditionnel oppose toujours, sans s'interroger sur leur homologie profonde, au lumineux négociant de Voltaire ? *Il faut s'interroger sur le marchand.* Une critique qui entend ignorer le pouvoir proprement marchand ne se risquerait sans doute pas à poser la question. Allons-y, donc... Qu'est-ce que c'est la Bande Noire ?

Fernand Braudel nous a bien expliqué comment le marchand s'était séparé du producteur, depuis l'atelier-boutique, avec fenêtre ouverte sur la rue, du côté des chalands, à la boutique seule et pure, à la boutique reine, où l'on ne vend pas tant qu'on *revend* de tout, pour peu qu'avec des capitaux on ait pu l'acheter. Là, l'échange et la spéculation se séparent du geste humain concret, de la victoire sur la matière, du minimum technique sans lequel il n'y a pas de survie. L'aboutissement, ce peut être la boutique de Gersaint, avec sa fameuse enseigne, où l'on fait commerce de ce qui longtemps avait été l'invendable, destiné aux murs, aux palais, aux églises : l'œuvre d'art. Ce sera donc, aussi, le magasin d'antiquités de *La peau de chagrin*, où le désordre, le chaos diront à eux seuls non plus que s'épanouit la civilisation de l'échange, mais que l'HISTOIRE se désignifie. Ce sera encore le salon Camusot, où les trésors de Pons trôneront, non comme beautés acquises et comprises, mais comme objets achetés. L'aboutissement théorique, théorisé, ce sera toutefois ce que Balzac, dans *Birotteau*, nomme le « commerce abstrait », où le profit se sépare du salaire, de la rémunération d'un acte créateur, où l'homme d'échange n'a absolument plus besoin d'être un homme de métier. L'échange, cependant, avait été progrès et sans lui l'humanité en serait encore aux cavernes, aux échoppes, aux châteaux ? Justement. Et c'est encore Braudel qui fait comprendre ce point en distinguant trois étages : celui de la « civilisation matérielle » (niveau minimum de vie au-dessus duquel il faut absolument s'élever, auquel il faut, pour s'humaniser, échapper) ; celui de « l'échange », qui désenclave et décloisonne, et qui donc promeut inventivité et liberté ; celui enfin du « monopole », né (ceci est capital) de l'échange mais qui le pervertit, le détruit et débouche nécessairement dans la « barbarie organisée ». L'échange a été vécu comme progrès par rapport aux strates historiques de la « barbarie vitale » ; il s'est aisément et normalement accompagné de l'explosion des « lumières » puisqu'il libéralisait la servilité et la servitude, puisqu'il transcendait le biologisme initial, lieu des pouvoirs obscurantistes. Mais il est exposé, si l'on n'y prend garde (et qui ?), à se dégrader en monopole néo-féodal, en aristocratie stérilisante, et c'est pourquoi tant de ses théoriciens intelligents voudraient bien le ramener en arrière, le vacciner contre sa propre vérole qui suscite menaces ou révolutions. Voyez ici *Démocratie française*. Or, notre marchand, s'il est apparu dans le monde comme figure de l'échange et de la communication (voir toute l'imagerie XVIIIᵉ sur le monde qui s'ouvre), s'il a été libéral et philosophe, est devenu très vite l'homme du blocage et de l'accaparement, l'homme d'un système sans jeu où l'inventivité n'avait plus de place, et qui donc excluait et poussait à la révolte, à l'ingratitude si l'on veut, à la méconnaissance ou à la perte de connaissance de la « liberté » originelle. Dès lors, partis de l'espace circulaire primitif qui était une prison, nous sommes passés au temps vectoriel qui était une promesse, mais nous nous sommes vite retrouvés dans la nouvelle prison qu'il entourait de murs solides. Nouvel espace de la modernité, nouvelle clôture sous le regard omniprésent des pouvoirs. Le panopticon de Foucault est lié à cette mutation de l'échangisme mobile en fonctionnalisme logique. La liberté devient police, mais l'on ne pouvait pas ne pas passer par cette liberté, donc par cette police. Michelet dira admirablement dans *Le peuple du nouveau commerce :* « Triste et misérable commerce, sans INDUSTRIE, sans autre idée que celle de se manger les uns les autres », donnant raison à ce Balzac qu'il avait accusé, pourtant, de défigurer la France aux yeux de l'Europe. Il dira aussi des bourgeois qu'ils ont « fait et DEFAIT juillet » : fait l'unité, fait la France, mais ensuite fait la nouvelle situation d'exclusion, fait la nouvelle division, comme il l'écrit après le Disraeli de *Sybil,* en deux « nations ». L'autre « nation », on le sait bien, née de l'éclatement de l'unité libérale (celle qui avait été réalisée par-delà Normands et Saxons par Richard et sa monarchie, par-delà Francs et Gaulois par la France et sa « démocratie »), comprend les pauvres, les femmes, les jeunes gens, les intellectuels, tout ce qui converge ou se retrouve, s'exprime ou se reconnaît dans celui que j'appelle le prince, figure critique majeure de la modernité. On comprend que ce prince-là soit nécessairement partout, puisque partout il y a, il a fallu qu'il y ait, le marchand, libérateur et despote.

Car il n'est pas d'exemple, *dans nos sociétés,* qu'on

soit sorti de l'enfer de la civilisation matérielle autrement que par la liberté nécessaire et équivoque de l'échange, avec tous les risques subséquents d'entrée dans l'enfer du monopole. Il n'est pas d'exemple qu'on ait pu échapper aux anciennes tyrannies de la terre et du rudimentaire sans recourir aux services empoisonnés du marchand. C'est à l'intérieur de cette nécessité qu'il faut apprécier le surgissement du prince, toujours venant d'un hier détruit, mais toujours parlant pour un avenir à faire autrement que selon l'inévitable progrès marchand. Tout le romantisme est là sans doute, qui ne perçoit le progrès comme mort d'un passé que dans la mesure où il le perçoit aussi comme la mort d'un avenir, comme son impossibilité radicale. L'univers de la terre et du rudimentaire, vécu de bonne heure comme univers prison, comme univers interdiction, a cédé la place à l'univers de l'entreprise, du mouvement, de la mobilité. Mais dès lors que cet univers a commencé à devenir celui de la réification, du blocage, de la fausse liberté et de la fausse civilisation, régressivement l'univers ancien est apparu comme celui d'une nature et d'une mère perdue, d'un éternel retour des saisons, d'une réfection perpétuelle de l'énergie, d'un ressourcement périodique de l'authentique et de la liberté, tout progrès désormais étant vécu comme une expulsion, une mort à quelque chose, non comme un point de départ et une éclosion. Ainsi est née ce que Marx appelait un peu vite, et sans en mesurer toutes les implications critiques, la vision romantique du monde (c'est-à-dire, dans son esprit, réactionnaire et passéiste), à laquelle il pensait, il est vrai, pouvoir répondre, et plus d'une révolution après lui, par un schéma véritablement révolutionnaire : l'univers arbitraire et carcéral de la terre avait dû être remplacé par l'univers incomplet et faussé de l'entreprise, et c'est le socialisme qui purgerait l'entreprise et la liberté de ce que leur avait imposé l'intermède libéral et capitaliste. Un premier ailleurs ayant remplacé de manière insatisfaisante un hier aboli était à son tour devenu un hier promis à être remplacé par un nouvel ailleurs, d'abord rêvé, puis devenu demain et bientôt aujourd'hui. Ce n'est pas le lieu de discuter ici de la validité de cette proposition, même si certaines des réalités du socialisme ont pu engendrer le rêve d'un retour au nid douillet d'un capitalisme innocenté : de toute façon le marchand n'est pas mort, à la différence de l'Ancien Régime, en 1789, et, surveillant l'opération, il ne perd pas les pédales. Ce qui nous intéresse plutôt ici, c'est, dans le cadre d'une nécessité, l'invention d'un personnage sans lequel on ne saurait la reconstruire. Banalité que de dire que ce personnage, ce ne sont pas les historiens qui l'ont inventé, qu'ils n'en ont même pas soupçonné l'existence... Plus, nous importe de repérer à présent, dans *La comédie humaine*, les conséquences et les manifestations de cette connexion sur l'HISTOIRE.

*
* *

I. Le rapport conflictuel entre ce qui s'achète et ce qui ne s'achète pas, entre acheter et ne pas acheter, est entré dans le champ littéraire et culturel avec l'après-Lumières et l'après-Révolution, chez Balzac mais aussi chez Stendhal. Acheter/Ne pas acheter (et donc toujours Acheter/ Ne pas acheter), quelque chose à quelqu'un, n'est pas encore un problème productif dans *La princesse de Clèves* ou *La nouvelle Héloïse*. On va chez un bijoutier non pour acheter des bijoux mais pour apparier des perles, non pour réaliser un transfert de pouvoir et de propriété (et pourtant, cet Italien venu d'Italie dans les bagages de cette reine, fille de banquiers...), mais pour accomplir un acte esthétique : aussi, quelle différence, de ces pierres, perles, bijoux pour la seule parure et le seul désir d'être belle, aux diamants, marchandises et fétiche de Godseck (« J'ai les diamants ! J'ai les diamants ! » comme plus tard, toujours marchandise, toujours fétiche : « J'ai un amant ! J'ai un amant ! » d'Emma Bovary). On *a* des terres, de tout droit, et on y bâtit l'image d'un monde nouveau. Désormais, acheter suppose quelqu'un qui se vend, et refuser l'acte de vendre et de se vendre c'est refuser le pouvoir de qui achète parce qu'il peut acheter, parce qu'il *possède,* dans un nouvel espace, selon de nouvelles lois, qui condamnent au temps infini, à la perte infinie vers un avant dépourvu à jamais d'autre promesse que l'usure et la mort celui qui ne possède pas et ne veut pas posséder, pour la bonne et simple raison qu'il ne saurait être et s'accomplir selon ce qui signifie sa propre négation. Le prince, avant d'être un personnage individualisé, individualisant, est d'abord cette espèce d'intellectuel collectif composé des jeunes gens instruits et désirant l'être, des femmes, des hommes de pensée très souvent, et lorsqu'ils échappent au simple décor, lorsqu'ils se font fonction : quiconque *déborde* le système et l'appareil marchand relève de cette chevalerie, de cette « princerie », qui, contrairement à celles qui faisaient bouillir Saint-Simon lorsqu'il s'agissait des Lorrains, n'est pas entreprise ou panneau, mais bien sacre, découverte et charge de missions. Il n'y aura de pensée et de héros individuels que parce qu'il existe — public encore sans nom et clandestin — une immense base objective pour un héroïsme moderne.

II. On le sait depuis *Hamlet :* qui dit marchand, État des marchands, dit administration, surveillance et police. Il se peut donc très bien que ce ne soit pas directement le marchand qu'affronte le prince, mais son agent et son représentant, qui remplace désormais (quelque radiance quand même en moins) le prêtre pour assurer la cohésion sociale. L'exemple magistral se situe au tout début de la carrière de Balzac avec *Le dernier chouan :* sous la double figure de Montauran et de Hulot (deux militaires, deux braves, deux hommes aussi qui s'interrogent et qui pensent plus large que le monde nouveau, deux marginaux ou en passe de le devenir), le prince

(Montauran par naissance, Hulot par évolution) affronte
le policier Corentin, protecteur de l'acquéreur de biens
nationaux d'Orgemont et de tous ses complices en bourgeoisie. Hulot qui s'interroge dans le monde consulaire
où tout se prépare à l'exclure et à le déclasser, Hulot fils
du peuple, rejoindra le camp princier, le camp non bourgeois. Montauran, Hulot, Marie, les paysans : l'un des
pôles du roman. L'autre : d'Orgemont, Corentin, au loin
Bonaparte. Serait-ce pour rien que, lors de sa première
apparition, c'est en polytechnicien qu'est montré Montauran ? La nouvelle donne des cartes est commencée.

Il s'ensuit que l'affrontement peut être direct. Et ce
sera, par exemple, Michel Chrestien, prince d'une République et d'une Europe absente, tué à Saint-Merry « par
la balle de quelque négociant ». Mais il prend le plus
souvent des formes indirectes, à lire et fortement codées.
On remarquera déjà que la mort de Michel Chrestien à
Saint-Merry n'est pas une mort « réaliste », racontée,
avec préparatifs et tout et tout ; on ne meurt pas sur
les barricades balzaciennes (si rares) comme sur les barricades des *Misérables* et Michel Chrestien y surgit, d'ailleurs après coup et dans un autre texte, un peu comme
Montauran à la Pèlerine : le prince travaille toujours
par apparitions, alors que le marchand est solidement là,
ventre en avant, mobiles clairs, présence justifiée, bonne
conscience et deux pieds sur le sol. Et si Hulot, justement, à la Pèlerine, après avoir apostrophé le « beau
danseur d'opéra », se met à moins dissembler de lui,
s'il acquiert, lui aussi, de cette légèreté, de ce non-être
tout à fait là que donnent la réflexion, l'interrogation
sur le réel, une pensée qui échappe aux valeurs établies
ou en train de s'établir, c'est précisément qu'il amorce
sa sécession d'avec les marchands qui se démasquent
dans la Révolution, et qu'à sa manière il passe du côté
des princes, des vrais, de ceux qui n'ont rien à voir avec
les autres qui politicaillent et planifient de pseudo-res-
taurations dans les salons d'Angleterre ou d'Allemagne ;

200

c'est qu'il est en train de passer du côté des intellectuels et de tous ceux qui commencent la grande mise en cause. Les boutiquiers, chefs de bataillon de la Garde nationale, n'auront jamais ce pied léger, ces virevoltes de la jeunesse, et l'on sait comment les attendent, avec l'article de Homais sur les débris de nos glorieuses phalanges, le « Balancez » ! de Binet et le « Par file à gauche ! » du colonel de Buchy. Rien n'a conduit Michel Chrestien à Saint-Merry, sinon une obscure logique qui ne peut faire l'objet d'un récit à part entière. Cette logique relève tout au plus de la citation. Signe, sans doute, de ce que l'affrontement direct prince-marchand ne saurait sans dommage fonctionner dans le cadre d'une affabulation « normale » et selon les attentes conformes.

III. En effet l'affrontement et la différence s'écrivent beaucoup mieux ailleurs et autrement.

D'abord par une sorte de déclassement du texte officiel, du texte que l'on achète ou qu'on loue par un autre texte, une autre histoire, un autre héros disant, non sans acrobaties, que la véritable histoire, le véritable sens, ce sont eux, et non ce qui se débite au niveau de la « littérature marchande ». Cela a commencé — et cela devait durer — avec les successives prestations du bachelier Horace de Saint-Aubin, pseudonyme certes, mais si vite devenu, au fil des préfaces, le héros vrai d'une autre histoire que celle qu'on peut à la rigueur lire dans le texte publié par Pollet, Buissot, Canel. Les romans dits de jeunesse présentent ainsi au lecteur une double séquence : l'une, officielle et claire, qui est l'affabulation des romans ; l'autre, fractionnée, à réunir et finalement à écrire, dans les textes présentatifs où Saint-Aubin gagne peu à peu une figure, fait part de sa philosophie, nous dit où il habite, raconte ses promenades au Père-Lachaise, parle de son frère parti pour les Indes, de ses hautes ambitions littéraires, bien qu'il soit obligé, pour le moment, d'en passer par ces cochonneries... Un moment même viendra où Saint-Aubin, comme tout héros de roman, finira par avoir envie de mourir, et dira, plus fort que ces héros dont il est supposé être le créateur, le désenchantement moderne, les secrets de la vie privée, la fascination du silence après le désir de tant de bruit. C'est la postface de *Wann-Chlore,* en 1824, texte de la plus haute importance pour bien des raisons : parce que Saint-Aubin y déborde, de manière radicale, les héros « normaux » de ses ouvrages ; parce qu'il émerge dans une littérarité mieux contrôlée, à quoi n'ont pas pris garde ceux qui ne savent voir dans les préfaces et les postfaces que manie moderne et snobisme, alors qu'elles constituent un contre-texte sans quoi certaines choses ne se diraient pas ; parce que, aussi et surtout, c'est un texte qui ne sera pas publié, comme si ce que Saint-Aubin a de plus important à dire devait être interdit de texte marchand. La revanche, on la connaît : ce sera *Vie et malheurs d'Horace de Saint-Aubin,* sous la demi-plume de Sandeau en 1836, texte quand même encore en demi-annexe et qui continue à faire partie des *curiosa* balzaciennes à la limite, tout au plus, des « sources » d'*Illusions perdues.* Procédure, dira-t-on, liée à la première pratique pseudonyme ? Erreur ! Balzac, pendant des années, ne cessera d'écrire selon ce double registre de Saint-Aubin, proposant au public un texte à acheter, mais traçant dans préfaces, avant-propos, enclaves et réserves du texte « principal » un autre texte, toujours à demi dit ou qu'on aurait pu dire et où se trouve l'essentiel, qui ne sera pas, dans tous les sens du terme, *livré.* On va publier *Le dernier chouan,* mais ce qui compte, ce à quoi on tient, c'est cette vie de Victor Morillon qui devait précéder ; on donne au public l'histoire étonnante de Louis Lambert, mais les textes écrits par Lambert demeureront dans l'ombre, dans un livre auquel nul ne saurait souscrire. Entre-temps on jette au visage des bourgeois libéraux qui viennent de faire leur révolution cette incroyable histoire de peau de chagrin, mais, chose plus incroyable encore pour un public habitué aux publications de manuscrits retrouvés, l'œuvre philosophique de Raphaël demeure inédite, comme le secret de sa vie réservé à la confidence, alors que triomphent, éclaboussent et s'enflent hymnes et péans aussi bien de Hugo que de Michelet. Toujours Balzac cède au marchand en livrant son manuscrit ; toujours il joue et ruse avec lui et se joue de lui en écrivant dans les marges cette autre histoire impossible qui est l'histoire véritable. Madame de Staël, c'est bien connu, a rencontré Lambert dans la campagne vendômoise comme les fées ou les princesses rencontrent les petits princes captifs chez les étrangers ou chez les croquants ; elle le reconnaît, au milieu de cet univers de l'utile, et lui ouvre les portes de la liberté : il faudra attendre 1835 (et quelle concession au marchand !) pour que Lambert en quelque sorte se normalise et que soient livrées au public les *Pensées* et la *Lettre à l'oncle*. Jusque-là, Lambert était silence ou paroles rapportées, à ses risques, par le narrateur. Le prince est absence ; fini le temps où on pouvait lui faire cracher ses exemples et le mettre au centre d'un récit. Qui récite, accepte de vendre, et travaille pour la boutique.

IV. Dès lors, est-ce que, finalement, l'acte suprême et le plus signifiant du prince ne serait pas cet acte d'écrire, et d'écrire pour des lecteurs absents, hors la loi, et de toute évidence autres que ceux qui achètent son texte chez le marchand ? Ce lecteur de fait, ce lecteur du nouveau marché de la lecture, que de fois Balzac, comme Stendhal, s'est efforcé de le remodeler à partir de lui-même, hypocrite déjà, et de ce que, frère, il refoule ou censure ! Que de fois il a tenté de le faire naître vraiment, de le faire accoucher de lui-même, en un nouveau lecteur qui comprendrait, parce qu'au lieu de s'être amusé du récit qui lui a été fait il en resterait pensif ? L'adresse à la lectrice du *Père Goriot,* l'adresse à la marquise de *Sarrasine,* autant de signes de ce que le lecteur tel qu'il est n'est pas un vrai lecteur, n'est qu'un lecteur incomplet et que le texte a, parmi ses missions et ambitions, la charge de faire se manifester un nouveau public. Mais écrire pour un public autre ou absent est le contraire même de la démarche marchande. Le pacte avec les « happy few » est un pacte princier, un pacte de donateur à donataire par-dessus les clartés immédiates et reçues, un pacte constitutif d'une sorte de nouveau *parti*. Mais ne faut-il pas que le prince ait un jour un parti ? Stendhal, il est vrai, sur ce point sera plus explicite que Balzac. Mais peu importe. Ecrire parce qu'il y a des choses qu'on ne peut pas ne pas écrire ; écrire en sachant que, ce que l'on écrit, personne ou presque n'est capable de le lire. D'où l'écriture pour soi, l'écriture qui se cache, l'écriture jamais donnée à lire, comme ces papiers de Julien Sorel cachés dans la grotte de la montagne, ces papiers d'Octave enfermés à double tour, ces lettres qui se trouvaient dans la cabane du René des *Natchez* mais qui seront à jamais détruites, et que ni *Les Natchez* de 1826 ni bien évidemment René, textes du siècle au sens reçu du terme, textes du compromis, ne reprennent. Oui : écrire non pour vendre et communiquer, mais parce qu'on ne peut communiquer et qu'on refuse de vendre et de se vendre. Mais, dans un second temps, recherche de l'autre, recherche du grand autrui, digne de soi, mais aussi et surtout dont on est digne : c'est cela, l'aristocratisme balzacien.

*
* *

V. Dès lors il devrait quand même finir par être évident que tout le nobiliaire symbolique et opératoire du roman balzacien ne saurait se ramener au nobiliaire factice de Balzac lui-même, plébéien qui voudrait bêtement se faire passer pour noble. Horace de Saint-Aubin, Raphaël de Valentin, Félix de Vandenesse, Lucien de Rubempré ne sont pas de simples figures de snobisme. Ils ont d'ailleurs pour doubles et pour frères ces plébéiens : Louis Lambert, Victor Morillon, Bianchon, Derville, David Séchard, Albert Savarus qui, comme eux, souvent, écrivent, pensent, travaillent, aiment en silence, entreprennent, et surtout définissent la même attitude face au monde ; les héros à particules, simplement, accélèrent et absolutisent les revendications et l'affirmation de différence et de non-allégeance : leur aristocratisme n'est donc nullement référentiel, il est fonctionnel. J'ai déjà eu l'occasion d'avancer cette proposition que je réitère : si non seulement Balzac, mais encore des hommes aussi différents que Sainte-Beuve (Amaury, de *Volupté*) et Fromentin (Dominique de Bray), qui étaient d'authentiques plébéiens, ont éprouvé le besoin d'habiller en gentilshommes leurs héros de la découverte et de l'initiation, c'est sans doute que l'aristocratisme, soulignement de la qualité, langage d'une certaine intellectualité, avait pris dans le siècle une signification précise. Etre Sommervieux, c'était ne pas être Guillaume ; être René, c'était ne pas être académicien libéral ou banquier ; être Octave de Malivert, c'était ne pas appartenir à la Chaussée-d'Antin ; être Rubempré, c'était n'être pas Châtelet, ou d'ailleurs d'Espard, ceux-ci trop guettés par les nouveaux pouvoirs. Cette aristocratie-là est un langage auquel on est condamné faute d'un autre langage possible du côté d'un peuple absent, à plus forte raison d'un impensable au-delà du libéralisme. Dès lors est prince tout ce qui réellement n'est pas marchand et refuse du même coup l'ordre faux des princes officiels si bien acoquinés, eux, en boutique, rente et budget. Princifier le héros c'est lui donner une chance de radicaliser son refus des valeurs d'échange et son exclusion sans contrepartie de toute *Nature*.

VI. Vérification, enfin, du sens de la présence du prince dans ce monde : il arrive rarement que la terre — et donc l'espace, la nature vraie non contradictoire avec l'entreprise et le faire — soit retrouvée, qu'elle redevienne lieu de travail, de vie, qu'y cesse la course folle vers l'avant, que le désir s'y réinvestisse dans l'activité et le fonctionnel. Ce sont alors les grandes utopies du *Curé de village* et du *Médecin de campagne,* enclaves, entailles, aperçus dans un ailleurs et dans un autre chose qui sont des ailleurs et des autres choses aujourd'hui identifiables : Lamennais, Saint-Simon, Fourier. Or, là Où la terre recommence, et qui, j'y insiste, est un non-lieu de la *Comédie* (Birotteau, lui, ne retournera jamais aux Trésorières), là où s'inverse l'irréversible du monde réel, disparaît le prince en tant que héros séparé et de la séparation (ce qui ne veut pas dire en héros désormais sans problèmes et sans fragilités : les utopies balzaciennes sont indicatives, jamais résolutives), y disparaissent aussi le marchand et ses pouvoirs, malgré quelques marchands de détail comme dans le village de Benassis. Sur les utopies ne règnent pas des princes, mais dans les utopies fonctionnent des idées : preuve, sans doute, que le prince n'est pas fait pour prendre le pouvoir, ni pour faire bouillir les marmites de l'avenir, mais simplement pour signifier à l'intérieur d'un couple signifiant.

VII. Dernière remarque : le prince accompagne-t-il jusqu'au bout le dire balzacien du monde ? Au vrai, comme pleine image, le prince fait partie d'une certaine jeunesse du siècle, lorsqu'on pense encore qu'il pourra avoir sa revanche, et qu'il reparaîtra en vainqueur sur une scène débarrassée de ses occupants abusifs : c'est ce qu'avait imaginé, un peu, le Cénacle. A défaut de Lambert, mort fou, de Michel Chrestien, tué au combat, de Raphaël mort dévoré par un désir encore condamné à être mortel, leurs frères et leurs doubles, innombrables dans Balzac et dans une HISTOIRE qu'on n'imagine encore que momentanément faussée, oui, d'autres pourraient revenir et non tant rétablir qu'établir, non tant restaurer qu'instaurer la règle légitime du vrai. D'où cette prolifération des héros en attente. D'où, surtout, cette pratique de la double écriture et du récit pseudonyme : longtemps Balzac ne s'est engagé qu'à moitié dans les histoires des héros qu'il acceptait de composer pour vivre. Mais cette réserve (Saint-Aubin, Morillon, Lambert) disparaît dans les années 1840. Et les signes n'avaient pas manqué. Très vite, par exemple, s'était dégradé le grand thème à la fois critique et optimiste du *retour* et du vengeur : Chabert ne sera ni Richard ni Ivanhoé ; et, en conséquence, Derville s'en ira, refusant même (chose capitale !) de devenir, lui, le jeune homme qui avait sa fortune à faire, un banal héros de *La comédie humaine*. Mais surtout, l'affaire Chabert le montre, le prince perd ses caractéristiques premières ; il n'est plus nécessairement le jeune génie, il est l'homme marqué, vieilli, et dont on imagine mal qu'il puisse faire triompher le moindre sourire, la moindre jeunesse. Un certain Hulot revient en Chabert déjà, plus tard en Pons, alors que se fausse et se désauthentifie le poète avec Lucien (qui passe de l'autre côté et que l'on a vu se pavaner avec une maîtresse digne d'un prince, et quelle éloquence dans ce nouvel emploi du mot !). Oui, à mesure qu'on s'éloigne des brûlantes et brillantes années 1825-1832, ces années de la « France nouvelle », entre le passage à l'opposition de Chateaubriand et le triomphe de Casimir Perier, que le choléra peut bien tenir mais que tant d'autres continuent ; à mesure que s'assoient les Camusot (les « vrais », ceux qui seront ministres du Commerce, non les petits juges qui donnaient des suées au garde des Sceaux), et que les Crevel prennent la place des Birotteau, le prince recule et pâlit. Dans *La cousine Bette* il demeure bien quelque chose de lui, mais si peu, dans Wenceslas Steinbock, pâle rejeton des artistes d'autrefois, fils dégradé du Théodore de Sommervieux au *Chat-qui-pelote*. Pierre Grassou, au passage, s'est imposé. Et c'est le dernier acte, celui de la collection secrète de Pons, celui de l'impuissance du vieux casse-noisettes, intellectuel et prince lui aussi, bien sûr, mais sans nul avenir, interdit de toute identification avec le lecteur. Et c'est là sans doute le plus grave : parmi les dons natifs du prince, en effet, il y avait la possibilité pour lui d'être reconnu par les foules, de se révéler le symbole d'une génération ; un jour, en conséquence, il pourrait sauter sur la scène et être acclamé. Mais qui se reconnaîtrait de manière mobilisatrice dans les princes vieillis et dégradés de la seconde entreprise balzacienne ? On *plaint* Chabert et Pons ; on ne se *reconnaît* pas en eux : c'est que les princes désormais sont seuls dans un monde où tant de jeunes gens ont la figure d'Oscar Husson et s'apprêtent, comme lui, à devenir des bourgeois modernes (il y avait donc des bourgeois anciens ?). Une fois dernière, pourtant, la figure fraternelle est revenue hanter Balzac : c'est en 1847 dans *Mademoiselle du Vissard,* texte voué au silence, où le jeune chevalier semble vouloir recommencer à la fois Horace de Saint-Aubin, Montauran, Lambert, Calyste, Lucien jeune. Mais que faire, prince, dans cette société consulaire qui achève de se mettre en place sous le signe du ralliement général et du consensus bourgeois ? Dans cette société de Louis-Philippe en marche vers pire encore ? Balzac n'écrira pas l'histoire du chevalier du Vissard, vraiment venu trop tard : trop tard au niveau de l'énoncé, puisqu'en 1800 déjà les carottes sont cuites et la date est plus terrible encore que celle de Stendhal qui fixera 1804 comme date ultime de la mort des héros ; trop tard au niveau de l'énonciation, puisqu'en 1847 ce genre d'histoire n'a plus de sens, plus d'appel. Balzac a été tenté de reprendre son histoire de prince de l'Ouest, il a été tenté par ce retour en arrière vers certains signes encore pensables, et ce dans un mouvement très comparable à celui qui porta Stendhal, après l'abandon de *Lucien Leuwen* à revenir vers le Milan de 1796. Mais bien sûr Fabrice était porté par un mythe italien, par une fonction italienne. Rien en revanche ne portait plus le chevalier du Vissard. Balzac revint à cette presse qui allait bientôt acheter et revendre *Les mémoires* et *René*. Exit la jeunesse du siècle. Une nouvelle génération de pensée, une nouvelle volée naîtront plus tard, qui voudront être, et souvent dans un nouveau contexte le pourront, des militants. Et ce seront d'autres histoires.

Pour conclure, je voudrais marquer la distance radicale qui me sépare ici de quelqu'un dont le nom était sous ma plume depuis le début, et dans votre pensée sans doute, je l'espère. Il s'agit de Régis Debray. Il nous a montré son intellectuel-scribe toujours écrivant sous la dictée d'un Prince ; pour lui, l'intellectuel n'est jamais prince ; il est toujours — il le répète — commis.

L'opération se révèle doublement productive : le prince qui donne ses ordres à l'intellectuel, *peut*, chez Régis, ne pas être le marchand ; il peut être *tout* prince, *tout* pouvoir, et l'on reconnaît ici l'un des motifs idéologiques dominants de l'intelligentsia social-démocrate ou certaine retombée d'un gauchisme aujourd'hui obsolète dans une social-démocratie qui n'arrange rien même lorsqu'elle se méfie des nouveaux philosophes : *tous* les princes, *tous* les pouvoirs sont les mêmes, et dès lors à quoi bon énoncer leurs composantes et origines économiques ? Ce n'est jamais le marchand qui gouverne, c'est toujours le Pouvoir, et vous comprendrez bien, dès lors, que peu importe que ce pouvoir soit bourgeois ou socialiste. Mais aussi l'intellectuel, toujours aux ordres, qu'il le veuille ou non, toujours reproducteur de discours dominants et conforteur d'idées mystifiantes, ne saurait être l'indice, l'annonce, d'une liberté possible ; même organique, tel que Gramsci l'oppose à l'intellectuel traditionnel, il ne saurait être qu'un parasite, au mieux un bavard honteux, toujours à attendre que Bernard Pivot veuille bien l'inviter pour vendredi soir. Dès lors la boucle se boucle et nous sommes tous des impuissants et des salauds, la parole et l'écriture ne jouant jamais que dans le cercle des illusions et des oppressions. Que cette description soit, en fait, largement et tristement valable, que les intellectuels rentés, à défaut d'en être les héros, soient les hérauts d'un ordre dont les niches sont tièdes, matérielles ou morales, il est vrai, mais qu'importe ? Contre le fait statistique ne perd jamais ses droits un droit souvent minoritaire mais signifiant. Et il est caractéristique que les intellectuels de Régis Debray soient tous des intellectuels *qui existent,* et avec qui on peut dîner en ville, mais jamais des intellectuels littéraires, jamais des héros de romans, là où se vit la vraie vie, jamais des mythes. C'est là que, selon moi, Régis Debray a commis son erreur la plus grave. Et la plus éclairante. Il a voulu s'en tenir à la vie réelle, à celle qui est toujours informée et structurée par les marchands, et il a ignoré l'univers des signes et des mythes, là où se passe et se prépare ce qui compte. Comme Sartre, qui n'avait pu et voulu lire son Flaubert que dans la vie, jamais dans les textes, dans la création, Régis Debray n'a pu et voulu lire son intellectuel que dans la vie, précisons dans la vie parisienne, là où frétillent les faux princes, ceux qu'un critique appelait récemment avec bonheur les « petits pages » de la nouvelle droite et de la nouvelle philosophie. Mais enfin, camarade Régis Debray, cette pratique (allons-y, ça fera marxiste), cette praxis qu'est la littérature, alors quoi, on n'aime pas ça chez les avocats lettrés, chez les inspecteurs des finances ? On ne connaît pas ? On n'a pas été présenté ? Je reviens à Balzac, de manière abrupte : l'intellectuel s'est formé, dans notre mythologie moderne, non comme le fonctionnaire ou le militant de quelque *Proletkult* plus ou moins organisé (demandez à Henri Beyle, demandez à Honoré Balzac), mais comme la réaction instinctive au pouvoir usurpateur du marchand, de l'homme de l'échange et du profit *et* de son appareil d'Etat, comme le refus, dans le mouvement d'une écriture pleine de ruses nécessaires, du nouveau jeu faussé de la modernité.

Que l'intellectuel sociologique ait été souvent, et soit

encore, celui que nomme et peint *Le Scribe*, il est vrai, mais qu'est-ce que l'intellectuel sociologique (celui qui portait le fameux pantalon dont parlait Péguy et qui peut être aujourd'hui l'uniforme multiforme des rescapés du gauchisme et du tiers-mondisme) à côté de l'intellectuel mythologique ? Qu'est-ce que les préposés à la clôture et au désespoir à côté des êtres de l'ouverture infinie vers tout ce qui est à faire et d'abord à dire ? L'intellectuel sociologique peut parler et parle souvent le langage de bois que nous connaissons ; l'intellectuel mythologique n'est jamais un brillant causeur, et toujours doute des mots, leur forge de nouveaux usages, sait faire parler le silence. Et l'on sait qu'Octave de Malivert, justement, se taisait dans les salons... Alors mon dernier mot, le voilà, qui sera celui d'une dialectique à laquelle seuls peuvent faire échapper l'empirisme et l'éclectisme néo-mondain : le seul moyen sûr de parler et de bien parler du marchand, de le *nommer*, d'avoir conscience et d'aider à prendre conscience de son vrai pouvoir, c'est d'abord de repérer, dans la confusion du réel, la présence du prince ; et quiconque mutile l'image de l'intellectuel-prince ravitaille le marchand en brevets d'innocence, ou, ce qui est mieux encore, n'a pas de prix, en brevets de non-existence spécifique dans l'HISTOIRE. Dire qu'il n'y a que les princes d'*Apostrophes* revient à dire que les PDG de Saint-Gobain, de Pierre Nora et du nouveau journal des *Débats* ne gouvernent pas, et donc que ça ne vaut pas la peine de se fatiguer à ces vieilles balançoires (j'ai bien dit : archaïsme, cher cousin !) de nationalisations. Méchant ? Oui, mais aussi fraternel. Car les princes sociologiques, les intellectuels sociologiques, maintenus ou devenus, n'échapperont — peut-être — à leur propre caricature et dégradation qu'en sachant lire la littérature et en tenant compte de son pouvoir de connaissance. Alors ils deviendront peut-être ce qui est arrivé à Balzac en l'invention de son roman (ce Balzac qui, après tout, lui aussi, rêvait de faire carrière dans les média) : cet inacceptable, cet inattendu, pour les marchands, qu'est toujours un écrivain... Sinon... Sinon, eh bien ils s'en retourneront, en nombreuse compagnie il est vrai, vers les diverses eaux basses de l'idéologie libérale, pour qui, bien entendu et on le comprend, le marchand, ça n'existe pas. L'éternel mérite, à mes yeux, du roman balzacien, sa plus forte invention, mythologique parce que valablement référentielle, valablement référentielle parce que mythologique, sera toujours d'avoir montré, au travers d'une relecture de l'espace et du temps, donc de l'ailleurs, donc de l'*ici*, et d'un *ici* qu'il faut nommer, que le libéralisme était la forme la plus haute de la négation de la liberté.

P.B.

UN TEXTE EN QUÊTE
DE PERSONNAGES
(à propos des Lettres sur Paris)

par Roland Chollet

La conception déjà ancienne de cet exposé remonte à une époque où notre thème, *Balzac, l'invention du roman* n'était encore qu'une belle formule en quête de contenus[1]. Ce préambule, pour justifier un propos qui ne relève pas — du moins à première vue — des thèmes prioritaires : citation, dissémination, construction des savoirs, tels qu'ils ont fini par s'imposer aux participants du colloque. Mais je ne m'en suis pas moins astreint à interroger dans l'écriture et le texte balzacien ce qui s'y *invente,* ce qui s'y *produit* comme roman. Il m'a paru éclairant de procéder à partir d'une œuvre qui, précisément, n'est pas un roman : les *Lettres sur Paris,* et d'y observer sous la forme de personnages en voie de formation, de narrataires installés de force au cœur du texte, de métaphores à fonction théâtralisante ou personnifiante, etc., quelque chose qui ressemble à du roman à l'état naissant.

Ceci m'amène à me justifier sur un second point. Je n'ai pas suivi non plus une directive implicite que nous avions acceptée, ou plutôt que nous nous étions donnée, et qui a été, je crois, très consciencieusement respectée jusqu'ici : à savoir de ne pas nous confiner dans des œuvres singulières et — je cite les termes de notre charte — de proposer « des contributions aussi synthétiques que possible, portant de préférence sur l'ensemble du texte balzacien ». Mon excuse est la suivante : non seu-

213

lement les *Lettres sur Paris* n'appartiennent pas à *La comédie humaine,* mais elles constituent, à la suite de circonstances que je rappellerai brièvement tout à l'heure, un texte expérimental absolument unique dans l'œuvre de Balzac. Il m'a paru inciter à poser des questions, à formuler des hypothèses plutôt qu'à formaliser prématurément un modèle de création.

Je conclurai ce plaidoyer *pro domo* — ou ce *mea culpa* — en soulignant que les observations qui suivent sont le fruit d'une lecture naïve, ou tout au moins d'une lecture au premier degré, d'une littéralité exigeante cependant et, je l'espère, sans complaisance réductrice excessive. La seule liberté que j'ai prise est de prendre le texte à la lettre et, en un sens, de le prendre au mot. Je me situe par conséquent très en deçà des ambitions méthodologiques de la décade, mon seul but étant d'aider à poser à l'œuvre des questions nouvelles.

Sans chercher, je le répète, à faire la théorie de ce qui se produit comme anomalie dans un texte non fictionnel, j'ai enregistré des *tropismes* — on verra si j'ai eu tort ou raison de les appeler, en toute innocence, *romanesques* —, des apories dont la solution passe par le roman, une tendance générale de l'œuvre à la *représentation*. J'entends désigner par là un jeu dramatique où les abstractions revêtent des figures animées et où les personnes sont traitées en personnages.

Les *Lettres sur Paris* ne sont guère plus familières au lecteur de *La comédie humaine* que le journal où elles ont paru. C'est pourquoi je ne puis éviter de situer en deux mots l'œuvre et le journal.

En mai 1830, Balzac a quitté Paris pour la Touraine. La révolution de Juillet a eu lieu pendant son absence, il n'y a pris aucune part, et il ne rentre qu'à la mi-septembre dans la capitale. C'est peu après son retour qu'il se voit proposer de donner au *Voleur,* de dix jours en dix jours, des *Lettres sur Paris.* Il en paraîtra dix-neuf entre le 30 septembre 1830 et le 31 mars de l'année sui-

214

vante (l'équivalent d'une bonne centaine de pages in-8°). Historiquement, cette chronique décadaire couvre donc une période importante : de septembre au 2 novembre 1830, le ministère Guizot, la *résistance ;* du 2 novembre au 13 mars suivant, le *mouvement,* avec le ministère Laffitte ; et, à partir du 13 mars, retour du balancier avec Casimir Périer, la résistance.

Dirigé par Emile de Girardin et Charles Lautour-Mézeray, *Le Voleur* est un des seuls journaux littéraires non satiriques à avoir passé sans difficulté le cap de Juillet. Il a encore quelque 1 600 abonnés en janvier, dont 1 206 en province [2]. La politique du journal est esquissée par un rédacteur anonyme dans des « revues de cinq jours » qui supposent un vague consensus libéral, auquel est censée se rallier la majorité d'un public politiquement très mêlé, et qui se définit essentiellement par son besoin d'information et de divertissement. *Le Voleur* est surtout une énorme mosaïque imprimée, pillée dans 350 journaux de France et d'ailleurs, à laquelle Girardin a su faire jouer le rôle d'un cabinet de lecture périodique qui va au-devant de l'abonné.

Les *Lettres sur Paris* sont manifestement appelées à introduire un élément nouveau dans ce journal impersonnel. Publiées en première colonne de première page, signées : « Le Voleur » — le nom même du journal —, elles feront forcément fonction d'éditoriaux, et leur destinataire naturel ne saurait être que le lecteur de province sur qui repose la fortune du *Voleur* et de Girardin. C'est ici que les choses se compliquent un peu. Car, en même temps que l'œuvre paraît, la rédaction du *Voleur* disparaît, laissant derrière elle une simple société d'actionnaires [3]. Balzac plus que jamais réfractaire aux illusions de Juillet, et récusant d'avance toute allégeance politique, Balzac se trouve, on peut dire par hasard, dans le rôle d'un éditorialiste — qu'on me passe l'anachronisme —, éditorialiste d'une feuille qui n'existe plus que par ses abonnés. On sait bien que c'est le public qui écrit le journal. Girardin est passé maître dans l'art de deviner ce public, d'exprimer ses besoins, de lui en inventer si nécessaire, et de formuler la charte du journal tout en servant son propre projet politique. A la tête de la rédaction du *Voleur,* comment Balzac voit-il, comment invente-t-il ce public dont on sait seulement que toutes les nuances politiques s'y côtoient ? L'auteur ne nourrit, je crois, aucun projet politique au départ, animé par le seul désir de ne pas manquer son destinataire et de le disposer à écouter sur lui-même et sur la société un discours libre et solitaire. Mais ce discours se présente sous une forme pseudo-collective puisqu'il est signé d'un pseudonyme qui désigne la rédaction disparue. Il faut en effet persuader le public qu'on continue à parler en son nom.

Voici donc, entre le journaliste et l'abonné, une situation de communication dont on peut remarquer tout de suite qu'elle n'est pas sans de profondes analogies avec celle qui régit les rapports du romancier à son lecteur.

Quel est le statut de la parole qui nous interpelle à travers les *Lettres sur Paris* ? de qui émane-t-elle ? à qui est-elle destinée ? comment opère-t-elle ?

Les *Lettres sur Paris* orientent explicitement le discours politique du *Voleur* vers le lecteur de province, figuré tour à tour par dix-neuf destinataires différents (un par lettre), auxquels s'ajoutent quatre abonnés censés répondre au journal, comparses dont nous reparlerons.

Ces destinataires sont désignés par l'en-tête laconique mais relativement précis des *Lettres :* une ou deux initiales ; par exception un nom, et une localisation géographique. Commençons par examiner brièvement cette dernière. On ne saurait dire, et c'est vraiment dommage, si les lieux de résidence de ces correspondants coïncident avec l'aire de distribution du journal. Deux villes nommées ont cependant des liens spéciaux avec *Le Voleur* : Cambrai (Lettres XVI et XIX [4]) est le fief de Berthoud, fournisseur attitré de littérature provinciale, et Argentan (III) est la patrie d'un directeur (Lautour-Mézeray) ; c'est aussi celle de Morard, important commanditaire de Girardin. Presque tous les autres noms s'inscrivent dans un hexagone régional délimité par Nangis (IX) à l'Est, Rouen (X) et Bayeux (XVIII) au Nord, Vitré (VI) à l'Ouest, et Nantes (XII) et Châtellerault (IV) au Sud. Une partie importante des lieux situés dans cette aire relèvent déjà de la « géographie sentimentale » de Balzac. Cinq *Lettres* (I, II, V, VI, XI) sont adressées à Tours, une à Orléans (VII) ; deux abonnés fictifs répondent, l'un d'Orléans (VI), l'autre de Chinon (VI). Les correspondants de Châtellerault (IV), Montargis (VIII) et même de Chartres (XVII) habitent, aux abords des pays de Loire, des lieux certainement connus de Balzac. Bayeux (XVIII), dont on rappellera la résurgence romanesque dans *Une double famille* et, bientôt, dans *La femme abandonnée,* évoque le séjour de Saint-Aubin chez sa sœur en 1822. Un certain « marquis C » intervient de Vitré (VI), qui appartient au domaine du *Chouan,* roman où la ville est mentionnée quatre fois. Nantes (XII), qui jouera un grand rôle dans *Béatrix,* renvoie à la récente excursion de Balzac et Mme de Berny au bord de l'Atlantique, et peut-être aussi aux relations illuministes de Mme de Balzac [5]. Surville, beau-frère de l'écrivain, est né à Rouen, dont le nom paraît, en avril 1831, dans le récit normand de *L'enfant maudit* (*Revue des Deux Mondes*), peu après avoir été inscrit en tête de la dixième *Lettre sur Paris* (31 décembre 1830).

Si chaque *Lettre* a bien sa destination provinciale singulière, celle-ci ne paraît jouer aucun rôle dans le texte proprement dit. L'auteur fait-il allusion à la province, ce qui d'ailleurs ne lui arrive guère, c'est toujours n'importe quelle province, c'est toujours le non-Paris qu'il désigne, au-delà, et pour ainsi dire au travers, de la destination avouée. Ainsi, quand il se plaint à M. D..., de Tours, de « l'avarice avec laquelle les départements nous ont mesuré la jeunesse » (V, 87), il n'y a rien là qui doive toucher particulièrement Tours, dont le représentant n'est pas un homme très âgé. Il tient de même à son correspondant de Châtellerault des propos par trop anti-électoraux (IV, 82), qui n'ont rien à voir avec la situation locale, et qui s'adressent de toute évidence à la province lointaine, à la province sans nom.

Nous observons donc une contradiction, difficile à interpréter, entre la gratuité apparemment complète de la destination provinciale des *Lettres* — rien n'empêcherait le rédacteur en chef du *Voleur* d'en falsifier les adresses à sa guise — et la marque indubitable de la « géographie sentimentale » de Balzac dans la distribution des destinataires.

La difficulté s'éclaire en partie si l'on considère la destination provinciale explicite comme un élément parmi d'autres de la relation multiple et personnelle que l'auteur cherche à établir avec le lecteur du journal. Entre le texte et le lecteur anonyme du *Voleur* auquel, en dernière analyse, il s'adresse, les destinataires des *Lettres sur Paris* ne sont que des *destinataires de relais,* qui serviront de médiateurs. Au lieu du discours rédactionnel attendu, nous nous trouvons donc en présence d'une série de lettres singulières, de l'auteur aux médiateurs, en qui le lecteur de journal est invité à se projeter. Balzac exploite consciemment, volontairement, ces deux niveaux de communication, moyennant un « vous » opératoire qui désigne alternativement les destinataires fictifs de ses *Lettres* et le destinataire final.

On en jugera sur un seul exemple, mais il y en a des dizaines d'autres. L'auteur annonce à M. D..., à Rouen (X), sa prochaine lettre (XI) : elle « *vous* présentera, lui dit-il [6], le croquis de la France littéraire, politique et morale en 1830 ». Or cette lettre (XI), c'est à un autre correspondant, un certain « M....... », de Tours, qu'il l'adressera la décade suivante. A ce nouveau destinataire (« M [7] ») il rappelle en ces termes [8] la promesse faite au destinataire précédent (« D ») : « Je *vous* promettais dans ma dernière lettre, de *vous* tracer aujourd'hui quelque petite esquisse qui *vous* représentât les mœurs, les arts et la littérature en France pendant l'année 1830. » La logique et la grammaire excluent absolument que la désignation pronominale du destinataire — à savoir le « vous » de politesse, qui est une forme du singulier — fonctionne simultanément pour « M » et pour « D ». Il est évident que c'est le lecteur provincial anonyme du *Voleur* qui est interpellé personnellement par ce « vous » auquel l'ont conduit, et dont sont maintenant chassés, les destinataires nommés (ou simplement désignés par leur initiale). Le dispositif apparaît clairement si l'on observe d'assez près les *Lettres* I et II, qui sont constituées par l'auteur en modèle de lecture.

La première est adressée à un certain « M. F.... », à Tours. « M. M........ [9] », compatriote de « F », l'ayant lue, a aussitôt écrit à la rédaction du *Voleur*. Nous ne pouvons connaître cette lettre, fictive naturellement, à laquelle le rédacteur pseudonyme des *Lettres sur Paris* affecte de répondre dans la *Lettre* n° II. Dans ce scénario, « F » (destinataire n° I) a fait fonction d'appât, tandis que « M » (destinataire n° II) représente le destinataire ultime du *Voleur,* tiré de l'ombre aux fins de la démonstration. Mais ce destinataire plongé dans l'ombre, c'est en fin de compte le lecteur, n'importe quel lecteur, et pas seulement le destinataire provincial.

Les dix-neuf *Lettres sur Paris* pourraient être adressées à leurs dix-neuf destinataires apparents. Mais, nous l'avons montré, il n'en va pas ainsi, et seul est sollicité en définitive le lecteur anonyme qui s'identifiera avec ces médiateurs ébauchés. On n'en est que plus étonné de découvrir que Balzac donne, en secret, une identité réelle, et de lui seul connue, à quelques-uns au moins de ces faux destinataires, dont la désignation par des initiales et un nom de lieu suffit pourtant largement aux transferts de la lecture. C'est une opération tout à fait comparable à celle qui a fait choisir à l'auteur des destinations topographiques qui lui sont familières. Il arrive d'ailleurs que les deux opérations se complètent.

Un seul destinataire est nommé en toutes lettres, certain M. Bernard, de Nantes, à qui est adressée la douzième *Lettre*. Encore pourrait-il s'agir d'un prénom [10]. Un seul correspondant peut être identifié avec certitude : Samuel-Henry Berthoud, rédacteur de la *Gazette de Cambrai,* à qui est adressée la seizième *Lettre* [11]. Il serait trop long de passer en revue les autres identités : elles sont toutes problématiques, et je les ai discutées dans ma thèse. Au reste les questions d'identification n'ont ici, en elles-mêmes, que peu d'importance. Traités sur le même pied que les correspondants fictifs ou non identifiables, ceux que nous démasquons n'interviennent pas dans le texte en tant qu'individualités, de même que les destinations provinciales y restent purement nominales. Destinataires *singuliers* cependant, mais dont seule importe pour le lecteur cette singularité vacante, ce sont essentiellement des indicateurs et des opérateurs de lecture.

L'intervention de ces *médiateurs* — c'est la première conclusion à tirer de cette analyse — suffirait à distinguer radicalement les *Lettres sur Paris* de toutes les séries homonymes publiées dans la presse politique, depuis le chef-d'œuvre d'Etienne dans *La Minerve* libérale en 1818-1819 jusqu'aux *Lettres sur Paris* de Janin dans *Le Mercure Ségusien* de 1830, en passant par celles du *Conservateur* de Chateaubriand, de *La Quotidienne,* de la *Gazette de France,* du *Drapeau blanc,* du *Patriote.*

« L'écriture balzacienne, a remarqué très justement Nicole Mozet [12] dans une étude sur la *Préface* — originale — de *La peau de chagrin,* s'est toujours placée dans une situation de communication. Loin d'éluder les problèmes liés à la réception des œuvres, Balzac s'est toujours efforcé de les intégrer le plus possible à son texte lui-même, l'écriture romanesque prenant directement en charge (...) ses propres retombées sociologiques. » L'analyse des *Lettres sur Paris* nous conduit à des conclusions presque identiques.

On a le droit de considérer le dispositif narratif que je viens de montrer dans la trame d'une œuvre par définition non fictionnelle comme le travail d'une écriture romanesque, ce que j'appelais en commençant un *tropisme romanesque*. Quant à ceux que j'ai nommés *destinataires de relais* ou *médiateurs,* je n'hésiterai pas à y voir des personnages, des personnages romanesques. Des personnages particuliers toutefois, et dont la fonction, on l'a vu, consiste à relayer, à l'intérieur de l'œuvre, la relation de communication de l'auteur au lecteur inconnu.

Cette irruption d'un destinataire de narration est un trait constitutif de l'*invention romanesque* chez Balzac. Elle connaîtra dans *La comédie humaine* de nombreuses variantes, souvent occultes, mais nulle part elle n'apparaît sous une forme plus pure que dans les *Lettres sur Paris*. Ce modèle facilitera la relecture d'autres œuvres, comme *Une passion dans le désert* ou *Sarrasine,* dans lesquelles une lectrice réceptrice complice dialogue avec le narrateur, la narration impliquant alors toute une dramaturgie de la lecture [13].

Il n'a été question jusqu'ici que de narrataires, au sens premier du terme, qui sont donnés d'emblée pour tels. Il en existe d'autres, incomplets, dissimulés, problématiques. N'oublions pas que le destinataire de ses romans est la hantise de Balzac en cet automne 1830 où, obsédé par la crise de la librairie romancière, il imagine une opération de sauvetage qui repose entièrement sur le lecteur de province [14]. On peut dès lors se demander si, entre ce public provincial attendu et la multiplication des personnages provinciaux dans son œuvre, il n'y a pas une relation qui mériterait d'être éclaircie, et si certains

221

personnages, quoique fortement engagés dans le système actantiel, n'assument pas en même temps une fonction particulière dans la relation de lecture. C'est une question que je me borne à poser à partir de l'observation du système narratif des *Lettres sur Paris* et du dispositif commercial de la *Société d'abonnement général*. Dans le préambule de ce projet de société de librairie par abonnement (version automne 1830), Balzac a défini le client provincial sur lequel il comptait :

> « La France est divisée en 44 000 communes dont le premier degré d'agglomération est un chef-lieu de canton.
> Le chef-lieu de canton est, dans tous les départements, un gros bourg nécessairement habité par un maire, qui est forcément un homme instruit, puisqu'il fait les fonctions de procureur du Roi à la justice de paix agissant comme tribunal de police correctionnelle. Autour de ce maire se groupent le juge de paix, un notaire, un médecin, un principal propriétaire, un percepteur, un greffier de la justice de paix. Or, n'y a-t-il pas d'énormes chances pour la compagnie à réunir en une société ces sept personnes qui, pour jouir des bienfaits de l'amusement et des distractions créées par les livres nouveaux et périodiques, n'auraient qu'une très faible somme trimestrielle à verser [15] ? »

Le gros bourg anonyme du *Médecin de campagne,* la distribution des premiers rôles aux notables de ce lieu fictif avaient-ils pour mission d'acoquiner les élites provinciales avec des personnages de roman ? J'ignore tout à fait le succès de l'entreprise, à supposer, comme je le pense, qu'elle ait eu réellement lieu [16].

Je voudrais dire un mot maintenant du narrateur des *Lettres sur Paris,* de l'invention du narrateur. Les *Lettres* relèvent d'un discours personnel, en ce sens que le rédacteur pseudonyme, qui signe : « le Voleur », connaît, ou est censé connaître, les médiateurs qui restent pour nous sans visages. Du simple « vous », moins univoque qu'il ne paraît, à : « mon bon ami », on peut graduer les indices de familiarité — « Madame » ou « Monsieur », « mon cher monsieur », « mon cher compatriote », « mon cher ami » — qui viennent moduler dans chaque lettre le discours « politique ».

Quand le « vous » désigne et implique le destinataire de relais, sa fonction est surtout de renvoyer au sujet interpellateur, lequel y gagne en présence ou tout au moins se dérobe au discours collectif affiché par le pseudonyme ; nous avons alors des expressions du type : « vous avez cru que je voulais », « vous savez mieux que moi », etc. De simples formules allocutoires — « je vous assure que », ou, en incidente, « je vous en prie » —, des exclamations — « soyez bien tranquille, madame », « Hélas, mon cher Monsieur » —, des interrogations rhétoriques, parfois soutenues par un élément de qualification subjective — « Savez-vous », « voyez-vous d'ici », « n'est-ce pas effrayant d'entendre », « n'est-il pas ridicule », « N'est-ce pas un grave sujet de méditation » etc., toutes ces expressions créent une tension affective dans la relation au destinataire. Qu'on ne s'y trompe pas cependant. Ce destinataire inconnu du lecteur — et condamné à ne pas recevoir la lettre, qui lui est seulement *adressée* — rend constamment problématique l'identité d'un « je » aussi protéiforme que lui. Ce « je », nous l'avons dit, gagne en présence, pas forcément en réalité. Faire le destinataire garant de l'identité du destinateur, ce jeu relève du romanesque et renvoie à un destinateur intérieur au discours. Quand « le Voleur », parlant de La Fayette, écrit à « M. L... », à Argentan : « Je suis, *comme vous le savez,* son admirateur sincère » (III, 80), on aurait tort, en l'absence de documents biographiques incontestables, de conclure de ce : « comme vous le savez » aux opinions réelles de Balzac [17]. Nous verrons d'ailleurs bientôt que des intrus se disputent le « je » énonciateur.

Le texte n'en recèle pas moins en quelques endroits

les éléments d'un auto-signalement authentique. Il faut distinguer à cet égard les deux premières *Lettres*. Si les destinataires tourangeaux y sont nommés : « mon cher compatriote », c'est qu'un autre Tourangeau, Parisien d'adoption, tient la plume. Il vient de rentrer dans la capitale — les premiers mots de la première *Lettre* nous l'apprennent — sans avoir assisté à la Révolution. La confirmation du fait personnel, redondance surprenante dans cette lettre scellée d'un pseudonyme collectif, intervient presque aussitôt : « Je vous assure que je me considère comme un homme très courageux d'avouer que je voyageais sur les bords de l'Indre pendant nos glorieuses journées (I, 69). » Malgré leur position invariable, en première colonne de première page, les *Lettres sur Paris* ne sauraient donc être considérées comme des éditoriaux. Le journaliste sans attaches, cet « inconnu qui n'a rien à perdre ou à gagner », ce philosophe « résigné à tous les gouvernements, même à celui du diable », mais aussi cet homme qui agit par « fanatisme d'artiste », parle-t-il jamais expressément au nom du journal, sauf à dire qu'il s'y sent aussi libre que sur la « place publique » [18] ? La signature collective du *Voleur* n'est ici qu'un mensonge, dont le titre de *Lettres sur Paris* est complice.

La direction garantissait d'avance « l'impartialité » des *Lettres*. Nous constatons tout au moins leur irréductibilité à un discours rédactionnel collectif. Au moment où Girardin et Lautour se détacheront du *Voleur,* le journaliste revendiquera même implicitement son identité d'écrivain dans une *Lettre,* la onzième, où son œuvre n'est pas évoquée moins de quatre fois [19].

Mais à peine croit-on avoir saisi comme première l'énonciation « littéraire » des *Lettres* qu'elle nous échappe. C'est que le « je » fonctionne constamment en concurrence avec un « nous » extrêmement énigmatique, et qui l'éclipse parfois. Rare dans les *Lettres sur Paris* de *La Minerve* — il suffirait à les distinguer essentiellement des *Lettres* du *Voleur,* qui passent pour en être une imitation —, ce « nous » omniprésent, qui n'a rien à voir avec le pluriel académique de narration, qui ne représente pas la rédaction du *Voleur,* qui n'est jamais la voix médiatrice d'un parti ou d'une opinion, se situe, du côté du destinateur, symétriquement au « vous » occulte qu'on décèle au-delà des destinataires apparents. S'il affleure dans les *Complaintes satiriques* de *La Mode* et dans toutes les *Lettres,* il s'impose dès la quatrième et triomphe véritablement dans la septième. C'est là qu'on le cernera le plus facilement.

Le « nous » en qui le narrateur se retranche anonymement, c'est d'abord Paris. La lettre de Balzac sur Paris devient lettre de Paris sur Paris, de Paris à la province. Mais cette délégation de narration s'étend aussi à la France, qui *parle* à son tour ce « nous », et le parle tout au long de la *Lettre :* « Nous avons réclamé Galotti et nous avons laissé fusiller des Français en Espagne... L'Espagne nous tire des coups de canon, et nous maltraitons Mina, Placentia et autres. Nous ne sommes pas changés ! ... Comme à Fontenoy, nous disons à nos ennemis : Messieurs tirez les premiers... » (VIII, 101). Le « je », qui ne fait plus que rarement surface, est réduit au rôle de médiateur de ce « nous » dans lequel il s'absorbe.

Au-delà même de la province définie comme destinataire ultime se dessine le pays, le destinataire se confond avec le destinateur, comme si, à travers le théâtre des *Lettres sur Paris,* ce pays s'interrogeait sur lui-même. L'artiste devient l'artisan et l'interprète visionnaire de cette prise de conscience. C'est le rôle *politique* fondamental que Balzac s'est assigné ici.

Il n'est pas possible de donner en quelques mots une idée du contenu politique des *Lettres,* qui a été analysé attentivement par Bernard Guyon et Pierre Barbéris, et que j'ai examiné à mon tour. Disons pour simplifier qu'on peut y distinguer trois niveaux. Tout d'abord une critique politique radicale, un constat de faillite qui atteint tous les partis et les notions qui leur servent d'étendars. Mais les *Lettres* constituent aussi une *citation* des opinions contradictoires du pays, qu'un narrateur pseudo-collectif fait alterner, équilibre, neutralise, et paraît assumer sans chercher à en faire la synthèse. Enfin nous pouvons y déceler, non sans de grandes hésitations, les premiers éléments d'une doctrine politique balzacienne.

Ce discours à plusieurs voix, ce discours équivoque va se heurter à des difficultés logiques insolubles, sur lesquelles je voudrais attirer maintenant l'attention, car elles sont productrices de roman. Au niveau d'une première lecture, les équivoques assumées par le texte journalistique doivent l'être aussi par le lecteur.

Balzac ne se réclame systématiquement d'aucun parti; aucun parti n'a de titres à le revendiquer. Ce qui lui donne le droit d'écrire à Zulma Carraud ces mots étonnants : « Il y a des pensées dues aux ministères et aux gens qui font le gouvernement. Si vous avez cru que c'était moi, vous vous trompiez, ce sont les hommes que vous voulez voir aux affaires [sous-entendu : et que je ne tiens pas à y voir] qui parlent ainsi. Telle phrase, telle pensée est due aux gens les plus influents [20]. » L'important, ici, n'est pas de savoir à qui, aux soirées de Mme O'Reilly, le « Voleur » empruntait ses oracles, mais de constater que, de l'aveu même de Balzac, s'il tient seul la plume, il pratique couramment, intentionnellement, des délégations *invisibles* de narration, jusqu'à faire assumer à la première personne, parlée par son pseudonyme, ou tout au moins à la narration qu'elle gère, des « pensées » ou des « phrases » dont il dénie la paternité.

Comprendre les *Lettres sur Paris,* c'est d'abord prendre en compte de telles ambiguïtés. En analysant tout à l'heure le dispositif narratif de l'œuvre, j'ai dit que les deux premières *Lettres* constituaient un modèle de lecture. Nous allons le vérifier une seconde fois.

Le début de la deuxième *Lettre sur Paris* est censé éclairer un lecteur à qui le sens de la première a échappé : « Comment, mon cher compatriote, s'écrie le " Voleur ", vous avez cru que je voulais me moquer de la Garde nationale et soutenir les sociétés populaires !... Renversez cette proposition, et vous serez dans le vrai (II, 76). » L'impétuosité de la dénégation est pour le moins deconcertante car on sait bien que, dans la première *Lettre*, la Garde nationale est traitée de « véritable utopie », dont les actes sont des « bouffonneries (I, 66). » Et pourtant cette réponse à une lettre imaginaire, le rédacteur pseudonyme la présente comme la rectification d'une lecture erronée, lecture erronée purement imaginaire, je le répète, inventée pour les besoins de la démonstration. Cette rectification constitue en quelque sorte l'ambiguïté comme une valeur des *Lettres sur Paris*, et condamne l'assimilation critique du rédacteur pseudonyme avec Balzac.

Il arrive que l'ambiguïté, ici ou là tolérée, contrôlée, comme dans l'exemple que je viens de donner, prenne une forme explosive, que le texte n'est plus à même d'assumer. C'est alors, on le verra, qu'apparaissent le mieux ses virtualités romanesques. Prenons l'exemple de la cinquième *Lettre sur Paris*. Nulle part le discours n'apparaît plus équivoque. On attendrait de cette *Lettre,* qui salue l'avènement du ministère Laffitte, qu'elle contraste avec la critique acerbe de Guizot dans la *Lettre* précédente. Or il n'en est rien. Montalivet, nouveau ministre de l'Intérieur, est un imbécile, mais il est jeune ; on le soutiendra à ce titre. « Si le génie entre pour un dixième dans la composition de sa cervelle, nous triplerons la dose (V, 87). » Quant à Thiers, éclos sous Talleyrand, qui sait s'il n'a pas gardé sa vertu malgré cette fréquentation galante [21]. Et voici l'éloge de Laffitte : « Fût-il le plus niais des hommes d'Etat (...) je suis

227

décidé à le proclamer le bienfaiteur du pays. » Cette revue s'achève et se résume par une sorte de couplet satirique qui ne serait pas déplacé dans *La Caricature :*

> « Espérons donc ! M. Thiers aura du génie pour M. Laffitte ; M. Laffitte aura de la popularité pour M. Thiers ; M. de Montalivet prêtera sans intérêts à MM. Laffitte et Thiers toute l'activité de sa jeunesse ; M. Mérilhou appuiera, de toute la lourdeur de son éloquence, MM. Thiers, Montalivet et Laffitte. Si nous n'avons pas l'homme de génie en un seul volume, nous l'aurons en trois petits in-32, flanqués d'un in-folio : espèce de réimpression de Necker, moins Madame de Staël. » (V. 88)

Après ces mots, d'une écriture éminemment balzacienne, se produit dans le texte, au niveau du sens et de notre lecture, un véritable coup de théâtre. Il tient dans une phrase : « Voilà ce que *nos* adversaires disent de plus mordant sur les nouveaux venus au pouvoir. » (*Ibid.*) Qui est donc ce *nous* auquel est implicitement renvoyé le lecteur ? le libéralisme de mouvement, la jeunesse, le public ou la rédaction du *Voleur,* le rédacteur pseudonyme, Balzac ? Quelle que soit en définitive la réponse, il faut admettre que, jusqu'à ce point de la lettre, Balzac a laissé de mystérieux « adversaires » se livrer à ce que, bravant l'anachronisme, nous appellerons une *émission pirate.* Ces adversaires sont les usurpateurs d'un « nous » médiateur déjà contradictoire, devenu inadmissible au plan de l'énonciation.

L'ambiguïté du discours des *Lettres sur Paris* est créatrice de romanesque en ce sens qu'elle tend à se dépasser elle-même vers une figuration, pour atteindre à une signification pleinement perceptible. Car comment déployer ces contradictions du texte, contradictions fondatrices, qui n'appellent pas de réduction dialectique, autrement qu'en inventant des personnages ? Telle sera la fonction de la conversation des convives dans la scène du festin de *La peau de chagrin.* La lecture préalable des

Lettres sur Paris devrait interdire toute lecture réductrice de ce roman, où les contradictions de la société de 1830 peuvent s'affronter et coexister sans péril pour la logique d'un discours.

Mais, sans attendre *La peau de chagrin,* le discours politique éclectique et sceptique des *Lettres,* dont je n'ai pas le temps de détailler ici les dilemmes qu'il formule — aristocratie ou république, guerre ou paix, Bourbons ou Orléans —, ce discours donne lieu, dans les *Lettres* mêmes, à une mise en scène de l'ambiguïté et à l'ébauche d'une mise en personnages.

Avec la sixième *Lettre,* quatre comparses inattendus font en effet irruption dans le dispositif épistolaire, quatre personnages censés surgir du public provincial invisible, destinataire de l'œuvre que nous analysons. Ces quatre personnages adressent chacun une lettre au rédacteur : le lecteur de Chinon ne trouve aux *Lettres sur Paris* aucun intérêt pour un provincial ; le libéral de Vitré se demande à quel parti appartient le « Voleur », qu'il estime sévère pour les libéraux, tandis que le correspondant d'Orléans n'hésite pas à voir en lui un homme du mouvement, et l'en félicite. Quant au marquis C., de Nîmes, ce ci-devant applaudit aux « vues impartiales » (VI, 93) du « Voleur », mais en citant Villèle et Peyronnet. Le rédacteur des *Lettres sur Paris* prend alors la plume pour déclarer qu'il n'accepte « ni les éloges ni les critiques contenues dans ces diverses lettres » (*ibid.*). Les quatre correspondants fictifs répondent donc séparément à au moins quatre discours politiques intriqués, entre lesquels le « Voleur » se refuse à choisir celui qui le représenterait ; il avoue du même coup son inaptitude à rendre compte, sans l'aide de cette projection romanesque, de la réalité historique et politique complexe dont il s'est institué le témoin.

A regarder le texte d'assez près, on constate que le processus de personnification qui s'amorce du côté du destinataire est également visible du côté du narrateur, qui tend, symétriquement, à distribuer à des personnages une partie du discours politique. Le débat sur la guerre et la paix (*Lettre II*) prend naturellement la forme parlée ; c'est un fragment de conversation parisienne entre onze heures et minuit. Si le discours de la paix est un texte synthétique censé émaner de plusieurs locuteurs, qui ne sont pas individualisés, en revanche le monologue de la guerre est mis dans la bouche d'un républicain énigmatique, qu'on écoute « comme aux Italiens les dilettanti écoutaient Madame Pasta, quand elle apparaissait sur la scène » (II, 71). Balzac a-t-il en mémoire quelque vieux républicain réellement entendu ? Cette référence humoristique à la Pasta tient alors à distance le modèle présumé. Car il ne s'agit pas d'un hasard de plume, mais d'une comparaison que l'auteur a cherchée. On a conservé un fragment manuscrit du passage [22], où le vieux républicain était d'abord comparé à une sibylle [23]. L'effet de distanciation à l'égard du réel est le même ; mais, dans la version finalement adoptée, apparaît en plus l'idée capitale de spectacle, de comédie humaine. Dès lors le mystérieux discoureur entre dans un jeu littéraire dont les règles ne sont plus celles d'une chronique politique.

La qualification périphrastique de ce personnage confirme et achève la mise à distance du modèle, sur lequel l'auteur projette tout à coup l'ombre inattendue d'un certain « *feu Roberjot* », ministre plénipotentiaire assassiné à Rastadt » (II, 71).

Le débris manuscrit permet de distinguer dans cette projection trois étapes :

1. *qui a l'air* d'un ancien ambassadeur républicain (A. 257) ;
2. *qui me faisait l'effet* du feu citoyen Roberjot (*ibid.*) ;
3. *qui me représentait assez bien* feu Roberjot (II, 71).

On remarquera les trois médiations verbales — « qui a l'air », « qui me faisait l'effet », « qui me représentait »

230

— de ce fantôme illustratif, mais nullement explicatif, avec lequel notre personnage, appelé un peu plus loin — c'est la quatrième étape — « l'ombre de Roberjot » (II, 71), vient à se confondre. Voici donc un texte particulièrement démonstratif, où la parole préexiste au personnage et l'engendre. Celui-ci apparaît sous les traits anonymes d'un républicain escorté d'une comparaison à visée à la fois humoristique et personnificatrice (la sibylle ou la Pasta), la silhouette renvoyant à un référent obscur et inutilisable (Roberjot), fausse source dont la fonction, ici, est seulement de situer la scène dans le domaine de la *représentation* et non pas du témoignage.

Pour donner une idée tant soit peu complète de la fermentation romanesque des *Lettres sur Paris,* il faudrait encore examiner les métaphores, les comparaisons, les allégories [24] qui, à elles seules, distinguent radicalement ces *Lettres* de celles d'Etienne par exemple. Je me bornerai, faute de temps, à quelques remarques très générales, sans aborder la structure et le fonctionnement de ces métaphores, qui jouent souvent le rôle d'indicateurs de lecture. Les unes ont trait au théâtre et à la mise en scène. Aux yeux d'un lecteur balzacien, elles ont le double intérêt de mettre en circulation nombre d'expressions qui viennent se ranger naturellement dans le paradigme de « comédie humaine », et de nous rappeler que l'œuvre est une scène où l'histoire est conviée pour être jouée. Ces images, en grand nombre, constituent réellement des réseaux ; beaucoup relèvent, par analogie, du code de la caricature politique dessinée avec, pour premier objectif, la théâtralisation parodique de la société. Mais, souvent, la contrainte de la thématique plastique spécifique dont elles participent favorise l'escamotage de l'effet de sens au profit d'un effet esthétique et dévie la visée satirique vers des *figurations* qui semblent de plus en plus gratuites. C'est ainsi qu'une série de métaphores, où domine un processus personnificateur, appel-

231

lent successivement les éléments du texte les plus divers au théâtre de la représentation.

On attendrait de la métaphore qu'elle aide à la saisie d'un sens. Si l'on voulait définir son mode d'action par un verbe, on dirait plutôt, ici, qu'elle transperce son objet, qu'elle le prolonge ou le dévie. Elle apparaît souvent comme le défi d'une imagination ironique et visionnaire à la réalité, à la littéralité conçue comme valeur littéraire. De là, par instants, dans le texte des *Lettres sur Paris,* une tension dans le rapport au réel, une « fuite en avant » dans l'imaginaire, caractéristiques du réalisme balzacien. Ainsi, quel que soit l'angle sous lequel on l'envisage, on constate qu'à tous les niveaux de cette petite œuvre exemplaire — ce sera la conclusion de cette lecture — l'historique est en butte aux assauts de l'imaginaire.

R.C.

NOTES

1. De nombreux éléments de cette communication ont été repris dans un chapitre de ma thèse (*Balzac journaliste, le tournant de 1830*, ch. X : « *Le Voleur* et les *Lettres sur Paris*, un discours politique solitaire »). On trouvera dans cet ouvrage à paraître les précisions historiques et les développements critiques qui n'avaient pas leur place dans une étude de narratologie.

2. D'après une statistique publiée par *Le Voleur* (20 mars 1831), 1 206 numéros ont été envoyés par la poste en province en janvier 1831, et 1 111 le mois suivant. Il faut ajouter un tiers à ce nombre pour avoir une approximation du nombre total d'abonnements.

3. Au 30 septembre 1830, date de la première *Lettre sur Paris*, Girardin et Lautour possèdent encore les deux tiers du *Voleur*, et en contrôlent entièrement la rédaction littéraire. Il ne leur reste qu'un sixième de propriété à eux deux, celui de Girardin, lorsque paraît la XIIᵉ *Lettre* (20 janvier) ; quand s'achève la série, le 31 mars, il y a plusieurs semaines qu'ils n'appartiennent même plus à la société du journal.

4. Les *Lettres* seront désignées par des chiffres romains. Les références en chiffres arabes renvoient au texte de l'édition Conard (t. II, 1938).

5. Voir plus bas note 10.

6. P. 106.

7. Ce « M...... » désigne-t-il un nom ? S'agit-il d'une coquille, d'un en-tête incomplet, le M — et éventuellement les sept points qui suivent — remplaçant simplement le mot : « Monsieur » ? Peu importe en l'occurrence ; soulignons que rien dans le texte, n'autorise à supposer que ce « M...... », destinataire de XI, doive se confondre avec le : « M. M........ » de II, bien qu'ils soient tous deux tourangeaux.

8. P. 112.

9. Voir plus haut note 7.

10. Cette éventualité paraît toutefois peu probable. Madeleine Ambrière-Fargeaud se demande (*Balzac et « La recherche de l'absolu »*, Hachette, 1968, p. 205-207) — cette hypothèse est séduisante — si Balzac n'aurait pas pensé au premier adjoint du maire de Nantes, le frère d'un prosélyte éclectique du martinisme et du swedenborgisme connu sous le nom de « capitaine Bernard ». Celui-ci semble avoir été lié avec des milieux mystiques nantais qui exercèrent une influence importante sur Mᵐᵉ Balzac et sa famille. Rappelons que Balzac était passé à Nantes en été avec Mᵐᵉ de Berny ; sa mère devait y passer à son tour en mars. Au moment où paraissait la XIIᵉ *Lettre* (20 janvier 1831), les Balzac avaient donc divers motifs de songer à leurs amis nantais.

11. « A M.H. B......D., à Cambray ».

12. Dans *Balzac et « La peau de chagrin »*, SEDES, 1979, p. 11.

13. Le narrateur d'*Une passion dans le désert* adresse son récit à une jeune femme qui vient d'être effrayée par le spectacle du dompteur Martin. Jeune femme dont le seul rôle, *en 1830*, est de recevoir le récit. L'auditrice destinataire de *Sarrasine* est anonyme dans le premier épisode de la nouvelle ; dans la seconde partie, elle recevra (en 1844) le nom de Mᵐᵉ de Rochefide, après

avoir varié à plusieurs reprises d'identité. Ce flottement montre que ce personnage n'a jamais tout à fait cessé d'être la narrataire un peu chimérique du récit tel qu'il parut en 1830 dans la *Revue de Paris.*

14. La *Société d'abonnement général* (automne 1830). Ce projet manuscrit (*Lov.* A 257) et le dossier constitué par Balzac ont été publiés et commentés dans la *Revue des sciences humaines,* n° de janvier-mars 1971, p. 55-109. Cette « grande affaire » a donné lieu à divers actes ultérieurs, dont l'un, celui de 1833, a été retrouvé (voir *A.B. 1975,* p. 145-175).

15. *Revue des sciences humaines,* janvier-mars 1971, p. 95. Voir note précédente.

16. Rappelons qu'il fut question, en septembre 1852, de lancer *Le médecin de campagne* avec l'aide de Girardin, fort des 100 000 abonnés, en grande majorité provinciaux, du *Journal des connaissances utiles.* Voir *Corr.,* t. II, p. 141-42 (lettre de Balzac à son éditeur Mame).

17. Quelques années plus tard, dans l'ébauche d'un roman destiné à *La comédie humaine : Un grand homme de Paris en province,* Balzac écrira ce qu'il pense de La Fayette et de son projet constitutionnel : « Un trône environné d'institutions républicaines, le rébus le plus indéchiffrable qui soit sorti de la tête d'un marquis à peu près imbécile en politique » (*Pl.,* t. XII, à paraître).

18. Successivement : IV, 82 ; XII, 118-119 ; IV, 81 ; XVIII, 139.

19. Balzac ne sera pas nommé comme l'auteur des *Lettres sur Paris* avant le 15 mars, peu avant la fin de la publication de l'œuvre, en tête du *Petit souper* reproduit de la *Revue des Deux-Mondes.*

20. *Corr.,* t. I, p. 473.

21. V, 87.

22. Ce bref fragment figure au verso d'un feuillet manuscrit du projet de *Société d'abonnement général* (*Lov.* A. 257, fol 29 v°). Voir *RSH,* janvier-mars 1971, p. 103-104, n° 143.

23. « Mais tout le monde se tut [*effacé :* comme si la sybille (*sic*) de se fût comme si] comme si un personnage (*le texte s'interrompt ici*).

24. J'ai inventorié ces figures dans *Balzac journaliste.*

SÉMIOLOGIE ET GRAMMAIRE
DU NOM PROPRE
DANS UN PRINCE DE LA BOHÈME

par Denis Slatka

1. *Des noms et des chiffres*

Le propos est de montrer comment la sémiologie et la grammaire des noms propres fondent l'économie formelle du récit et lui confèrent sa portée sociale, sa force critique.

Je commencerai par quelques repères pour déterminer l'importance et les fonctions du nom propre dans la nouvelle [1]. Les noms propres permettent d'abord d'intégrer la nouvelle dans *La comédie humaine* : « Œuvre carrefour, écrit P. Berthier, où près de trente personnages apparaissent dans d'autres œuvres de Balzac. » (806) Le curieux, c'est alors — dans une nouvelle aussi courte — l'abondance des noms propres ; et aussi leur juxtaposition/énumération :

> « Finot, Lourteau, du Tillet, Desroches, Bixiou, Blondet, Couture, des Lupeaulx le supportaient malgré son air pédant et sa lourde attitude de bureaucrate. » (827)

Soit neuf noms propres, en comptant l'antécédent de *le,* savoir du Bruel. L'énumération des noms propres compte parmi les moyens utilisés par Balzac pour assurer la cohésion de l'ensemble, pour lier ce texte aux autres textes de *La comédie humaine.* Une autre énumération assure, elle, le rapport du récit au réel, et au réel de la littérature :

« (..) figurez-vous Lovelace, Henri IV, le Régent, Werther, Saint-Preux, René, le maréchal de Richelieu réunis dans un seul homme (...) » (809)

Le chiffre sept contient ici l'énumération des noms propres — ce qui ne surprendra pas les lecteurs de *Z. Marcas*. Aussi bien, les sept châteaux de Nodier sont évoqués un peu plus bas. (« On lui doit la carte de la bohème et les noms des sept châteaux que n'a pu trouver Nodier. » [810])

Je ne m'occuperai pas ici de la symbolique des noms et des chiffres : l'importance des chiffres et des noms sera évaluée pour leur fonction dans la construction du récit comme texte (i.e. comme objet formel abstrait) et en rapport avec la production d'effets idéologiques spécifiques — qui transforment le texte en discours concret.

2. *Statut des trois personnages clefs* [2]

L'amant (ou à tout seigneur tout honneur) est désigné par son nom et son titre — comte Rusticoli de La Palférine — ou par des descriptions définies comme *le jeune homme, le jeune comte*. La figure, l'identité, le statut du personnage sont stables ; en tout cas, ni les noms ni les prénoms ne changeront. Le mari, c'est d'abord un auteur dramatique, dont le nom (du Bruel) est donné en même temps que le pseudonyme (de Cursy). Une série de descriptions définies a charge de montrer le changement de statut subi par le personnage. Ainsi du Bruel est désigné par *ce spirituel vaudevilliste* (834) ; puis on lit :

« L'ancien vaudevilliste a l'ordre de Léopold, l'ordre d'Isabelle, la croix de Saint-Wladimir, deuxième classe, l'ordre du Mérite civil de Bavière, l'ordre papal de l'Eperon d'or (...) » (836)

L'adjectif modal *ancien* exclut le personnage de la classe des vaudevillistes (il n'est plus vaudevilliste) ;

c'est que du Bruel/de Cursy est devenu *pair de France, comte* et sujet décoré.

Il est difficile de parler de « *la femme* » sans ambiguïté, on verra pourquoi. Le changement de statut du personnage se révèle dans le rapport entretenu par deux descriptions définies avec un nom nanti d'un titre :

- *La danseuse* (827),
- *L'ancienne danseuse* (828),
- *La comtesse du Bruel* (836).

C'est le changement de nom qui exhibe le changement de statut social ; mais on sait qu'il faudrait changer les noms. D'autre part, la femme c'est *Claudine*, et c'est *l'inconnue*. Qui donc est Claudine ?

Maintenant que l'importance de l'identité est en place, il importe de préciser avec soin les identités. Le jeune comte est doté de neuf prénoms (sept plus deux) :

« Madame, mon ami se nomme Gabriel-Jean-Anne-Victor-Benjamin-Georges-Ferdinand-Charles-Edouard (...) »

et de deux noms (avec un titre) :

« (...) Rusticoli, comte de la Palférine. » (809)

Le jeune comte, pour ses amis et ses amies, c'est Charles ou Charles-Edouard. Les deux noms sont supportés par un blason daté qui signale ou devrait signaler l'appartenance à deux maisons illustres et anciennes, les Rusticoli, les La Palférine. La noblesse *ancienne* à laquelle appartient le comte s'oppose à la noblesse bourgeoise récente de *l'ancienne danseuse* et de *l'ancien vaudevilliste*. Bref, pour le jeune comte, la légitimité royale assure la stabilité d'une identité ; mais — signe des temps — l'identité ancienne du comte est maintenant ignorée, méconnue :

« Aujourd'hui, quand on nomme Charles-Edouard de La Palférine, sur cent personnes, il n'y en a pas trois qui sachent ce qu'est la maison de La Palférine (...) » (810)

Le mari est présenté, en contraste, sans prénom ; en outre il se cache derrière un pseudonyme. Son prénom et son nom complet (Jean-François du Bruel) seront donnés plus tard par un document légal (un contrat de vente). En tout cas, personne ne l'appelle par son prénom. Pour l'épouse, les choses sont naturellement plus complexes. Le prénom, le nom de jeune fille, le nom de femme sont indiqués dans le même document : Claudine Chaffaroux, épouse du Bruel. Pour elle, comme pour son mari, le nom s'articule non à la légitimité royale, mais à la légalité bourgeoise. Ils ne sont pas nés. Pour son amant Charles-Edouard, Claudine n'est qu' « une bourgeoise, une femme sans nom » et sans titre (824).

Cependant la présentation du personnage est orientée d'abord par un prénom, *Claudine,* et par un surnom, *Tullia :*

« Cette femme (...) est Tullia (...). »
« Tullia n'est pour elle qu'un surnom, comme celui de Cursy pour du Bruel. » (825)

Les deux prénoms — Claudine/Tullia — s'opposent donc aux deux noms — du Bruel/de Cursy. De plus, *Claudine* n'est pas d'emblée un prénom au sens strict ; il s'agit, comme dit Nathan, *d'une rubrique* destinée à préserver l'anonymat et/ou « les lois du bon goût. » *Claudine,* en effet, trouve place dans une séquence de sept rubriques :

« Claudine, Hortense, la Baronne, la Bourgeoise, l'Impératrice, la Lionne, l'Espagnole étaient des rubriques qui permettaient à chacun d'épancher ses joies, ses souvenirs, ses chagrins, ses espérances, et de communiquer ses découvertes. » (819)

238

On apprendra plus tard que *Claudine,* c'est aussi et effectivement un prénom légal ; au lecteur sera révélée la totalité du système : Tullia/Claudine — Claudine Chaffaroux — Mme du Bruel — comtesse du Bruel. La nouvelle est le récit de cette construction ; c'est aussi la conquête d'un titre de comtesse par une danseuse de l'opéra — bel exemple, comme le dira La Palférine, de ces « sauts de carpe » qui peuvent conduire « des coulisses de l'Opéra à la Cour » (837).

3. *Structure d'ensemble*

Le récit se divise, selon les termes de Balzac, *en deux parties,* d'égale importance. Cependant les parallélismes d'introduction sous-tendent des différences essentielles :

I. « Entre toutes les personnes de connaissance que nous avons l'habitude de nommer nos amis, je compte le jeune homme dont il est question. » (808)

Suivent une série d'anecdotes (qui ont La Palférine pour héros) et un récit.

II. « Parmi tous les auteurs dramatiques de Paris, un des mieux posés, des plus rangés, des plus entendus, était en 1829, du Bruel, dont le nom est inconnu du public, il s'appelle de Cursy sur les affiches. » (825)

Et le récit d'une ascension sociale se construit comme découverte d'une identité.

4. *Les anecdotes*

Considérons maintenant les anecdotes : premier temps de la première partie. La Palférine se définit d'une double appartenance : il fait partie, « en attendant mieux, de la *bohème* » (808) ; mais, s'il végète dans une « position obscure », il a pour lui la jeunesse. Il appartient aussi, on le sait, à la noblesse royale, ancienne ; mais il ne lui reste que le pouvoir de l'insolence et de la dérision.

Comme tel, le personnage de La Palférine contraste avec le personnage de du Bruel. La noblesse royale s'oppose à la noblesse bourgeoise ; une jeunesse éclatante, mais sans pouvoir, s'oppose à une gérontocratie honteuse : La Palférine fait sonner son titre de *comte* en ces temps où un du Bruel n'ose pas (encore) porter le sien (836).

Les anecdotes sont construites autour d'un nom propre, donné comme *illustre* (La Palférine) et mis en rapport — sous des formes diverses (principalement par comparaisons) — avec un nom propre *illustre* et *historique*. On ne sera pas surpris de constater que les anecdotes se déroulent en séquence, soit sept plus deux.

1. Le duel manqué : La Palférine, c'est Lauzun.

2. Le tailleur/les dettes : La Palférine prend « le geste et la pose de Mirabeau » (811).

3. L'ami du banquier Laffitte : La Palférine déploie « le génie de Rivarol » (812).

4. La bourgeoise, la fille mère : « C'est galant dans le genre de Richelieu » (812).

5. Le créancier : Le rapport s'établit avec Talleyrand.

6. Le ramoneur : La Palférine apparaît « généreux comme Buckingham » (813).

7. Le duel réel : sont évoqués alors « les Raffinés » et « les beaux jours de la monarchie » (814).

Deux autres anecdotes viennent ensuite : la première illustre les rapports conflictuels de la bohème noble et du pouvoir bourgeois. La seconde met en valeur le talent littéraire et la galanterie, tout ensemble. Dans le commentaire de la lettre à Antonia sont convoqués six noms plus un (entre parenthèses) ; soit : Sterne, Scarron, Molière, Cyrano, Richelieu, Platon et M. Sainte-Beuve. Comme on sait, *Un prince de la bohème* n'a pas été tout à fait négligé : le pastiche de Sainte-Beuve continue d'assurer une certaine notoriété à la nouvelle [3]. Mais pour le présent c'est le nom propre qui intéresse.

5 *Le statut du nom propre*

Deux questions aideront à déterminer le statut et les fonctions du nom propre :

a. Le nom propre est-il un signe ?

b. Le nom propre est-il un signe linguistique ?

Des doutes surgissent, surtout à propos de la seconde question. Les signes linguistiques, sous le nom de mots, peuvent entrer dans un dictionnaire où se lisent les significations et les emplois ; mais recueillir les noms propres, c'est construire un répertoire, un annuaire — car les noms propres ne signifient rien. Cependant les choses ne sont pas si simples. Le *Cours de linguistique générale* va permettre, comme à l'ordinaire, de mieux cerner les questions. La question a) relève de *la sémiologie générale,* c'est-à-dire des systèmes sociaux de communication ; la question b) touche à *la sémiologie linguistique,* c'est-à-dire au système social de communication linguistique.

Aussi bien, le nom propre a un statut ambigu. Comme tout signe, il est arbitraire à priori (non naturel) : il est arbitraire d'appeler une femme « *femme* », comme il est arbitraire d'appeler une femme *Claudine.* Mais, comme tout signe, le nom propre est nécessaire à posteriori : l'institution sociale qu'est la langue impose *femme,* tout comme une autre institution (l'état civil) ou une simple convention imposent *Claudine.* Par là, le nom propre « touche à un point d'organisation sociale » (F. de Saussure, 1976, 309). Le nom propre, pour nous, ne dit rien autre que ceci : cet individu a une identité reconnue légalement [4]. Le nom propre est un signe social qui fonctionne comme marque d'appartenance et comme signe de reconnaissance pour nous-mêmes et les autres. Il n'est pas surprenant, dès lors, que les classes sociales soutiennent des relations très diverses au nom propre qui — de toute façon — ne doit pas être terni. Et il n'est pas exclu qu'un cérémonial précis pousse ou bien à préserver *l'honneur du nom* ou bien à *se faire un nom.* Par exemple, *au nom de* ... légitime un ensemble de pratiques discursives et non discursives.

Avoir un nom suffit légalement à dissiper l'anonymat ; mais il n'est pas sûr que ce soit suffisant socialement — à moins de s'approprier *avoir un nom* pour signifier *porter un grand nom*. La force et la validité des pratiques peuvent prendre appui sur le nom, grand ou obscur. A ce propos, on évoquera, derechef, la première anecdote où se dessine la possibilité, vite évacuée, d'un duel :

> « Un instant, dit La Palférine (...), un instant, monsieur est-il né ? — Comment, monsieur ? dit le bourgeois. — Oui, êtes-vous né ? Comment vous nommez-vous ? — Godin. — (...) — Godin ! Cela n'existe pas, vous n'êtes rien, Godin ! » (811)

Ce mépris du nom obscur, anonyme, est un des fondements du discours polémique postrévolutionnaire ; voyez par exemple le pamphlet de Laharpe, *Du fanatisme dans la langue révolutionnaire* (1797, 67) :

> « Un *Albert* (qui est cet Albert ? Personne n'en sait rien, mais qu'importe ?) nous apprend qu'*on sonne les cloches* dans son département, et il conclut sur-le-champ que *tous les patriotes seront bientôt égorgés dans leurs maisons.* »

Une des fonctions de la dernière anecdote est alors de mettre en relief, une nouvelle fois, le mépris du nom bourgeois, du nom légal :

> « Dès ce jour [La Palférine] se mit à tourmenter Claudine, il avait dans la plus profonde horreur une bourgeoise, une femme sans nom ; il lui fallait absolument une femme titrée (...). » (824)

Ainsi toute la première partie de la nouvelle met en place, de manière polémique, le rapport social au nom propre. Dans son ensemble, cette première partie se constitue autour de la valorisation (mélioration/péjoration) qui peut s'attacher au statut sémiologique général du nom propre. La Palférine, en effet, est issu d'une maison doublement illustre — comme Rusticoli, comme La Palférine. En outre, chaque anecdote relie le nom propre à un nom illustre. Le paradoxe historique se dit : le nom est illustre, ancien ; mais il est méconnu — ici et maintenant.

6. *Le nom comme rubrique*

Le récit de la rencontre de La Palférine et de Claudine commence ainsi : « Voici comment il fit la rencontre de Claudine, reprit Nathan. » (816) On le sait déjà, Claudine c'est l'inconnue. Le secret entoure la personne et le nom de la personne. Pourtant *Claudine* est, tout à la fois, sujet et objet de discours : le prénom n'est qu'une rubrique, nécessaire pour un discours sur un sujet. La question peut se formuler : comment ce fonctionnement est-il possible, si le nom propre n'a qu'un statut sémiologique, c'est-à-dire non spécifiquement linguistique ?

7. *Pour une définition du nom propre*

Je rappellerai brièvement quelques analyses pour tenter de mettre les choses au clair. Comme marques sociales, les noms propres, en eux-mêmes, ne signifient rien : ils indiquent ou dénotent un individu unique, sans lui attribuer aucune propriété générique. Comme dit J.S. Mill, les noms propres dénotent sans connoter. Dire *Claudine,* c'est indiquer quelqu'un nommé *Claudine ;* dire *une femme,* c'est attribuer *aussi* une propriété générique à un individu. Ce point de vue trouve confirmation dans un exemple proposé par P. Ziff (1960, 102) : si je vois deux animaux parfaitement semblables et si l'un est dit *chien,* l'autre sera dit *chien,* aussi, tout autant. En revanche, si l'un des deux chiens est appelé *Fido,* il ne suit pas que l'autre est *Fido,* aussi. Simplement, les noms propres pour les agents sociaux sont légalement déclarés et reconnus. Il n'est pas inutile de mentionner à ce point la définition de Benveniste (1974, 200) :

« Ce qu'on entend ordinairement par le nom propre est une marque conventionnelle d'identification social telle qu'elle puisse désigner constamment et de manière unique un individu unique. »

Dans cette direction, je reprendrai ce terme de S. Kripke (1972) : le nom propre est *un désignateur rigide*. Les noms propres, en effet, maintiennent l'identité dans toutes les situations possibles, discursives et non discursives — ou, si l'on préfère, dans tous les mondes possibles. Du coup, l'histoire peut apparaître : il n'y a pas de monde (historique ou non) où La Palférine ne soit pas La Palférine ; mais il y a des mondes possibles — celui d'après la Révolution, par exemple — où *le comte* de La Palférine n'est pas/plus *comte ;* citons à nouveau :

« Aujourd'hui, quand on nomme Charles-Edouard de La Palférine, sur cent personnes, il n'y en a pas trois qui sachent ce qu'est la maison de La Palférine. » (810)

Ces analyses conduisent à mettre en évidence une autre propriété de ce signe qu'est le nom propre. Comme signe linguistique (et à suivre le *Cours de linguistique générale*), un nom propre est à la fois arbitraire *et* différentiel ; il est d'abord ce que les autres ne sont pas. De cette propriété découle *la valeur* du signe linguistique — c'est-à-dire que la valeur délimite les conditions pour qu'un signe puisse faire *sens* et porter *référence,* dans une situation concrète.

8. *Grammaire des noms propres*

Que les noms propres ont bien une valeur, leur emploi le prouve. D'abord, les noms propres entretiennent un rapport spécifique — de détermination sociale — avec les pronoms déictiques, comme le montrent les exemples (a) et (b) :

(a) Jean, là, m'approuve.

$\left\{\begin{array}{l}\text{(b) } \textbf{Lui}, \text{ là} \\ \text{(b) } \textbf{Celui-là}\end{array}\right\}$ m'approuve.

De plus, E. Benveniste (1974) a détaillé les relations des noms propres et *des pronoms antonymes*. Benveniste oppose les pronoms de conjugaison (je, tu $\sim$ il/elle) et les pronoms antonymes qui possèdent les mêmes caractéristiques syntaxiques que les noms propres. Trois exemples suffiront pour établir « l'homologie fonctionnelle entre pronoms antonymes et noms propres » :

(c)/1. Réponse à une question :

— Qui est-ce ? $\left\langle\begin{array}{l}\text{Moi} \\ \text{Pierre}\end{array}\right.$

2. Régime d'une préposition :

— avec moi, avec Pierre

3. Complément d'un adjectif :

— digne de moi, digne de Charles-Edouard

En opposition à *je,* Benveniste définit *moi* comme « le nom propre de locuteur », à la fois unique et toujours changeant. Le nom propre social, au contraire, reste fixe. Ainsi le nom propre de locuteur, linguistique et déictique — comme tel soumis à une variété d'emplois sans limite — s'oppose à la rigidité/fixité du nom propre. Le rapport s'établit alors entre identité linguistique (nom propre de locuteur) et identité sociale (nom propre conventionnel de l'agent social). La conjonction des deux — *Moi, Pierre* par exemple — « définit le sujet à la fois par sa situation contingente de parlant, et par son individualité distinctive dans la communauté » (E. Benveniste, 1974, 201).

Reste un dernier point : comment concevoir le rapport entre noms propres et pronoms anaphoriques ? Mais, pour qu'il y ait rapport, il faut d'évidence que le nom propre soit doté d'un minimum de valeur linguistique. Or le rapport existe — comme le montrent les exemples suivants (où P_1, P_2, P_3, etc.) notent des occurences de phrases successives) :

(d) P_1 $\left\{ \begin{array}{l} \text{La Palférine} \\ \text{Charles} \end{array} \right\}$ $\rightarrow$ P_2 *il* $\rightarrow$ P_3 *il*

(e) P_1 $\left\{ \begin{array}{l} \text{Claudine} \\ \text{Mme du Bruel} \end{array} \right\}$ $\rightarrow$ P_2 *elle* $\rightarrow$ P_3 *elle*

Ces exemples indiquent l'essentiel : *les pronoms anaphoriques permettent à un nom propre — comme à d'autres expressions linguistiques — de fonctionner dans un texte.*

Grâce à l'opposition formulée plus haut, les noms propres acquièrent un minimum de valeur. Plus exactement, ils ont une valeur indéterminée. De ce point de vue, les noms propres ne sont pas différents des pronoms anaphoriques *il/elle* dont la valeur est plus indéterminée encore : non sans quelques raisons, il a été proposé d'assimiler noms propres et pronoms. Tout comme *il* ou *elle*, *Charles, Claudine* peuvent recevoir une série quasi infinie de prédicats. La différence tient à ceci : *Claudine, Charles,* etc., appartiennent à *deux* systèmes sémiologiques différents, mais qui trouvent une articulation commune. Un signe comme *Claudine* appartient au système particulier des désignations sociales conventionnelles *et* au système linguistique grâce au minimum de valeur dont il est revêtu. Et, grâce aussi à ce minimum de valeur, le nom propre peut fonctionner dans *une chaîne anaphorique* comme antécédent de *il/elle ;* et il peut aussi soutenir *une relation de coréférence* avec d'autres expressions singulières. Soit deux exemples :

(f) *Laetitia Bonaparte* naquit en Corse. *Elle* suivit

son fils à Paris.

(g) *Laetitia Bonaparte* naquit en Corse. *La mère de*
    ↑ _____ ↑

Napoléon suivit son fils à Paris.

Dans (f), l'anaphore met en jeu le seul système linguistique ; la chaîne de coréférence, illustrée en (e), met en œuvre le système linguistique (un nom propre et une description définie) *et* « la connaissance du monde », c'est-à-dire un savoir partagé.

On pourrait objecter, à juste titre, que le nom propre n'est pas la seule expression singulière à se spécifier comme antécédent possible de *il/elle*. Il est clair qu'une grammaire du nom propre ne peut se concevoir sans que soient établies les relations du nom propre aux autres expressions singulières. Voici donc quelques éléments.

9. *Chaînes de coréférence*

Parler de *chaîne de coréférence* suppose une relation de consécutivité entre les phrases constitutives d'un texte. Et se pose conjointement le problème de définir les divers maillons d'une chaîne ; en particulier : qu'est-ce qui compte pour premier maillon ? Je donnerai le classement que j'ai établi ailleurs (D. Slatka, 1980 [5]), sans y insister.

— *Premier maillon*

a) *Uniquement :* les descriptions indéfinies.
Opposons (1) et (2) :

(1) *Une femme* se hâtait sur le boulevard. { *Cette femme* / *Elle* }
    ↑ _____ ↑

portait des vêtements un peu trop élégants.

(2) *Une femme* se hâtait sur le boulevard. *Une femme*
    ↑ _____ ↑

portait des vêtements un peu trop élégants.

En (1), la coréférence est nécessaire/possible, alors

247

qu'elle est exclue en (2) : c'est qu'une description indéfinie marque toujours le début d'une chaîne ; comme
telle, elle n'est pas répétable.

b) *possiblement:*

1. Les noms propres (ou désignateurs rigides)

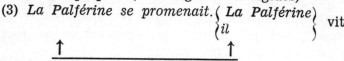

(3) *La Palférine se promenait.* $\left\{\begin{array}{l}La\ Palférine\\il\end{array}\right\}$ vit

une femme trop bien vêtue.

Comme on voit, le nom propre n'est pas uniquement
et nécessairement premier maillon ; et il est répétable,
à une distance proche ou lointaine.

2. Les descriptions définies complètes (utilisés pour
fixer la référence dans un monde).

(4) *L'homme qui portait un béret fasciste se dirigea*
vers un bar. *Il* demanda du champagne. On *lui* donna
Un prince de la bohème.

— *Second ou dernier maillon*

a) *Uniquement (mais toujours répétable)*

● Description définie incomplète :

(5) P₁ *Un bourgeois* ⟶ P₂ *Le bourgeois*

● Description comportant un article démonstratif :

(6) P₁ *Un bourgeois* ⟶ P₂ Ce *bourgeois*

● Pronoms anaphoriques :

(7) P₁ *Un bourgeois* ⟶ P₂ *Il*

Une remarque, en passant, à propos des pronoms
anaphoriques. Un pronom (*il/elle*), en premier maillon,
peut produire un effet d'anticipation et/ou d'attente.
Ainsi, dans le prologue, c'est *le* (souligné dans le texte,
808) qui sert à introduire le comte de La Palférine,
dénoté peu après par *le jeune homme dont il est ques-*
tion, et désigné ensuite par son nom. Cette présentation

s'oppose à la caractérisation du mari dans la lettre de Claudine (821) où la séquence s'organise à partir de *cet imbécile :*

(8) *Cet imbécile. Il, il* (soulignés dans le texte)

b) *Possiblement :*
- Noms propres
- Descriptions définies complètes.

Les noms propres sont utilisés pour « désigner rigidement » un individu unique, dans tous les mondes possibles ; alors que les descriptions définies servent à « fixer la référence » dans un monde.

10. *Les noms propres dans la nouvelle*

Avant d'examiner la sémiologie et la grammaire du nom propre et des expressions singulières dans *Un prince de la bohème,* il convient de préciser l'orientation générale.

La première partie de la nouvelle, on l'a vu, s'organise plutôt autour de la sémiologie du nom propre ; tandis que la seconde partie est centrée sur la grammaire du nom propre. Soit les deux récits complémentaires. Après les anecdotes consacrées à illustrer le nom de La Palférine, le premier récit commence :

« Voici comment il fit la rencontre de Claudine. » (816)

Suivent le récit proprement dit et les lettres de Claudine. La fin de la première partie s'articule à la seconde partie grâce à cette phrase :

« Maintenant voici comme je découvris qui était Claudine. » (825)

Bâtir un secret, c'est aussi donner le savoir nécessaire pour lever le secret ; ou encore : comment construire des chaînes de coréférence qui comportent des noms propres ?

11. *La rencontre*

Reprenons la première phrase : « Voici comment *il* fit la rencontre de *Claudine* » (je souligne). Deux chaînes de coréférence sont en place. *Il* indique qu'une chaîne se poursuit, alors que *Claudine* ouvre une autre chaîne. *Il,* c'est le déjà connu — qui reconduit à la présentation : « Madame, mon ami se nomme (...) — Charles-Edouard Rusticoli, comte de La Palférine ». (809) Aucun secret ici. L'autre chaîne est plus curieuse. Après la nomination initiale de Claudine, le récit commence (816) avec « *une femme, une femme* mise trop élégamment (...) ». La présentation se fait par les vêtements, détail que le texte « met en mémoire [6] », avec une interprétation possible : « La princesse devait être de l'Opéra. » Le texte reprend avec une description définie, *le jeune comte* (puis *il* et *La Palférine*) en relation avec divers syntagmes nominaux, dans l'ordre : *cette femme, cette femme, la femme.* Puis la femme en question est désignée comme *l'inconnue* dans une première phrase (deux autres occurrences suivront) ; et le comte, dans la phrase subséquente, est nommé par son prénom complet, *Charles-Edouard* (le bien connu). La suite mérite encore un instant d'attention : le jeune comte finit par se présenter (« je suis le comte de La Palférine » [817]) ; mais Claudine, elle, ne se présente pas. Elle reste l'inconnue, dotée seulement d'un prénom-rubrique, *équivalent d'une description définie incomplète,* comme le prouvent les commentaires de Nathan, un peu plus bas :

> « La Palférine nous parla souvent de Claudine, néanmoins personne de nous ne la vit et jamais son nom de femme ne fut prononcé. Claudine était presque un personnage mythique. (...) Claudine, Hortense, La Baronne, la Bourgeoise, l'Impératrice, la Lionne,

250

l'Espagnole étaient des rubriques qui permettaient à chacun d'épancher ses joies, ses soucis, ses chagrins, ses espérances, *et de communiquer ses découvertes.* » (819, je souligne)

Claudine n'est pas d'abord un désignateur rigide ; le prénom, ici, sert seulement à fixer une référence *pour des discours.* Les lettres apportent du nouveau. En effet, la première lettre de Claudine commence d'emblée par *le nom propre de locuteur* (moi) :

« Eh bien, mon ami, êtes-vous content de moi ? » (820)

Claudine n'a pas de nom, en ceci que son nom est toujours secret ; mais elle se présente comme une subjectivité, et une subjectivité qui s'affirme. Dans la même lettre, plus bas, apparaît une description définie qui vient justifier les évaluations opérées, dès le début, par le jeune comte :

« Il me restait quelque chose de la *fille d'Opéra* dans la coupe de mes robes, dans mes coiffures. » (820, je souligne)

Ensuite, *Claudine* se trouve précédé du possessif *ta* (ta Claudine) ; puis, à une phrase d'écart, est enfin confirmée *la réalité* du prénom :

« Tu t'es donc occupé de cette chose à toi qui se nomme Claudine ? » (821)

Ainsi la rubrique est bel et bien un prénom. Plus tard, *la fille d'Opéra* est assimilée à *une bourgeoise,* à *une femme sans nom* — par l'intermédiaire du seul prénom *Claudine :*

« Dès ce jour il se mit à tourmenter Claudine, il avait dans la plus profonde horreur une bourgeoise, une femme sans nom (...) » (824)

Résumons l'ensemble. Claudine n'a pas de nom (comme Godin) ; cependant si elle n'a pas de titre, elle a — comme on sait — un surnom, *Tullia*. En tout cas, Claudine est dotée d'une subjectivité [7], qui devrait la sauver, qui la sauve. De son côté, La Palférine méprise l'être et l'être social — c'est-à-dire le nom propre de locuteur et le nom propre social ; il attaque la convention linguistique autant que la convention sociale : les bons comtes ne font pas les bons amis. Reste cependant la question : qui donc est Claudine ? La grammaire du nom propre permet de montrer comment le secret est levé.

12. *Le secret dévoilé*

Soit maintenant l'ouverture du second récit : « Maintenant voici comme je découvris qui était Claudine. » (825) N'oublions pas qu'établir la coréférence entre noms propres et descriptions définies suppose un savoir partagé. Je donnerai, pour faire bref, l'essentiel du processus sous forme de propositions, implicites ou explicites, dans le texte. Le point de départ est celui-ci :

Claudine est la maîtresse de Charles-Edouard. Et voici quelques propositions qui déterminent des équivalences :

(1) Tullia est une danseuse
(2) Tullia est Claudine
Il suit que Claudine est une danseuse.
(3) Claudine est Claudine Chaffaroux, épouse du Bruel.
(4) Mme du Bruel devient comtesse du Bruel.

Il suit ceci : Tullia devient comtesse. Cette dernière conséquence, pour être trop simple, n'en est pas moins vraie aussi. La conséquence est trop simple *en ceci que seule la proposition* (2) *n'est pas réalisée dans le texte :* elle est obtenue par déduction/raisonnement — c'est-à-dire par calcul de coréférence. Reprenons, page 825 : on apprend d'emblée que du Bruel porte « à une femme de théâtre une de ces affections qui ne s'expliquent pas ». La phrase suivante propose une première équivalence :

« Cette femme (...) est Tullia, l'un des anciens premiers sujets de l'Académie royale de musique. » (825)

Suit immédiatement une seconde équivalence, redoublée :

« Tullia n'est pour elle qu'un surnom, comme celui de Cursy pour du Bruel. »

Le nom de la danseuse n'est pas donné ; au contraire, le récit repart avec le syntagme *cette fille*, repris par les anaphoriques *elle/elle*.

C'est à la page 826 que tout se joue, à partir de la phrase :

« En 1829, *Tullia* se mit d'elle-même à la retraite. »

Laissons la digression qui suit, pour relire une phrase qu'on dira P₁ :

- P₁ : « Devant de plus jeunes sujets plus habiles qu'elle, *Tullia* se retira dans toute sa gloire et fit bien ».

- P₂ : « Danseuse aristocratique, ayant peu dérogé dans ses liaisons, *elle* ne voulut pas tremper ses chevilles dans le gâchis de Juillet. »

- P₃ : « Insolente et belle, *Claudine* avait de beaux souvenirs et peu d'argent, mais les plus magnifiques bijoux et l'un des plus beaux mobiliers de Paris. »

Alors est-ce que *Tullia*, c'est enfin *Claudine* ? Oui et non.

- P₄ : « En quittant l'Opéra, la fille célèbre, aujourd'hui presque oubliée, n'eut plus qu'une idée, *elle* voulut se faire épouser par du Bruel (...) »

L'Opéra fonctionne à la mémoire du texte, et comme rappel au moment décisif : *la fille célèbre* est alors coréférentielle à *Tullia* et à *Claudine* — qui dénotent une seule et même personne, à ce que prouve, de surcroît, le singulier. La suite change tout ; le lecteur/auditeur a (presque) tout compris :

● P₅ « (...) *et vous comprenez* qu'elle est aujourd'hui
Mme du Bruel, mais sans que ce mariage ait
été déclaré. » (je souligne)

Restait à authentifier l'ensemble ; à fournir, en quelque sorte, la preuve sociale de la coréférence : tel est le rôle du document légal qui stipule — selon l'état civil — le prénom, le nom de jeune fille et le nom d'épouse de l'ancienne danseuse.

> « En lisant ces mots qui me sautèrent aux yeux comme une lueur : *A la requête de Jean-François du Bruel et de Claudine Chaffaroux, son épouse,* tout fut expliqué pour moi. » (834)

C'est ainsi que *Tullia/Claudine* est devenue d'abord Mme du Bruel, une bourgeoise. Mais il est impossible de dire (et *le texte* ne le dit pas) que *Tullia* est à *Claudine* ce que *de Cursy* est à *du Bruel.* Le texte dit seulement :

> « Tullia n'est pour elle [antécédent *cette femme*] qu'un surnom, comme celui de Cursy pour du Bruel. » (825)

Cette histoire piquante ne serait qu'un bon sujet de vaudeville, si elle n'était aussi l'histoire d'un amour impossible : c'est pour l'amour du jeune comte, son amant, que Claudine (ex-Chaffaroux, ex-Tullia) manœuvre pour devenir comtesse. Voilà le revers des médailles portées par du Bruel, l'envers privé, caché, émouvant un peu, de cette histoire (contemporaine) d'une ascension sociale. Mais pour son mari du Bruel, Tullia reste Tullia ; *et c'est Tullia, la danseuse presque nue, qui devient comtesse du Bruel.* Le tout ne manque pas de sel, le tour est bien joué, et le coup est rude pour la cour bourgeoise, même dans la version naïve que procure Mme Anselme Popinot :

> « Je ne peux pourtant pas me persuader que Mme du Bruel, la jeune, ait montré ses jambes et le reste à tout Paris, à la lueur de cent becs de lumière. » (828)

Du coup se justifie aussi, d'un autre point de vue, le jugement méprisant et sans appel prononcé, à la fin du récit, par La Palférine, prince de la bohème mais comte authentique — qui accomplit/joue ce tour de faire nommer comte et comtesse un vaudevilliste à succès et une danseuse ignorante, tenant de la carpe et du brochet. Tout comte fait n'est pas un *comte refait*[8]. Dès lors, *la cour citoyenne* est jugée, elle aussi ; la boucle se ferme : la médiocratie bourgeoise dédaigne l'aristocratie de race et de talent — qui, en retour, se venge par le mépris et le sarcasme. Si le pastiche de Sainte-Beuve est intégré dans *Un prince de la bohème,* c'est que Sainte-Beuve est l'expression accomplie de cette médiocratie bourgeoise — lui qui écrit « des biographies d'inconnus » (812).

Il n'y aura, maintenant, pas d'autre conclusion. Le lecteur pourra continuer, je l'espère, à reprendre d'autres détails encore. Pour moi, j'arrête ici malgré l'avertissement donné dans l'épilogue : « On ne relit une œuvre que pour ses détails » (838).

D.S.

NOTES

1. *La comédie humaine*. T. VII, édition publiée sous la direction de P. G. Castex, 1977, La Pléiade. Gallimard, Paris. Toutes les références sont à cette édition.
2. Ce titre est pour préciser qu'on ne dit pas *à clefs*. Le problème pourrait se poser. En effet, la nouvelle s'offre sous la forme d'une prépublication encore privée — alors qu'elle est publique, publiée. On se reportera d'emblée à l'épilogue. Exhibons le paradoxe : il devrait y avoir des clefs, mais il n'y en a pas.
3. Voir la somme de P. Barbéris (1970).
4. Les sociétés occidentales ont soigneusement normé, on le sait, l'attribution et l'usage des noms propres.
5. Le travail de C. Chastain (1975) a été décisif.
6. Voir le travail de F. Corblin (1980).
7. C'est aussi la fonction des lettres d'établir cette subjectivité. Son être est connu, à la différence de son être social.
8. Pour une étude du *jeu de mots* chez Balzac, on se reportera au travail à paraître de G. Valency.

BIBLIOGRAPHIE

Barbéris P. (1970), *Balzac et le mal du siècle*, Bibliothèque des Idées, Gallimard, Paris.
Benveniste E. (1974), *Problèmes de linguistique générale, II*, Gallimard, Paris.
Chastain Ch. (1975), « Reference and Context », in *Language, Mind and Knowledge*, vol VII. Ed. by Gunderson. University of Minnesota Press, Minneapolis.
Corblin F. (1980), Mémoire du texte et interprétation des syntagmcs nominaux, thèse de 3ᵉ cycle, Université de Caen.
Kripke S. (1972), « Naming and Necessity », *Semantics of National Language*. Ed. by D. Davidson and G. Harman. D. Reidel, Pordrecht, Holland.
Laharpe J.F. (1797), *Du fanatisme dans la langue révolutionnaire*, Paris, chez Migneret.
Saussure de F. (1976), *Cours de linguistique générale*, Payot, Paris.
Slakta D. (1980), *Sémiologie et grammaire de texte*, thèse d'état, Paris X, Nanterre, à paraître.
Valency G. (1980), « Le jeu de mots comme acte de discours », à paraître.
Ziff P. (1960), *Semantic Analysis*, Cornell University Press, Ithaca, New York.

ŒUVRES COMPLÈTES
ŒUVRES DIVERSES

par Bernard Leuilliot

C'est Hugo qui le premier l'a dit : « Tous ses livres — les livres de Balzac — ne forment qu'un livre, intitulé comédie, et qui prend toutes les formes et tous les styles [1]. » Ce double principe — de rassemblement et de dispersion — de toutes les formes et de tous les styles — fait à ses yeux l'exemplarité d'une œuvre pour toute la « génération des écrivains du xixᵉ siècle qui est venue après Napoléon ». C'est pourquoi Balzac est, de tous ses contemporains, compte non tenu, bien sûr, de Chateaubriand (« Chateaubriand ou rien... »), le seul en qui probablement Hugo ait cru pouvoir reconnaître ce qu'il appelle la « formule » de l'écrivain du xixᵉ siècle. Cette formule est celle de l' « unité de composition [2] » (« Tous ses livres ne forment qu'un livre. »), à laquelle s'efforcèrent en leur temps les nouveaux écrivains. Unité paradoxale, puisqu'elle prétend contenir les effets d'une sérialité infinie, paradoxe comique dont témoigne peut-être le titre, en effet « drolatique », de : *Comédie humaine*. C'est qu'il nous plaît d'entendre dans l'énoncé du titre autant Rabelais [3] que Dante, associés du reste l'un à l'autre par Hugo au catalogue des Egaux, puisque aussi bien « il y a du gouffre dans le goinfre » : « Cet univers que Dante mettait dans l'Enfer, Rabelais le fait tenir dans une futaille [4]. » Ce titre est synonyme, aux termes du traité du 2 octobre 1841, d' « œuvres complètes » : M. de Balzac cède « le droit exclusif d'imprimer et vendre ses œuvres complètes, sous le titre général de *La comédie humaine* ». Geste tout à fait inédit, puisque c'est la première fois, sauf erreur, et peut-être la dernière, qu'un titre à vocation unitaire est donné à des œuvres complètes, et que se trouve ainsi posé l'enjeu d'une dialectique infiniment mouvante non seulement du tout (les « œuvres complètes ») et de ses parties (la série des *Scènes* et des *Etudes*), mais aussi du principal (*La comédie humaine*) et de l'accessoire (les *Œuvres diverses*).

Le paradoxe tient aussi au fait que la recherche d'un principe unitaire, d'un principe de liaison, entre en contradiction avec ce qui fait la spécificité de tout projet « romantique », en tant qu'il aboutit à mettre en cause la notion même de projet. Dans son rapport à l'écriture, celui-ci n'est plus alors perçu comme un plan architectonique global qu'il s'agirait ensuite d'exécuter, comme lorsqu'il s'agit des contours d'un dessin qu'il importe de colorier « sans dépasser ». C'est l'écriture — et dans le cas qui nous occupe l' « écrire Balzac », l'incontrôlable et l'inattendu de la « prose Balzac [5] » — qui, comprenant à la fois « la génération et le produit [6] », informe désormais le projet, dans le temps même que celui-ci mobilise l'écriture, sans que celle-ci se subordonne d'abord au principe d'une forme englobante, imposée d'ailleurs, ou, comme on dit, d'un « sujet ». Comment dès lors pourrait-on reprocher à la main qui tient la plume de s'écarter de son sujet, comme font Taine et Flaubert à l'encontre de Balzac et de Hugo, qu'ils accusent d'accumuler les pages sans rapport avec leur sujet ? de faire de la mousse, sinon de se faire mousser ? J'essaierai de montrer que la CONTRADICTION n'est qu'apparente, et qu'il s'agit bien d'un PARADOXE, mais dont il faut savoir s'accommoder.

Avant de proposer quelques remarques concernant la façon dont ce paradoxe conditionne la lecture que nous faisons de *La comédie humaine*, je voudrais en montrer d'abord le caractère exemplaire à partir du cas de Chateaubriand, de Michelet et de Victor Hugo. Montrer qu'en dépit des variations propres à chacun (et à Balzac) c'est bien d'un même projet qu'en définitive il s'agit chaque fois. Je vous demande seulement de tenter mentalement l'application à Balzac de ce qui pourra être dit d'abord de Chateaubriand, de Michelet et de Hugo.

Le paradoxe, avec Chateaubriand, tient à ce qu'il a procédé par fragmentation de son manuscrit primitif, ou « tout à fait primitif », manuscrit d'où il a pu tirer « *Atala, René* et plusieurs descriptions placées dans le *Génie* ». Vous en connaissez la fable, diversement mise en pièces par Chateaubriand lui-même au gré des allusions qu'on s'est efforcé depuis de rendre plus ou moins cohérentes. Rien n'autorise, quoi qu'il en soit, à douter de l'existence de ce manuscrit de quelque deux mille (ou quatre mille) pages, « attachées avec des ficelles », dont l'intérêt, pour ce qui est de nous, est qu'il était écrit « de suite », c'est-à-dire sans « section », et que « tous les sujets », « toutes les formes et tous les styles » s'y trouvaient confondus : « voyages, histoire naturelle, partie dramatique, etc. [7] ». Sa masse dut être celle d'une œuvre complète, mais dont la vocation à l'exhaustivité n'obéissait à aucun principe d'ordre, puisque, « écrite de suite », elle ne connaissait ni commencement ni fin. Composée autant qu'on puisse conjecturer des extraits des lectures de l'auteur, d'ébauches et de fragments littéraires, d'impressions éventuellement datées, cette rhapsodie ne pouvait relever d'aucun modèle, sinon de l' « essai », du journal ou des Mémoires.

Ce sont du reste les contraintes formelles qui décident, en 1798, du sectionnement de cette rhapsodie paperassière en vue d'une œuvre qu'à l'exemple de l'*Iliade* ou de l'*Odyssée,* Chateaubriand prévoyait alors en vingt-quatre livres : « Chaque livre, explique-t-il à Fontanes le 15 août 1798, portera un titre particulier. Les deux premiers, par exemple, s'appelleront les livres du Récit ;

le troisième le livre de l'Enfer ; le quatrième le livre des Mœurs ; le cinquième le livre du Ciel ; le sixième le livre d'Otahiti ; le septième le livre des Lois, etc. » On a bien sûr cherché à identifier ce qui, dans ces sept livres, dont Chateaubriand déclare en novembre suivant avoir achevé la mise au net, pouvait correspondre au roman de René et de Celuta. Mais l'essentiel est dans la globalité de ce projet cyclique, en vingt-quatre livres. Tous ces « livres » auraient pu n'en faire qu'un, et *Les sauvages* — c'est le titre auquel Chateaubriand s'était pour lors arrêté — constituer l'équivalent de ce que seront pour Balzac ses « œuvres complètes », sa *Comédie humaine*.

Les *Natchez,* le roman de René et de Celuta, ne parurent finalement qu'en 1826, aux tomes XIX et XX des *Œuvres complètes,* édition Ladvocat. A ne considérer que l'économie d'ensemble de cette édition, rien, à première vue, ne permet d'y reconnaître une quelconque unité de composition. La collection s'ouvre par la réédition, « entée d'ajouts », de l'*Essai historique, politique et moral sur les révolutions :* œuvre *princeps*, il va sans dire, et dont la position laisse augurer d'un ordre chronologique. Or, les regroupements se font ensuite par catégories toutes formelles : *Mélanges* et *Etudes historiques* (III-V) accompagnent l'*Essai ;* ils sont suivis des *Voyages* et de l'*Itinéraire* (VIII-X), qui introduisent eux-mêmes au *Génie* (XI-XV), puis aux œuvres de fiction, données sans ordre, puisque *Les martyrs* (XVII-XVIII) s'intercalent entre les *Nouvelles* (*Atala, René* ; XVI) et *Les Natchez* (XIX-XX), brisant ainsi le massif issu du sectionnement du manuscrit primitif. Suivent (aux tomes XXI à XXVII) *Mélanges littéraires, poétiques* ou *politiques, Discours et opinions* et un volume enfin de *Polémique* (XXVI) qu'encadrent *La monarchie selon la charte* (XXV) et le recueil, pour conclure, des interventions de Chateaubriand en faveur de la liberté de la presse (XXVII).

Le désordre — ou l'absence d'ordre — ne sont cependant qu'apparents. Le parcours lui-même est significatif, qui conduit de l'*Essai* jusqu'au dernier volume, tout entier consacré à la liberté de la presse. Un effort, d'autre part, qu'on pourrait dire de sommation, aboutit à la publication en 1831 d'un volume de Tables (XXVIII). Une notice biographique y est suivie d'une bibliographie et d'une table analytique de 78 pages, reproduite en 1839 par l'édition Pourrat, où elle est complétée par une « nomenclature des choses », un *index rerum*, qui, à la façon de l'index des personnages de *La comédie humaine*, incite à multiplier les perspectives de lecture. La reprise, surtout, des *Nouvelles* au tome XVI est précédée, en 1826, d'un avertissement et de la « Préface générale » des *Œuvres*. Cette préface, dans laquelle il est fait pour la première fois publiquement allusion à l' « entreprise » des *Mémoires*, fournit aux *Œuvre complètes* le principe unitaire qui leur faisait défaut : « Les ouvrages que je publie, dit Chateaubriand, seront comme les preuves et les pièces justificatives de ces *Mémoires*. » Rien d'étonnant, dans ces conditions, à ce que la « Préface testamentaire » des *Mémoires d'outre-tombe* ait pu reprendre parfois à la lettre le texte de la préface des *Œuvres complètes : Œuvres complètes* et *Mémoires d'outre-tombe* étaient appelés à coïncider. Ceci justifie qu'on ait cru bon, en avant-dernier lieu, d'adjoindre à l'édition des *Mémoires* un « index des œuvres de Chateaubriand classées en suivant le texte des *Mémoires d'outre-tombe* ». L'unité de composition s'ordonne ainsi par rapport à l'instance du moi historique, de ce « Moi-l'Histoire » qui préside également au développement de l'œuvre de Michelet.

Son projet de « résurrection de la vie intégrale », « non pas dans ses surfaces, mais dans ses organismes intérieurs et profonds », appelle la comparaison avec les ambitions dont fait état l'*Avant-propos* de *La comédie humaine*, antérieur, il est vrai, de quelque trente ans à la préface de 1869 à l'*Histoire de France*. Comme Balzac, qui croit devoir s'excuser d'avoir amassé « tant de faits », « atomes au prix de la réalité des choses », Michelet entend compter avec « l'infini détail des développements divers » que comporte l'étude de ce que nous appellerions l'histoire régionale ou sérielle : « religieuse », « économique », « artistique ». Il y manque ce qu'il appelle l' « harmonique identité d'âme » nécessaire à la résurrection de la « vraie vie ». La formule n'a peut-être pas toujours été comprise. Elle signifie que l'histoire (non plus peut-être que le roman) n'a pas à reproduire le passé (ou le présent), que ceux-ci ne sont objets d'intérêt que dans la mesure où ils « revivent », c'est-à-dire sont ressaisis à partir d'un point de vue qui est un peu le point de fuite de la perspective qui leur donne un sens ; que toute histoire, autrement dit, est contemporaine. *L'infini détail des développements* ne trouve à s'organiser qu'à ce prix, et en fonction de la « personnalité » tant de la France (ou de la « nationalité ») que de son historien (ou de son « Moi-l'Histoire »).

A peine entreprise, l'*Histoire de France* courait à son inachèvement. Interrompu par la mort du narrateur, le récit ne devait jamais venir à bout de retrouver le temps perdu, de mesurer tout le chemin qui, de Waterloo à la Commune, restait à parcourir pour que puissent enfin coïncider le temps du narrateur et l'hypothétique achèvement de son œuvre. Ainsi fondée sur l'invention de soi, l'unité de composition trouve ici sa limite dans l'inachèvement du projet auquel elle donnait un sens.

Elle l'avait trouvée aussi dans la fragmentation inattendue de la narration. Datée du 1er novembre 1833, la première préface de l'*Histoire de France* en fixait le terme à la publication des quatrième et cinquième volumes, qui devaient être consacrés à l'étude du progrès, précisément, de la « nationalité ». Trente-cinq ans seront nécessaires à la poursuite sinon à l'achèvement de ce programme, qui exigera la publication non pas de cinq mais de vingt-cinq volumes. Michelet allait devoir non seulement compter avec ce qu'il appelle les « lenteurs humiliantes du récit », mais tenir compte aussi de ces brusques écarts de parcours qui aboutirent, par exemple, à l'ajournement, en 1843, du volume consacré à la Renaissance. L'*Histoire de la révolution* commence à s'écrire en 1846 ; entre-temps avaient paru *Les jésuites* (1843), *Du prêtre, de la femme et de la famille* (1845), et *Le peuple* (1846). Ainsi voit-on l'œuvre en cours se soumettre dès lors au rythme alterné de deux modes d'écriture, ou d'énonciation : celui, apparemment soumis à la narration des faits, de l'*Histoire de France,* ou *De la Révolution française ;* celui, d'autre part, qui est aussi celui du *Journal* et de ses « orientations », des essais politiques et des rhapsodies naturalistes qui ne relèvent à proprement parler d'aucun ordre, ni d'aucun modèle, sinon de l'improbable « novelistic non fiction » dont a parlé Linda Orr [8], de la « folie de la physiologie ». Double langage qui, cette fois, mettait en cause le rapport du principal et de l'accessoire, c'est-à-dire de ces œuvres diverses, ou divergentes, composées, si l'on veut, dans les marges de l'*Histoire de France,* au même titre que les *Préfaces* qui accompagnent éditions ou rééditions de la grande *Histoire.*

Michelet ne procède pas dans ces moments par « dialectique », « comme grecs », mais par « incubation », « comme juifs » [9]. Non pas tant par rupture avec l'acquis du travail antérieur, que par « concentration », qui récapitule et réinterprète les données précédemment accumulées. Le projet du *Banquet* s'inscrit ainsi à la suite d'une nouvelle interruption de l'*Histoire de France* ou plus exactement de la *Révolution.* « Concentrée » sur le « banquet des peuples », la rêverie de Michelet devait le mettre mieux à même de décider de la suite à donner à son *Histoire,* c'est-à-dire, en l'occurrence, de « conter la Renaissance », plutôt que de dire l' « épouvantable cataracte de sang humain qui coule de 95 à 1815 ». Ainsi s'explique le nouvel écart imposé par Michelet à l'orientation de son travail, et sa décision en 1854 de surseoir à la suite de la *Révolution* pour se consacrer à l'histoire de la Renaissance. Il en est de l'*Histoire de France* comme des grands romans de Balzac, que les contemporains n'ont découverts que peu à peu, parfois avec d'assez longs silences entre les parties, et que seuls les lecteurs de *La comédie humaine* perçoivent comme unité.

Avec la publication en 1867 du *Louis XVI,* le récit courait désormais sans faille des origines au 9 Thermidor. Parallèlement, les livres de nature avaient fait, à partir de 1856, une manière de contrepoint à la narration historique. Michelet se retrouve donc, en 1867, dans la situation qu'il avait connue au moment de l'ajournement, en 1844, de la suite à donner au Louis XI, ou de l'achèvement, en 1853, de la *Révolution.* Le sujet de l' « éducation » le retient d'abord, jusqu'à la publication de *Nos fils,* le « plus fort » de ses livres, et ce n'est pas avant 1869 qu'il prend la décision de compléter l'*Histoire de France.* Une circonstance apparemment fortuite lui avait entre-temps fourni l'occasion d'en relire les parties publiées et de se faire pour un temps juge de son œuvre : le 12 juillet 1868, Michelet signe un traité pour une édition nouvelle de la *Révolution,* qu'il s'engage à enrichir d'une préface inédite. Ce n'est pas une, mais deux préfaces qui vont augmenter la nouvelle édition. A quoi s'ajoute, en 1869, la préface à une nouvelle édition, cette fois, de l'*Histoire de France.* C'est l'occasion pour Michelet d' « inventer » sa méthode, celle du « Moi-l'Histoire », contre les « fausses méthodes du *ad narrandum* », et des narrations « exclusives et systématiques ». Grâce à ces préfaces, la « méthode » tient lieu de principe unitaire : la réflexion et l'invention ne procèdent plus par accumulation, vouée à l'inachèvement, mais par « concentration ». S'il prétend embrasser le tout de l'histoire, Michelet en vient du même coup à déconstruire l'image reçue de ses enchaînements, de sa

264

positivité. Il est vrai qu'il entreprend de la commémorer, mais aussi qu'il la juge incommémorable, qu'il lui voit « pour monument le vide » (son symbole est le Champ de Mars, ce « sable aussi blanc que l'Arabie »). Et s'il prétend, comme Balzac, se glisser dans la peau des acteurs, ce n'est pas qu'il s'approprie leur discours : il veut restituer l'image du temps qui met en pièces leur conduite et leurs croyances, et les désarticule peu à peu comme des pantins [10].

C'est justement à propos de Michelet que Marcel Proust, au détour d'un paragraphe de *La prisonnière,* inscrit au crédit de « toutes les grandes œuvres du XIXᵉ siècle » — et le fait à ses yeux ne connut pas d'exception — ce caractère d'être — bien que « merveilleusement » — toujours « incomplètes ». Convenons avec lui que « les plus grands écrivains de ce temps » ont de ce fait « manqué leur œuvre ». Mais la « merveille » dont parle Proust tient précisément à la « beauté nouvelle » qu'ils surent tirer de cet inachèvement, « en se regardant travailler comme s'ils étaient à la fois l'ouvrier et le juge ». Effet d' « auto contemplation », dit-il encore, capable d'imposer « rétroactivement » l'unité qui semblait devoir à jamais manquer à ces œuvres infiniment problématiques. Proust conclut par l'exemple de Michelet :

> « ... les plus grandes beautés de Michelet, il ne faut pas tant les chercher dans son œuvre même que dans les attitudes qu'il prend en face de son œuvre, non pas dans son *Histoire de France* ou son *Histoire de la Révolution,* mais dans ses préfaces à ces deux livres. Préfaces, c'est-à-dire pages écrites après eux, où il les considère, et auxquelles il faut joindre çà et là quelques phrases commençant d'habitude par un " Le dirai-je ? " qui n'est pas une précaution de savant mais une cadence de musicien [11]. »

Les contraintes formelles décident apparemment pour Hugo de l'ordonnance de ses œuvres complètes : poésie, théâtre, roman. Deux volumes de « philosophie » s'efforcent dans l'édition dite « définitive » de contenir cet « océan ». Il s'agit de *Littérature et philosophie mêlées* et du livre sur Shakespeare. Mais ce sont une fois de plus les préfaces qui, par une sorte d'archéologie rétrospective permettent de proche en proche et de genre à genre la sommation de l'infini.

On peut en suivre les étapes dès la suite de préfaces qui accompagne l'édition ou les rééditions des recueils lyriques d'avant l'exil. Hugo s'y fait juge et lecteur de son œuvre, apprenant comme il dit à « corriger un ouvrage dans un autre ouvrage » et, à l'intérieur de chaque recueil, à faire jouer entre eux les effets réciproques de chaque poème. Dès 1826, la quatrième édition des *Odes et ballades* préfigure de ce point de vue, par son ordonnance, les grands livres de l'exil : *Châtiments* et *Contemplations*. Livres vraiment livres, et non plus recueils, comme on pouvait dire des *keepsakes*, mais livres dont l'ordre reste pour ainsi dire ouvert. C'est que l'ordre dont il s'agit tire son principe de qualités inattendues, qu'énumère une digression fameuse de *Notre-Dame de Paris* [12], et qui sont celles de la « parole écrite » dans son défi à la « parole construite ». L'inéluctable destruction prévue par Hugo de la pierre par le livre tient à ce que, « telle une troupe d'oiseaux », le livre est capable de « s'éparpiller aux quatre vents », d' « occuper à la fois tous les points de l'air et de l'espace », « volatile », « insaisissable », « indestructible »... Toutes qualités qui permettent l'impossible communication du narrateur des *Contemplations* avec « celle qui est restée en France », avec la morte, avec la mort, de façon que « chaque page s'en aille en étoiles dans l'ombre ».

C'est aussi à ce prix que les *Contemplations* peuvent se présenter comme les « mémoires d'une âme », mémoires d' « outre-tombe » puisque ce livre, comme vous savez, « doit être lu comme on lirait le livre d'un mort », et cela au point que les livres, tous les livres, parus ou à venir, de l'auteur finissent eux aussi par ne plus apparaître que comme « les preuves et les pièces justificatives de ces mémoires ».

> « Tout homme qui écrit écrit un livre ; ce livre c'est lui. [...] Ce livre existe ; il est ce que l'auteur l'a fait ; il est histoire, philosophie, épopée ; il appartient aux hautes régions de l'art ; il demeure dans les régions basses ; il est ce qu'il est ; c'est sans qu'il s'en mêle, c'est à son insu, que se dresse fatalement à côté de lui cette ombre qu'il jette, la figure de l'auteur. »

Je cite ici la préface donnée par Hugo à l'édition dite « définitive » de ses œuvres complètes. Datée du « 26 février 1880 », elle célèbre à la fois l'anniversaire (« 26 février ») et le jour de naissance, l'invention d'un auteur, dont ce devait être, peu s'en faut, le dernier mot [13]. L' « auteur » apparaît ainsi pour ce qu'il fut en son temps, non pas bien sûr comme « l'individu parlant qui a prononcé ou écrit un texte », mais comme l'effet et le principe, la génération et le produit du « groupement des discours », comme « ce qui donne à l'inquiétant langage de la fiction », fait de tous ces récits, drames ou poèmes, « ses unités, ses nœuds de cohérence, son insertion dans le réel [14] ».

Le principe, un peu trivial, du mélange des genres, du grotesque dans l'art, trouve ainsi une justification autre que théorique dans le fait que tous les livres de Hugo en effet n'en forment qu'un : ses « œuvres complètes », telles du moins qu'on commence à pouvoir les lire dans l'édition « chronologique » mise au point naguère par Jean Massin. Comme vous savez, Hugo avait fait obligation à ses exécuteurs testamentaires d'éditer ses « manuscrits non publiés », « toutes les choses écrites de sa main », « terminées », « commencées mais non achevées », ou simplement « semées çà et là », à l'état d' « ébauches », de « fragments » ou d' « idées éparses »,

« vers ou prose »... Le don par Hugo de ses manuscrits à la nation se trouvait par là assez justifié. Il allait poser à ses éditeurs de redoutables problèmes.

Comme son nom l'indique, l' « édition chronologique » entend rester fidèle à l'ordre, sans doute utopique, d'une « biographie créatrice » : chaque volume, pour une tranche chronologique, fait suivre le texte des œuvres réputées achevées de divers *portefeuilles* où se trouvent rassemblées « toutes les choses écrites » dans la période considérée. Le parti adopté correspond évidemment au but fixé par Hugo lui-même à la publication en 1834 de *Littérature et philosophie mêlées* : « constituer une sorte d'herbier où la pensée de l'auteur a déposé sous étiquette un échantillon tel quel de ses diverses floraisons successives », et c'est bien en ce sens que Hugo se voulait écrivain « progressif », homme de progrès. Ce parti aboutit à ruiner la division de l'œuvre en catégories formelles, ou plutôt à laisser jouer leurs différences au profit de l'évidence de ce que pourrait être une manière de *genus universum,* de genre universel capable de rassembler toutes les formes et tous les styles : drame ou roman, « théâtre/roman », mais de part en part auto-bio-graphique.

Je n'insisterai pas sur les difficultés rencontrées. La vérité est que pour être fidèle à la poétique qui lui sert de loi, en dépit de l'ordre apparent dans lequel on ne peut pas ne pas la lire, l'œuvre de Hugo devrait se présenter sous la forme d'un discours à la fois ininterrompu et fragmentaire, qui relève évidemment d'une mise en œuvre utopique du langage. Tout au plus peut-on souhaiter que soit réduite la hiérarchie qui conduirait à privilégier le livre ou le poème constitué aux dépens de la matière même qui nous est donnée à lire à travers sa fragmentation et son délabrement. C'est que chaque livre et à la limite chaque fragment de Hugo relèvent d'une esthétique de la « digression sur chaque point qui a rapport à la fin pour la montrer toujours »[15]. Cet ordre digressif commande de dépasser les « œuvres » auxquelles un sens achevé donnerait une insoutenable permanence, en regardant vers ces séries d'esquisses dont chacune demande à être vue « en exposition » dans la série de ses réalisations successives, jusqu'à trouver, non pas en elle, mais dans la série à laquelle elle appartient, son achèvement, son ordre et sa finalité. L'équilibre des livres publiés consiste moins dans leur caractère achevé que dans l'unité de composition à laquelle ils s'efforcent. Ils représentent autant de moments où la fragmentation infinie de l'écriture trouve à s'organiser, selon un ordre dynamique toujours susceptible de progrès : « chemins qui marchent et qui portent où l'on veut aller ».

Quel que soit son degré d'inachèvement, l'œuvre complète est bien en son temps la « formule » ou « spécialité » du nouvel écrivain, le miroir (*speculum*) où trouve à s'interroger la « génération des écrivains du xixᵉ siècle qui est venue après Napoléon ». Balzac ne fait pas exception, que concerne très directement ce qui a pu être dit à propos de Chateaubriand, de Michelet, de Hugo, de l'invention du « Moi-l'Histoire » ou du « Moi-l'Auteur », de la mise en place des dispositifs préfaciels, du principe enfin d'une écriture infiniment digressive.

Je laisse à votre érudition le soin de faire ou de refaire de ce point de vue l'histoire de *La comédie humaine*. Je me contenterai de quelques remarques de nature à mettre en question l'économie des éditions grâce auxquelles le texte de Balzac nous est aujourd'hui accessible, sinon toujours lisible.

C'est dans le contexte d'agiotage inséparable, depuis la fin du siècle précédent, de toute entreprise de librairie, que Balzac, tout en donnant les *Œuvres complètes* de Molière et de La Fontaine, formule en 1825 un premier projet qu'on pourrait dire de fiction sérialisée : une série de romans destinés selon lui à constituer une *Histoire de France pittoresque,* projet plus ou moins inspiré de Walter Scott, et que devait réaliser à partir de

1828 Amans-Alexis Monteil, l' « historien du peuple » : publiés de 1828 à 1844, les dix volumes de son *Histoire* — romanesque ou romancée — *des Français des divers états aux cinq derniers siècles* connurent jusque sous l'Empire (le second) de nombreuses réimpressions.

La conclusion, le 22 octobre 1829, de l'accord pour la publication des *Scènes de la vie privée* peut être considérée comme l'acte de naissance des « œuvres complètes ». Elle s'accompagne de circonstances qui ne sont pas indifférentes. Succédant à la débâcle financière de 1828, qui laissait Balzac débiteur envers sa mère de quelque 60 000 francs, elle intervient à quelque chose près au moment où, quelques semaines avant la mort de son père, Balzac décide d'abandonner la fiction de Victor Morillon pour signer de son nom : « Honoré Balzac », *Le dernier chouan*. « Je suis pour les tableaux signés », avait-il précisé dans l'avertissement du *Gars,* alors qu'il n'avait pas encore renoncé à s'avancer « visière baissée », ni du reste à mener à bien son projet d'*Histoire pittoresque*.

Considérons d'autre part les circonstances qui accompagnent la signature, le 2 octobre 1841 (c'est presque un anniversaire !) du traité pour *La comédie humaine*. Elle intervient peu après l'adjudication judiciaire, le 15 juillet, de la propriété des Jardies à un homme de paille de Balzac, quelques jours après sa démission de la présidence de la *Société des Gens de Lettres,* consécutive à la publication des *Notes remises à MM. les députés composant la commission de la loi sur la propriété littéraire.* Le prospectus de *La comédie humaine* paraît le 10 avril 1842, bientôt suivi de la première livraison. Sur les instances d'Hetzel, Balzac écrit enfin l'*Avant-propos,* après avoir sollicité la collaboration de George Sand, en espérant trouver en elle le porte-parole qu'il avait trouvé naguère en Félix Davin. Il « signe » cette fois son tableau, non sans avoir fait faire son portrait, le 2 juin, chez un daguerréotypeur, et avant de consentir, en novembre, au cours d'un dîner chez Victor Hugo, à la proposition de David d'Angers de faire son buste.

Ces invariants biographiques, ces « biographèmes », font assez paraître la convergence du projet d'œuvres complètes et de la recherche d'une identité, en tant que l'un et l'autre relèverait d'un même principe d'unité, d'unité de composition. On peut en proposer des lectures complémentaires. On peut y voir, par exemple, l'effet de l'émergence, en son temps, du sujet de droit, propriétaire de son œuvre. Ceci serait à nuancer dans la perspective d'une poétique ou politique hugolienne de la paternité, telle qu'elle trouve à se formuler dans la « Préface philosophique » des *Misérables, Philosophie — Commencement d'un livre* : la seule autorité légitime est celle de l'auteur sur son œuvre, de l'ouvrier sur son travail [16]. Marthe Robert y verrait le défi lancé par le « bâtard » à la famille et à la société. Adorno évoquerait la « synthèse non violente du dispersé » (*Gewaltlose Synthesis des Zertreuten*) par laquelle, conservant les contradictions dont elle est issue, la forme — ou l'œuvre — se constitue en déploiement de la vérité (*Entfaltung der Wahreit*) [17]. Winnicott en rattacherait les effets à la quête ou à l'invention du soi. Celle-ci peut servir à expliquer la division, « si naturelle » dit Balzac, de la *Comédie* en *Scènes de la vie privée, de province, parisienne, politique, militaire et de campagne* : c'est que chacun de ces six *livres* « formule une époque de la vie humaine ». Leur succession nous fait passer, comme par ontogenèse, de l'enfance à « l'âge des passions, des calculs, de l'intérêt et de l'ambition ». Ainsi s'explique, sans qu'il y ait lieu de s'en étonner, la répartition finale entre les *Scènes de la vie privée, de province* et *de la vie parisienne, Goriot, Les illusions perdues* et *Splendeurs et misères...* Un modèle biographique, sinon autobiographique, contribue à organiser comme en filigrane l' « antithèse sociale » de Paris et de la province, à en contenir la géographie dispersée. Comptabilité en partie double,

autant géographique ou sociale qu'individuelle, du moi
à la recherche d'une identité, ou de son « harmonique
identité d'âme ». Double langage, cette fois encore, propre à ruiner le principe contraignant d'une forme univoque et monologique, imposée d'ailleurs et purement
instrumentale (c'est-à-dire dont la fonction absorberait
tout le contenu).

Ce modèle, inspiré pour la circonstance du *Décamé-
ron,* avait été celui des *Contes drolatiques.* L'entreprise
était d'envergure, la plus vaste que Balzac ait mise en
chantier avant 1832. On peut y voir le banc d'essai de
La comédie humaine, jusque dans l'échec apparent que
constitue l'interruption du cycle après le *Troisième
dizain.* La cause de ce fléchissement tient, évidemment,
au fait qu'à l'organisation interne de ce livre « concen-
trique » s'oppose, outre le « plaisir du texte », une dynamique pour ainsi dire centrifuge qui en ruine l'économie
trop calculée, par l'effet, notamment, des échanges avec
le reste de l'œuvre, échanges qui finissent, comme l'a
montré Roland Chollet [18], par rendre illusoire l'autonomie des *Contes.* La farce s'achève en redoublement de
la parodie dans le projet du *Dizain des imitations.* Celui-
ci appelle la comparaison avec la gageure tenue par
Joyce au chapitre XIV — *Les bœufs du soleil* — de son
Odyssée : pour suggérer la croissance d'un fœtus *ès
ventre la femme* ce chapitre reproduit en une suite
d' « imitations » l'évolution de la langue anglaise depuis
le bas-saxon jusqu'au *slang* américain. Le *Dizain des
imitations* se serait contenté de faire l'histoire des variations d'un genre, auquel Balzac songea un moment
consacrer l'équivalent d'une « physiologie » : la *Théorie
du conte,* ainsi qu'une anthologie : *La fleur des contes,*
où devaient figurer quelques-unes de ses œuvres brèves
(*Le curé de Tours, Le Napoléon du peuple*), mais aucun
Drolatique. On songe évidemment au dialogue, dans
Louis Lambert, du bonhomme Lefebvre avec le narrateur : « Ce jeune homme savait tout, mon cher Mon-

sieur ! dit-il en posant sur une table le volume où sont contenues les œuvres de Spinoza. Comment une tête si bien organisée a-t-elle pu se détraquer ? — Mais, monsieur, lui répondis-je, ne serait-ce pas un effet de sa vigoureuse organisation [19] ? »

L'organisation décimale des *Contes drolatiques* cède le pas, dans *La comédie humaine*, à une forme ouverte, puisque fondée sur la sérialité infinie des *Scènes* et des *Etudes*. Celle-ci correspond à l'idée qu'on peut se faire d'une arithmétique de l'infini, d'une grammaire de l'excès et du manque. Alors que l'ensemble fini ne peut se définir que par le fait de ne pas posséder de parties de puissance égale à celle du tout, l'ensemble infini a la propriété d'être toujours égal à l'une de ses parties. C'est l'infini qui est la notion première et positive. Il en résulte que, comme la série des nombres finis se prolonge nécessairement à l'infini (c'est, si vous voulez, le mauvais infini, toujours en manque d'une unité), le concept d'infini (le bon infini) doit être présupposé dans la définition du nombre fini. Ce qui signifie, concrètement, qu' « on peut prolonger à l'infini la série des récits, ils sont contenus dans une figure de l'infini, telle qu'elle est présupposée dans la définition du nombre fini, ou de chaque récit. la question si souvent posée de l'inachèvement de *La comédie humaine* devient de ce point de vue quelque peu académique : ce n'est que dans la perspective ouverte par le « mauvais infini » qu'on peut parler d'inachèvement. L'unité de composition présuppose, dans sa définition même, le concept d'infini, l'aptitude à occuper « tous les points de l'air et de l'espace », à « digresser sur chaque point qui se rapporte à la fin pour la montrer toujours ». Le procédé du retour des personnages y contribue puissamment : principe non pas tant de clôture et de rassemblement, comme on l'admet trop facilement, que de dispersion et de digression. Ainsi *la digression est la condition de possibilité de l'unité de compo-*

sition. Elle est ce qui fait que tous les livres puissent n'en former qu'un.

Cette aptitude à la digression fait aussi que *La comédie humaine* est autre chose que la « collection » ou le recueil des *Scènes* et des *Etudes* qui la composent. Elle trouve précisément ainsi ce que Pierre-Marc de Biasi appelait récemment « l'énergie suffisante pour échapper à sa propre intériorité [20] », ce qui manquerait autrement à son accomplissement comme désir d'œuvre, désir du corps ou, comme on dit, d'un *corpus,* et quête du soi, étant entendu que « la création, si achevée qu'elle puisse être, ne suffira jamais à remédier au manque sous-jacent et toujours présupposé du sentiment de soi [21] ».

Le principe digressif permet aussi de poser autrement qu'en termes de hiérarchie le problème de la relation non plus cette fois du tout et de ses parties, mais du principal et de l'accessoire, celui des œuvres « diverses ». C'est encore le problème de la collection, pour autant que « collectionner » consiste, comme on l'a dit, à « faire passer un objet de l'état non spécifié de *bric-à-brac* à l'état hautement spécifié de pièce de collection, dans laquelle se trouve investie une force de travail pratique et théorique [22] ». L'auteur de *La comédie humaine* peut de ce point de vue passer pour un émule du *Cousin Pons.* Sa monomanie de collectionneur se donne cours chaque fois qu'il admet à figurer dans la série des *Scènes* ou des *Etudes* tel ou tel titre appartenant au *bric-à-brac* des œuvres « diverses ».

Le même roman, quoi qu'il en soit, ne se lit pas de la même façon avec ou sans sa ou ses préfaces, divisé ou non en chapitres, en feuilleton dans la petite ou la grande presse, en volume dans la série des *Etudes de mœurs,* des *Scènes...* ou des *Romans et contes philosophiques,* et à plus forte raison dans les livraisons de *La comédie humaine* ou la « Bibliothèque de la Pléiade ». Le support importe ici autant et plus que le contenu, comme il est normal en ce siècle d'industrie culturelle où l'on assiste à la hiérarchisation du livre et du journal (confondus depuis, il est vrai, sous le nom de « bouquins » !). A quoi correspond une répartition qui aboutit à privilégier le roman aux dépens des formes simples ou petites formes : « caricature », « fantaisie », « monographie », « physiologie », que le « prince » ne consent pas toujours à signer.

On peut y voir aussi l'origine du « poème en prose », « poème populaire moderne », fondé, selon Mallarmé, à « remarquer les événements — anecdotes ou grands faits divers — sous le jour propre au rêve ». Sa place est au journal, « encanaillement du format sacré », mais auquel on peut reconnaître certain « charme de féerie populaire » [23]. On en trouve en tout cas chez Balzac, au hasard de ses œuvres « diverses ». Je vous renvoie à *La reconnaissance du gamin* [24], digne en tout point du *Spleen de Paris,* mais égaré dans *La caricature* du 11 novembre 1830 entre une « fantaisie » sur l'opium, où se laissent pressentir quelques linéaments du *rêve oriental* de Balzac, et une « charge » qui prend prétexte de la colique pour exposer un projet drolatique médité par Balzac vers la même époque. On ne manque pas non plus d'être frappé, dans *La reconnaissance du gamin,* par une allusion à Cuvier et à sa querelle avec Geoffroy Saint-Hilaire sur l'unité de composition.

Le partage, quoi qu'il en soit, aboutit à laisser, horslieu et pour solde de tout compte, en marge de *La comédie humaine,* tout un matériau résiduel que rassemblent à grand-peine les *Œuvres diverses,* considérées comme le témoignage plus ou moins négligé des mises au propre ultérieures, le faire-valoir un peu souillon des véritables accomplissements. Il aboutit aussi à jouer le système (fondé sur le manque principiel) contre l'excès. La comparaison s'impose avec l'œuvre de Hugo, à ceci près que la répartition se fait pour lui entre l'œuvre publiée de son vivant et « toutes les choses écrites de sa main », mais restées, comme on dit, inédites. Dans le cas de

Balzac, le partage se fait entre les « œuvres complètes » ou *La comédie humaine,* et celles de ses œuvres qu'on ne déclare aussi « diverses » que faute de pouvoir les mieux classer. La vraie façon de rendre justice à l' « écrire Hugo » consiste, on l'a vu, à rendre possible une lecture qui aboutit à réduire la subordination du fragment à l'œuvre achevée, la hiérarchie qui conduit à privilégier les œuvres publiées aux dépens de l' « inédit ». C'est le sens de l'expérience tentée par l'édition « chronologique ». Il m'arrive de regretter qu'elle n'ait jamais tenté les éditeurs de Balzac [25].

C'est que chez lui, comme pour Hugo, « les livres se mêlent comme les arbres dans une forêt ». Ils ont entre eux plus d'un accès commun. Inventeur, Balzac ne l'est jamais tant que lorsqu'il s'agit de démêler ces broussailles, de déchiffrer à point nommé le texte d'un roman, ou l'architecture de son œuvre, dans ce que Hugo appelait les « linéaments vagues » d'une production, en effet, toujours divergente, infiniment diverse. Lui-même avait prévu la possibilité de ces échanges entre l'exhaustif et le divers en ouvrant *La comédie humaine* aux *Etudes analytiques,* susceptibles d'accueillir « monographies » et « physiologies », et de faire place à l' « anatomie » ou à la « pathologie », à cette tératologie où se reflète le progrès dialectique d'une œuvre qui procède toujours par voie d'écarts. Quel est en définitive le « principal » du roman d'Albert Savaron de Savarus ? le récit de son aventure à Besançon, ou la nouvelle autobiographique qu'il publia dans la *Revue de l'Est,* cette histoire — hors-lieu — de l' « ambitieux par amour », « où, selon les critiques du salon Chavoncourt, il aurait imité quelques-uns des écrivains modernes qui, faute d'invention, racontent [...] les événements mystérieux de leur propre existence [26] » ? La composition du roman est ainsi exemplaire de ce que devrait être, dans son ambiguïté préservée, le rapport des œuvres « complètes » aux œuvres « diverses ».

276

La comédie humaine pourrait bien n'avoir été que l'horizon face auquel se mettait en perspective l'infinie digression en quoi consiste la somme des œuvres vraiment complètes de son auteur, et qui fait que leur texte se refuse à totaliser un sens. Pour rendre compte de ce progrès de l'œuvre vers un accomplissement jamais atteint, une édition « chronologique », qui, pour le plus grand profit des éditions originales, préfaces et œuvres « diverses », romprait pour une fois avec les égards qui restent dus au « dernier exemplaire corrigé par l'auteur de son vivant », aurait pour effet non pas tant de réconcilier, mais de laisser enfin jouer librement, paradoxalement, les différences. Ce serait rendre justice à l'invention par Balzac du roman nouveau comme d'une digression infinie, à propos de tout et de rien : « Chacun triomphe comme il peut, les impuissants seuls ne triomphent jamais. [...] L'auteur ne saurait exiger que le public embrasse tout d'abord et fasse plus que deviner un plan que lui-même n'entrevoit qu'à certaines heures, quand le jour tombe, quand il songe à bâtir ses châteaux en Espagne, enfin dans ces moments où l'on vous dit : — A quoi pensez-vous ? et que l'on répond : — A rien ! » J'emprunte cette conclusion à la préface de la deuxième édition du *Père Goriot*.

B.L.

NOTES

1. « Funérailles de Balzac », *Œuvres complètes,* « Edition chronologique », t. VII, p. 317.

2. Voir les articles fondateurs de S. de Sacy (*Mercure de France,* juin-juillet 1948 ; novembre-décembre 1950).

3. Voir en dernier lieu : Maurice Ménard, « L'Arabesque et la Ménippée », *Revue des sciences humaines,* juillet-septembre 1979, p. 17-31.

4. *William Shakespeare,* I, II, § XII (*Œuvres complètes,* éd. cit., t. XII, p. 185-86). Rappelons, avec José-Louis Diaz, « cette hautaine et ironique sentence qui revient dans *La peau de chagrin* et *La fille aux yeux d'or* » : « L'homme est un bouffon qui danse sur les précipices » (« Balzac-oxymore », *Revue des sciences humaines,* septembre 1979, p. 41).

5. *Le Charivari,* 25 octobre 1836, à propos de *La vieille fille* (cit. par R. Kopp : *La vieille fille,* éd. Folio, 1978, p. 267).

6. « TROIS est le Nombre de l'existence qui comprend la génération et le produit » (article XV des « Pensées » de Louis Lambert).

7. Avertissement des *Œuvres complètes* (Ladvocat, t. XV) ; Préface des *Natchez* (*Œuvres romanesques,* Pléiade, t. I. p. 162) ; *Mémoires d'outre-tombe,* I, XI, 5 (Pléiade, t. I, p. 399), II, XIX, 6 (*ibid.,* p. 684).

8. *Nature, History and Language,* Cornell University Press, 1976, p. 3.

9. Bibliothèque historique de la Ville de Paris, A 3787, f° 57 (notes du Cours sur Mirabeau, 1847). Pour tout ceci, voir notre présentation d'*Histoire du XIXᵉ siècle,* à paraître au tome XX des *Œuvres complètes* de Michelet.

10. Je cite — en substance — un commentaire récent de Claude Lefort (*Annales,* mars-avril 1980, p. 337-38).

11. *La prisonnière,* Pléiade, t. III, p. 160.

12. « Ceci tuera cela » (V, II), commentée par nous dans *Littérature,* décembre 1979, p. 3-18.

13. Bernard Leuilliot, « Le Chantier Hugo », *Romantisme,* 6 (1973), p. 114-15.

14. M. Foucault, *L'ordre du discours,* Gallimard, 1971, p. 28.

15. Pour une problématique d'ensemble, voir : Jean Gaudon, « Digressions hugoliennes », au tome XIV de l'« Edition chronologique », p. I-XVII.

278

16. Voir le commentaire de Jacques Seebacher, au tome XII de l'« édition chronologique », p. 3-9, ainsi que l'étude liminaire ; « Poétique et politique de la paternité chez V.H. », p. XIX-XXXV.

17. *Aesthetische Theorie*, Francfort, Suhrkamp, 1970, p. 216-17 (cité par M. Jimenez, *Theodor W.-Adorno : art, idéologie et théorie de l'art*, UGE, 1973, p. 203).

18. Introduction aux *Contes drolatiques* (*Œuvres complètes*, Editions du Delta, t. 20 (1969), notamment p. XXXVII).

19. *Œuvres complètes*, éd. cit., t. XVI, p. 193.

20. « Système et déviance de la collection », *Romantisme*, 27 (1980), p. 88.

21. D.W. Winnicott, *Jeu et réalité*, Gallimard, 1971, p. 77.

22. P.M. de Biasi, art. cit., p. 84.

23. *Œuvres complètes*, Pléiade, p. 376, 276, etc. Voir à ce sujet les commentaires de J. Scherer, *Le livre de Mallarmé*, Gallimard, 1957, p. 46 *sq*, et de J.P. Richard, *L'univers imaginaire de Mallarmé*, Seuil, 1961, p. 556 *sq*.

24. *Œuvres complètes*, éd. cit., t. 26 (1976), p. 561.

25. A l'exception de Roland Chollet pour le compte des Editions Rencontre...

26. *Œuvres complètes*, éd. cit., t. I, p. 430.

LANGAGE BALZACIEN :
SPLENDEURS ET MISÈRES
DE LA REPRÉSENTATION

par Martin Kanes

J'emprunte mon titre non à Tzvetan Todorov, qui parle des splendeurs et misères de la rhétorique, mais à notre Balzac qui, lui, s'occupait plutôt de courtisanes. La prostitution, comme la rhétorique, connaît ses splendeurs et ses misères ; je me bornerai, cependant, aux problèmes proprement littéraires. Et pour Balzac, comme je voudrais vous le montrer aujourd'hui, les problèmes littéraires étaient en premier lieu des problèmes linguistiques. A partir de *La peau de chagrin,* le langage est devenu pour lui la base même de l'existence intellectuelle, et c'est dans cet esprit qu'il a participé aux grands débats romantiques. Bien que Balzac ne fût point théoricien du langage, son rôle dans ces discussions est loin d'avoir été négligeable. Voir le monde consciemment à travers le langage, c'est effacer la distinction entre la conception du monde et la réalité elle-même, c'est mettre l'esprit humain au centre de l'univers. Telle était bien l'attitude de Balzac : si la France est devenue balzacienne, comme l'a dit André Wurmser, c'est qu'entre l'imagination et le monde une frontière s'est dissoute.

Il est difficile de tracer ce mouvement intellectuel chez Balzac, car la France réelle et la France textuelle imaginaire se recoupent de mille façons subtiles. De plus, les métaphores qui se réfèrent aux processus mentaux sont parmi les plus difficiles, sinon les plus rares à interpréter. Je crois cependant pouvoir en proposer une série tirée de *La comédie humaine,* qui me paraît nous mettre sur la trace non seulement de la pensée de Balzac, mais qui nous permet aussi de découvrir les racines lointaines de certaines attitudes très modernes. Et ceci à l'intérieur d'un mouvement intellectuel parmi les plus importants du xix⁰ siècle. Il s'agit de l'intérêt presque obsessionnel que le siècle portait aux dictionnaires, et des conséquences que cette attitude pouvait avoir pour Balzac.

Permettez-moi donc de faire un petit détour par les dictionnaires. Le xix⁰ siècle fut, nous le savons bien, le siècle par excellence des dictionnaires, nés de la convergence d'une série de préoccupations intellectuelles ; à savoir, la philologie, l'historiographie, et la linguistique elle-même, pour ne pas parler du nationalisme avec toutes ses conséquences pour l'étude des langues. Mais l'héritage de la lexicographie au début du siècle était mince. Il y avait, principalement, le dictionnaire de l'Académie, dans son édition de 1789, la cinquième, réimprimée en 1814 et 1822. Cette cinquième édition, ainsi que la quatrième de 1762, était, pour citer Ferdinand Brunot, celle d'une « société morte, d'une langue morte ». Néanmoins, c'était là tout ce qui existait comme point de départ pour la lexicographie du xix⁰ siècle, ainsi que pour cet autre dictionnaire, mental celui-ci, qui a tant intéressé les artistes et écrivains de l'époque : le dictionnaire du monde, le *Liber mundi.*

Comment le dictionnaire académique de 1814 se définissait-il lui-même ? Si nous y consultons le mot « dictionnaire », nous trouvons seulement ceci : « Vocabulaire. Recueil de tous les mots d'une langue, mais par ordre. » Ce qui frappe dans cette définition, c'est ce qui n'y est point. Aucune trace d'une philosophie du langage, aucune indication des présuppositions intellectuelles qui ont présidé à la création de ce dictionnaire lui-même. Absence significative, car elle indique une absence de perception du problème. L'Académie semble avoir considéré comme évidente l'attitude de Port-Royal, à savoir que le langage était la forme visible de la logique transcendantale. Idée, mot et objet étaient tous reliés par l'analogie universelle qui pouvait être divine ou laïque, métaphysique ou empirique, mais en tout cas claire et évidente.

Pour les romantiques, la chose n'était pas si claire. Maine de Biran disait que si le langage était analogique, le génie serait superflu. Les romantiques trouvaient en général l'attitude classique intenable, parce qu'elle proposait des solutions d'un très médiocre intérêt au problème de la créativité et du langage.

C'est en grande partie par la rédaction des dictionnaires que se sont révélés les problèmes d'une philosophie pragmatique du langage. Sans retracer en détail son développement complexe nous pouvons en voir les résultats en consultant le dictionnaire de Littré publié en 1873.

Pour Littré, en effet, le dictionnaire était le « recueil des mots d'une langue, des termes d'une science, d'un art, rangés par ordre alphabétique ou autre, avec leur signification ». J'attire votre attention sur les trois derniers mots. Littré a mis en valeur « la signification » parce qu'elle était devenue, depuis la cinquième édition de l'Académie en 1814, problématique. On le voit clairement dans les innombrables exemples d'usage qu'il donne, alors que l'Académie n'en donnait que d'exceptionnels.

Je ne donne que ces deux points de repère dans l'histoire des dictionnaires du XIXᵉ siècle. Mais l'évolution qui s'y esquisse est en exact parallèle avec l'intérêt porté au *Liber mundi* par les artistes et poètes de l'époque. Car il y avait vraiment un problème. Après tout, si signifiants et signifiés — pour ne pas parler de signifiés et de référents — n'existaient que dans un rapport de l'un à l'un, tout homme serait poète et l'ultime œuvre d'art serait le dictionnaire.

C'est exactement en ces termes que Baudelaire allait aborder la question dans le *Salon de 1859*. Baudelaire y remarque que l'on consulte le dictionnaire de trois manières : pour chercher le sens des mots (c'est là l'héritage du xviii* siècle) ; pour chercher des étymologies (voilà l'apport du xix* siècle) ; et finalement pour chercher « la génération des mots [1] ». Nous reviendrons sur cette curieuse expression, qui fait d'ailleurs écho à certaines phrases de Balzac. Echo également, nous allons voir, cet autre passage où Baudelaire donne la forme théorique du *Liber mundi* : « Tout l'univers, écrit-il, n'est qu'un magasin d'images et de signes auxquels l'imagination donnera une place et une valeur relative... » (1044).

Les réalistes, continue-t-il, « prennent le dictionnaire de l'art pour l'art lui-même ; ils copient un mot du dictionnaire, croyant copier un poème. Or, un poème ne se copie jamais ; il veut être composé » (1077). N'est-ce pas là presque le langage de Balzac, lorsqu'il met dans la bouche de Frenhofer, dans *Le chef-d'œuvre inconnu,* la distinction entre les deux verbes « copier » et « exprimer » ? Ou lorsqu'il raille les artistes sans génie obligés de mettre des étiquettes pour qu'on distingue un homme d'une table dans leurs tableaux ?

Toutes ces discussions sur le dictionnaire de l'art et le dictionnaire du monde n'étaient que la forme contemporaine du vieux topos qu'était le *Liber mundi*. Ce topos, tout autant que les véritables dictionnaires de l'époque, se fondait sur le concept de la correspondance de l'idée, du mot et de l'objet. Poussée à son point extrême, la notion du *Liber mundi* classique fait du déchiffrage la base même de la conscience humaine. Selon cette vénérable figure, toute signification était inscrite par définition dans le système du monde. La signification n'était pas une création de notre intelligence, mais plutôt un « objet » à découvrir. Le cerveau humain était envisagé comme une sorte d'ordinateur primitif ; très compliqué sans doute. Mais tout de même gouverné par des règles susceptibles d'être découvertes.

Balzac nous offre des échantillons multiples de la forme antique du *Liber mundi*. Je citerai seulement le passage d'*Une ténébreuse affaire* dans lequel Balzac écrit que M. de Hauteserre représente admirablement « ... ces honorables gentilshommes auxquels Dieu a écrit sur le front le mot *mites* [2]... » C'est également Dieu qui écrit sur le corps de Madeleine de Mortsauf le fait qu'elle devait survivre à sa maladie (IX, 1154-55). Dans tous ces cas, la signification est inscrite dans le monde, dans le référent ; elle se manifeste à qui veut la voir.

Les stigmates linguistiques constituent une première façon dont Balzac conçoit le monde sous forme de langage. Leur forme généralisée nous prouve qu'il s'agit non d'une simple manière d'être de certains personnages, mais d'une façon de concevoir la condition humaine. Lisons, par exemple, dans *La cousine Bette,* ce développement sur la manière de servir le thé : « Il y a, y écrit Balzac, dans la manière dont une femme s'acquitte de cette fonction tout un langage... » (VII, 261). L'expression est générale ; il ne s'agit pas simplement de Mme Hulot. Et peut-être pouvons-nous entrevoir quelle serait cette forme idéale de la féminité en poursuivant notre lecture : « L'énorme poème de l'Odalisque venant de la table à thé, la tasse à la main, jusqu'au pacha du cœur et la lui présentant d'un air soumis, l'offrant d'une voix caressante... » (VII, 261-62). Qui ne reconnaît l'obsession du harem qui, pour certaines mentalités de l'époque, était un véritable élément de la réalité ?

Il n'est pas nécessaire de nous attarder sur les exemples répétés de la présence matériellement linguistique dans *La comédie humaine* de ces structures de la réalité ; Balzac revient inlassablement à cette pierre de touche : le monde n'est seulement pas là, il nous pré-

285

sente des phénomènes qui portent en eux des significations lisibles.

Ceci n'a rien de surprenant pour un lecteur de Balzac. Pour que le livre du monde soit lisible, il est nécessaire que les personnes, les objets, les événements auxquels il se réfère possèdent non seulement un minimum de stabilité en eux-mêmes, mais qu'il existe entre eux des rapports stables. C'est dire que le livre du monde présuppose une taxinomie saisissable.

La comédie humaine est donc caractérisée par une ruée vers la taxinomie stable. Ce genre de taxinomie est le foyer de bien des tragédies, car elle a tendance à emprisonner chacun dans son système. Cette notion est centrale au *Cousin Pons,* par exemple. Lorsque Pons et Schwab nettoient et arrangent leur collection, leur préoccupation principale est que chaque pièce soit à sa place : « Tout brillait dans sa forme et jetait sa phrase à l'âme dans ce concert de chefs-d'œuvre organisé par deux musiciens aussi poètes l'un que l'autre » (VII, 552). Sans cette opération, leurs trésors ne seraient pas des trésors, mais de simples objets trouvés chez des brocanteurs. Leur valeur dérive du système de collocation. D'une manière assez ironique, Pons et Schwab, en créant le système taxinomique de leur collection, créent leur propre triste destin. Il suffit que les cousins comprennent les valeurs inhérentes au système pour que la convoitise s'allume chez eux.

Mais, si le *Liber mundi* nous emprisonne chacun dans notre cellule, il faut admettre que, pour les romantiques, la prison du langage apportait quelque chose en retour : la sécurité personnelle, la certitude du destin, et, pour des esprits tels que Fabrizio del Dongo, la possibilité de trouver une émotion pure. Correctement lu, le livre du monde guide nos pas, mais le contraire est vrai aussi. « Je me demande, écrit Renée de l'Estorade à Louise de Chaulieu, à quoi te mèneront ces turbulentes préfaces ;

ne tueront-elles pas le livre , » (I, 299). Une faute de lecture peut gâcher une vie.

S'il ne s'agissait que de cela cependant le *Liber mundi* serait parfaitement compatible avec l'idée de réalisme naïf que l'on associe trop souvent au XIXe siècle, et à Balzac en particulier. Mais au-delà de ces pauvretés de la représentation, de ces *misères,* le livre du monde se révèle souvent être un texte *splendidement* dangereux.

Dangereux parce que les structures elles-mêmes sont souvent beaucoup plus changeantes qu'on ne le pense. Pour Célestin Crevel, qui essaie de séduire la baronne Hulot, « le mot gêne est vomi par toutes les lézardes [des] étoffes» du salon Hulot (*La cousine Bette,* VII, 68). Ces signes sont clairs ; n'importe qui peut les lire. Mais cette impression n'est pas nécessairement définitive. Moins de vingt pages plus loin, la cousine Bette elle-même entre dans le salon d'Adeline, pour y voir tout autre chose : « Ici peut-être est-il nécessaire de faire observer, nous dit le narrateur, que la maison de la baronne conservait toute sa splendeur aux yeux de la cousine Bette, qui n'était pas frappée, comme le marchand parfumeur parvenu, de la détresse écrite sur les fauteuils rongés, sur les draperies noircies et sur la soie balafrée» (VII, 85). Il est possible, bien sûr, que Bette soit une mauvaise lectrice du *Liber mundi,* bien que son histoire ne nous conduise pas à une telle conclusion. Quoi qu'il en soit, la juxtaposition de ces deux visions du salon Hulot suggère que ni l'une ni l'autre n'est tout à fait exacte.

L'universalité du *Liber mundi* est donc sujette à des restrictions importantes, et sa stabilité si vantée sujette à question. Je citerai, à ce propos, la célèbre scène où Eugénie Grandet lit la lettre qui lui apprend que Charles en aime une autre : « Son cœur palpita, ses pieds se clouèrent sur le carreau. Sa chère Annette, il aime, il est aimé ! Plus d'espoir ! Que lui dit-il ? Ces idées lui traversèrent la tête et le cœur. Elle lisait ces mots partout, même sur les carreaux, en traits de flamme » (III, 1121) A première vue nous avons affaire à une situation typiquement balzacienne : les mots que voit Eugénie sont matériellement inscrits dans le monde. Ils se lisent partout, même sur ces carreaux où ses pieds sont « cloués ». Mais les « traits de flamme » et les « lettres de feu » doivent nous avertir (comme toujours chez Balzac) d'une situation en évolution. Ces mots sont des mots littéraires dans le sens proprement schopenhauerien : des produits de l'imagination pure. Ils ne correspondent littéralement à rien, sinon à l'état d'esprit d'Eugénie. Dans les *Mémoires de deux jeunes mariées* nous voyons une jeune dame qui lit un fatal mot « ... gravé en quatre lettres de feu sur toutes choses » (I, 391). Le feu nous avertit, comme dans le cas d'Eugénie, qu'il s'agit d'une vision personnelle malgré le fait que ce mot est inscrit partout. Sa fatalité ne joue que pour celle qui voit les choses ainsi.

Ce *Liber mundi* personnel suggère la possibilité d'une multiplicité de mondes, ce qui contredit la notion d'une réalité stable et descriptible. Des *Libri mundi* personnels ? C'est presque annuler le concept lui-même. Il se passe ici quelque chose d'assez étrange, qui est explicité dans *La fille aux yeux d'or*. Dans ce roman, Balzac nous propose par la bouche de de Marsay une transformation radicale du topos. De Marsay s'exprime ainsi : « On nous parle de l'immoralité des *Liaisons dangereuses,* et de je ne sais quel autre livre qui a un nom de femme de chambre, mais il existe un livre horrible, sale, épouvantable, corrupteur, toujours ouvert, qu'on ne fermera jamais, le grand livre du monde, sans compter un autre livre mille fois plus dangereux, qui se compose de tout ce qui se dit à l'oreille, entre hommes, ou sous l'éventail entre femmes, le soir, au bal. » (V, 1097) Ainsi, derrière le livre du monde accessible à tous et inscrit dans le monde lui-même, il existe un autre livre : celui qui se compose sous nos yeux. C'est bien le verbe qu'emploie Balzac : « se composer ». Cette autre forme du *Liber mundi* fait surgir la possibilité de sérieuses difficultés dans les catégories taxinomiques qui doivent en constituer l'édition originale.

Ces difficultés sont d'ordre phénoménologique. Conséquence ni de la volonté de Dieu, ni d'un principe inscrutable de la nature, ni même de la chimie, sûrement pas de la biologie, cet autre *Liber mundi* est rédigé par l'homme qui confronte le monde, et, en le confrontant, le crée comme livre. Rappelons le mot de Baudelaire : il n'y a pas seulement le monde en lui-même ; il y a aussi les valeurs que nous choisissons d'y rattacher. Un demi-siècle plus tard, Proust l'a confirmé ; les noms, nous assure-t-il, répondent autant à une notion de l'intelligence qu'aux choses qu'ils désignent[3].

Ainsi, lorsque le narrateur balzacien dit dans *Facino Cane* que le romancier est celui capable de « devenir un autre que soi » (VI, 1020), il abandonne l'objectivité nécessaire à la description et au classement. « Devenir un autre que soi » signifie, pour le romancier, écrire autrement, admettre la relativité des points de vue. Si on admet cette possibilité, il faut chercher une autre forme du *Liber mundi,* une forme qui permette la relativité des textes. Cette autre forme, je propose, pour la définir, d'emprunter un adjectif de la critique contemporaine et de l'appeler le *Liber mundi scriptible.* Sur les structures du monde que nous voudrions prendre pour « données » s'impose un ordre qui ne peut venir que de nous. De bouche à oreille, ou chuchoté sous un éventail, peu importe. Il s'agit d'inventer un langage, de chercher dans le livre du monde non des mots mais, comme l'a dit Baudelaire, la génération des mots. Chez Balzac ce livre du monde est le plus souvent écrit par les génies ou par les grands hommes, tel Napoléon. Mais tout le monde peut y participer. Dans *La duchesse de Langeais,* le général de Montcornet transforme le texte du livre, et précisément à la manière schopenhauerienne, quand il pénètre dans le couvent et trouve la paix religieuse, « cette pensée qui se glisse dans l'air, dans le clair-obscur, dans tout, et qui, n'étant tracée nulle part, est encore agrandie par l'imagination... » (V, 917).

C'est là, sans aucun doute, la splendeur de la représentation : le *Liber mundi* scriptible, celui que nous créons par la force de l'imagination, en dotant les mots qui flottent et qui ne sont encore inscrits « nulle part » d'une force vive. C'est l'acte créateur dans sa forme la plus glorieuse.

Nous pourrions facilement suivre, à travers les épisodes de *La comédie humaine,* le fonctionnement scriptural du texte. Même avant d'avoir accepté le contrat fatal, Castanier, le caissier de Paris, doit « écrire le mot d'ordre » pour pénétrer dans sa caisse, tout comme plus tard il crée sa vie en inscrivant sa volonté sur le monde (*Melmoth réconcilié,* X, 348). Cet homme se trouvera aux limites mêmes de la créativité ; ce qui sera requis ne sera plus la lecture, mais l'écriture. Il faut tout de même qu'il accomplisse un geste pour incarner une volonté qui correspond désormais à la réalité elle-même. Pour Castanier, la lecture n'existe plus ; il n'y a que l'écriture. Il est souvent difficile de résister à cette tentation de divinité. La cousine Bette n'y résiste pas, elle qui se sacrifie à son idole Wenceslas, mais seulement « après y avoir écrit sa puissance à coups de hache » (VII, 119).

Il s'agit donc toujours d'un acte par lequel le mot échappe à sa simple fonction mimétique, pour devenir créateur, et même chez les personnages qui y semblent le moins préparés. Célestin Crevel lui-même « crée son propre modèle » au début de sa vie : son ancien patron Birotteau. Mais prendre un modèle, pour un requin du commerce comme Crevel, n'est pas le suivre bêtement. C'est plutôt envisager une certaine forme — que l'on peut consciemment altérer par la suite. Effectivement,

Crevel se flatte d'avoir dépassé de loin son ancien patron, d'avoir créé sa vie, d'avoir pris un livre blanc et y avoir inscrit les actes et les paroles de *sa* vie.

Ainsi, dans l'univers balzacien, le *Liber mundi* scriptible est l'affaire de tout le monde. Les désirs, les intentions, n'ont aucune réalité avant d'avoir été inscrits dans le monde. Proust a joliment repris ce thème, au moment où Marcel, revenant d'une promenade juché sur l'impériale du carrosse du Dr Percepied, voit changer de place les clochers de Martinville. Sa souffrance devant la mobilité du monde n'est apaisée que lorsqu'il rédige une page de prose où, très littéralement, il traduit son angoisse en mots et crée son *Liber mundi*.

Je ne soutiens point, je m'empresse de le dire, que Balzac est un « nouveau romancier ». Il était, après tout, de son temps. Pour lui, le *Liber mundi* scriptible ne se créait jamais à partir de rien ; il résultait plutôt d'un travail sur les éléments du livre lisible. Avant Flaubert, Balzac a su mépriser ses documents ; mais il ne les a jamais abandonnés. A preuve cette remarque du narrateur du *Médecin de campagne,* face à une vieille paysanne en haillons : « Ailleurs se trouve le Livre, le texte historié, brodé, découpé, couvert en moire, en tapis, en satin ; mais là, certes, était l'esprit du Livre » (IX, 394-95).

Cela revient à dire que nous devons prendre comme point de départ le monde tel qu'il est, et que l'ignorer serait à nos risques et périls. La théorie du langage qui en résulte est double. Quand la conscience parlante cherche la signification du monde, elle ne la trouve jamais objectivement, mais toujours en fonction d'une projection d'elle-même. La situation du romancier est encore plus difficile : lui n'écrit pour « personne » ; le monde est pour lui une absence ; sa tâche est de remplir un vide qui refuse d'être rempli. C'est là l'angoisse dont Beckett nous a donné l'expression suprême, mais dont Balzac avait déjà souffert.

Car, pour Balzac, chercher l'ordre, c'était en même temps chercher le monde qui rendait possible cet ordre. « Qui va épouser Eugénie Grandet ? » Véridique ou apocryphe, cette question angoissée révèle toute la profondeur du problème. Elle trahit non seulement la recherche de l'ordre (matrimonial, légal, financier), mais aussi la recherche d'une réalité qui donne forme à ce besoin. Balzac avance seul dans un monde qui se constitue au fur et à mesure, et où, à travers le langage, l'ordre est toujours à refaire. Comment expliquer autrement les éternels listes et tableaux de scènes et d'études qu'il dresse, ou les nombreuses altérations qu'il y apporte ? Il ne suffit pas de dire qu'il profitait d'un public naïf ; ces changements catégoriels entraînaient presque toujours des modifications dans les catégories elles-mêmes : re-écriture des textes, création de nouveaux personnages, nouvelles péripéties, nouveaux rapports entre texte et texte.

La taxinomie stable de *La comédie humaine,* qu'on a tant discutée, Balzac lui-même dit l'avoir fondée sur un modèle biologique. Mais que vaut cette assertion ? A l'intérieur des romans individuels, elle n'est valable que dans un sens strictement limité. Au-delà, dans cette zone qui est proprement celle de Balzac, dans l'œuvre globale qui est *La comédie humaine,* l'absence de taxinomie biologique (qui est à distinguer des *métaphores* biologiques) est manifeste. Le principe même de l'organisation de *La comédie humaine* est difficilement visible. Chronologique ? Cela risque de mener à certains contresens. Thématique ? Mais quel thème ? Par ordre de lecture ? Mais quel ordre ? Dans ce sens, le meilleur lecteur de Balzac fut Emile Zola, qui n'a pas hésité à créer après coup de nouveaux traits héréditaires pour Etienne Lantier, parce qu'il voulait transférer les traits initiaux d'Etienne à Jacques Lantier qui venait de naître dans son esprit.

Si la taxinomie balzacienne n'est pas biologique,

quelle est-elle ? Ni sociale, ni politique, ni historique, puisque ces types dérivent tous du modèle biologique. Elle est, je l'ai laissé entendre au début, linguistique. Non pas dans le sens d'une étude consciente du langage (bien que Balzac, après *La peau de chagrin,* se soit montré très sensible aux problèmes du langage), mais dans le sens qu'elle prend les opérations du langage comme découverte du monde. Le roman balzacien est le passage toujours repris de la lisibilité à la scriptibilité. Il est peut-être vrai que dans un texte littéraire seul parle le lecteur ; il est d'autant plus vrai que seul y écrit le narrateur.

La forme scriptible du monde comporte, et c'est ce qui la distingue de la forme lisible, une sorte d'auto-correction selon laquelle chaque développement est le résultat possible — mais non pas nécessaire — de ce qui précède. Comme dans le cas de la collection de Pons, la source de ce possible est dans la rencontre du monde et de la conscience, du livre et du lecteur — ce qui détermine, suivant la formule de Baudelaire, la création d'une valeur, Ainsi, le passage du *Liber mundi* lisible au *Liber mundi* scriptible n'est pas seulement le passage du classicisme au romantisme, mais bien le passage de l'attitude structuraliste à l'attitude phénoménologique. Husserl a dit qu'on ne peut être simplement conscient, qu'il faut être conscient de quelque chose. Balzac aurait dit, avec une exactitude égale, qu'on ne peut être simplement conscient de quelque chose, mais qu'il faut savoir qu'on est conscient.

Permettez-moi de terminer en citant une belle page du *Curé de village,* qui résume de façon extraordinaire ce que je viens d'esquisser. Vers le début du roman, nous apprenons que la campagne du coin de France où se passe l'histoire est abandonnée à elle-même, délaissée et dans un état lamentable. Cela se lit dans le paysage : « Sur tous ses terrains sans destination est écrit le mot *incapacité* » (IX, 707). La sitation ici n'est pas problématique : la campagne est comme cela ; le narrateur nous parle du point de vue du sens commun qui est essentiel à tout *Liber mundi* lisible. Cela peut sembler arbitraire, mais c'est un arbitraire de départ, nécessaire à toute œuvre d'art.

Cet arbitraire, ce saut dans le vide, n'a cependant rien de permanent. En effet, cent pages plus loin, nous apprenons que Véronique Graslin expie une vie de fautes *en imprimant* sur la campagne les signes d'une influence bénévole. Du lisible, on passe au scriptible : « ... j'ai marqué mon repentir en traits ineffaçables sur cette terre, il subsistera presque éternellement. Il est écrit dans les champs fertiles, dans le bourg agrandi, dans les ruisseaux dirigés de la montagne dans cette plaine, autrefois inculte et sauvage, maintenant verte et productive » (IX, 868).

Véronique Graslin est très exactement un artiste, et c'est cela l'art : la projection d'une intentionnalité sur le monde dans un processus sans fin d'action et de réaction. Bien sûr le *Liber mundi* scriptible est, nous l'avons vu, assez dangereux. Rappelons-nous le cauchemar de Kafka, la *Strafkolonie,* où le destin de chacun est littéralement gravé sur sa peau. Mais à côté du danger il y a aussi la splendeur, la splendeur de l'accomplissement artistique entrevue par Louis Lambert écolier lorsque, à défaut d'autres ouvrages, il éprouvait d'incroyables délices en lisant... des dictionnaires.

M.K.

NOTES

1. *Salon de 1859, Œuvres complètes de Charles Baudelaire,* publiées sous la direction d'Yves Le Dantec et Claude Pichois, Paris, Gallimard, 1961, p. 1041.

2. *La comédie humaine,* publiée sous la direction de Pierre-Georges Castex, Paris, Gallimard, 1976-1981 VIII, 543. Toutes les citations de l'œuvre de Balzac seront prises dans cette édition, avec l'indication du volume et de la page dans le texte de ma communication.

3. Etiemble, *Proust et la crise de l'intelligence,* Alexandrie, le *Scarabée,* 1945, p 39.

BIBLIOGRAPHIE

La bibliographie balzacienne est comme *La comédie humaine*, un espace en mouvement, à parcourir en tout sens, à réaménager, à étendre en fonction de chaque enjeu de lecture. Nous nous bornons ici à l'édition des textes et à quelques repères plus ou moins récents, dans le champ de notre décade.

TEXTES

La comédie humaine, édition publiée sous la direction de P.G. Castex, « Bibliothèque de la Pléiade », Gallimard, 12 vol., 1976-1981.

Œuvres diverses, t. 25 à 28 de l'édition des *Œuvres complètes* au Club de l'Honnête Homme, 1963.

Théâtre, p.p. René Guise, t. 21 à 23 des *Œuvres complètes illustrées*, « Les Bibliophiles de l'originale », 1969-1970.

Romans de jeunesse, ibid., 15 vol. dont un vol. de commentaires par P. Barbéris : *Aux sources de Balzac*.

Correspondance, p.p. Roger Pierrot, Garnier, 5 vol., 1960-1969.

Lettres à Madame Hanska, p.p. Roger Pierrot, éd. du Delta, 4 vol., 1967-1971.

On trouvera d'autre part les principaux titres, avec préfaces, notes, dossiers, soit dans la collection des Classiques Garnier, soit dans les collections G.F., « Folio » ou « Le livre de poche ».

ETUDES

L'Année balzacienne publie régulièrement depuis 1960 une bibliographie exhaustive. L'édition de « la Pléiade » donne, pour chaque roman, la bibliographie la plus récente. Nous signalons, par ordre chronologique, des ouvrages de synthèse et quelques essais significatifs, parus en français. Se dessine ainsi un itinéraire de questions.

Ph. Bertault : *Balzac et la religion*, Boivin, 1942.

M. Bardèche : *Balzac romancier*, Plon, 1945.

G. Poulet : « Balzac » dans *La distance intérieure*, Plon 1952, rééd. 1976.

M. Le Yaouanc : *Nosographie de l'humanité balzacienne*, Maloine, 1959.

M. Butor : « Balzac et la réalité » dans *Répertoire I*, éd. de Minuit, 1960.

G. Poulet : « Balzac » dans *Les métamorphoses du cercle*, Plon, 1961.

J.H. Donnard : *Balzac. Les réalités économiques et sociales dans « La comédie humaine »*, Colin, 1961.

P. Laubriet : *L'intelligence de l'art chez Balzac*, Didier, 1961.

A. Beguin : *Balzac lu et relu*, Le Seuil, 1965.

« Colloque Balzac », *Europe*, fév. 1965.

P. Nykrog : *La pensée de Balzac, essais sur quelques concepts clés*, Munksgaard, diff. Klincksieck, 1965.

G. Lukacs : *Balzac et le réalisme français*, Maspéro, 1967.

M. Fargeaud : *Balzac et « La recherche de l'absolu »*, Hachette, 1968.

B. Guyon : *La pensée politique et sociale de Balzac*, Colin, rééd. 1968.

E. Auerbach : *Mimesis*, Gallimard, 1968, p. 465-476 et passim.

L. Chevalier : « Balzac » et « L'opinion bourgeoise : Balzac », dans *Classes laborieuses et classes dangereuses*, Plon, 1965, rééd. « Pluriel », Le livre de poche, 1978, p. 133-151 et p. 614-647.

P. Barbéris : *Balzac et le mal du siècle*, 2 vol., Gallimard, 1970.

A. Wurmser : *La comédie inhumaine*, nlle éd.., Gallimard, 1970.

R. Barthes : *S/Z*, Seuil, 1970.

J.P. Richard : « Corps et décors balzaciens » dans *Etudes sur le romantisme*, Seuil, 1971.

P. Barbéris : *Balzac, une mythologie réaliste*, Larousse, 1971.
T. Yücel : *Figures et messages dans « La comédie humaine »*, Mame, 1972.

M. Robert : « La recherche de l'absolu » dans *Roman des origines et origines du roman*, Grasset, 1972.

B. Vannier : *L'inscription du corps. Pour une sémiotique du portrait balzacien*, Klincksieck, 1972.

H. Gauthier : *L'homme intérieur dans la vision de Balzac*, Lille, Service de reproduction des thèses de l'université de Lille III, 2 vol., 1973.

R. Fortassier : *Les mondains de « La comédie humaine »*, Klincksieck, 1974.

J. Paris : « Notes sur Balzac » dans *Univers parallèles II. Le point aveugle*, Seuil, 1975.

L. Frappier-Mazur : *L'expression métaphorique dans « La comédie humaine »*, Klincksieck, 1976.

G. Jacques : *Paysages et structures dans « La comédie humaine »*, Louvain, publications de l'université, 1976.

A. Michel : *Le mariage chez Honoré de Balzac. Amour et féminisme*, Les Belles Lettres, 1978.

P. Imbert : *Sémiotique de la description balzacienne*, Ottawa, éd. de l'Université, 1978.

S. Felman : « Honoré de Balzac. Folie et idéologie », dans *La folie et la chose littéraire*, éd. du Seuil, 1978.

L. Dallenbach : *La comédie humaine* et l'opération de lecture, I « Du fragment au cosmos », II « Le Tout en morceaux », *Poétique* n° 40, nov. 1979 et n° 42, avril 1980.

C. Grivel : « L'Histoire dans le visage », dans *Les sujets de l'écriture*, p.p. J. Decottignies, Presses Universitaires de Lille, 1981.

Il convient d'ajouter à cette liste les thèses récentes (université de Paris-Sorbonne) non encore publiées : de Max Andréoli sur « le système balzacien », de R. Chollet sur « Balzac journaliste », de M. Ménard sur « le comique », de N. Mozet sur « La province », d'A.M. Bijaoui sur « la bureaucratie ».

Signalons enfin les publications collectives liées aux activités du G.I.R.B. :

« Honoré de Balzac », n° spécial de la *Revue des sciences humaines*, 1979, 3.

Balzac et « La peau de chagrin », pp. C. Duchet, CDU-SEDES, 1979.
Le roman de Balzac : recherches critiques, méthodes, lectures, pp. R. Le Huenen et P. Perron, Didier Canada, 1980.

Balzac et « Les parents pauvres », p.p. F. Van Rossum — Guyon et M. Van Brederode, CDU-SEDES, 1981.

ACHEVÉ D'IMPRIMER
SUR LES PRESSES BRETOLIENNES
27160 BRETEUIL-SUR-ITON

Dépôt légal : 1ᵉʳ Trimestre 1982
Nᵒ d'impression : 004